Dalai Lama's Cat

달라이 라마의 고양이

2013년 6월 7일 초판 1쇄 발행. 데이비드 미치가 쓰고, 추미란이 옮겼으며, 도서출판 샨티에서 이홍용과 박정은이 펴냅니다. 전태영이 교정을 보고, 이근호가 본문 및 표지 디자인을 하였으며, 반지현이 마케팅을 합니다. 제판은 한국커뮤니케이션(주), 인쇄 및 제본은 상지사에서 하였습니다. 출판사 등록일 및 등록번호는 2003. 2. 6. 제10-2567호이고, 주소는 서울시 마포구 성산동 628-5, 전화는 (02) 3143-6360, 팩스는 (02) 338-6360, 이메일은 shantibooks@naver.com입니다. 이 책의 ISBN은 978-89-91075-82-5 03220 이고, 정가는 15,000원입니다.

이 도서의 국립중앙도서관 출판시도서목록(CIP)은 e-CIP홈페이지(http://www.nl.go.kr/ecip)와 국가자료공동목록시스템(http://www.nl.go.kr/kolisnet)에서 이용하실 수 있습니다. (CIP제어번호: CIP2013007022)

달라이 라마의 고양이

데이비드 미치 지음
추미란 옮김

【산티】

헌사

작고 사랑스러웠던 나의 린포체, '청옥좌의 공주 워직Princess Wussik of the Sapphire Throne'을 추모하며 이 책을 그녀에게 바친다.
그녀는 우리에게 기쁨을 주었고 우리도 그녀를 매우 사랑했다.
그녀와 다른 모든 살아있는 존재들이 빠르고 쉽게, 완전한 깨달음을 얻는 데 이 책이 직접적인 도움이 되기를 바란다.
모든 존재가 행복과 행복의 진정한 이유를 찾기 바란다.
모든 존재가 고통과 고통의 진정한 이유에서 벗어나기 바란다.
모든 존재가 고통에서 벗어나고 자유의 니르바나, 그 위대한 기쁨과 행복에서 한 치도 벗어나지 않기 바란다.
모든 존재가 평화와 평정 속에 머물기 바란다. 모든 존재의 마음이 집착과 혐오에서, 또한 무관심에서 벗어나기 바란다.

저자 데이비드 미치 또한 히말라야 종 고양이 '워직'과 함께 살았다. 워직은 17년을 살고 이 책이 출판되기 직전 하늘나라로 떠났는데, 책을 쓰는 데 워직이 많은 영감을 주었다고 한다.

차례

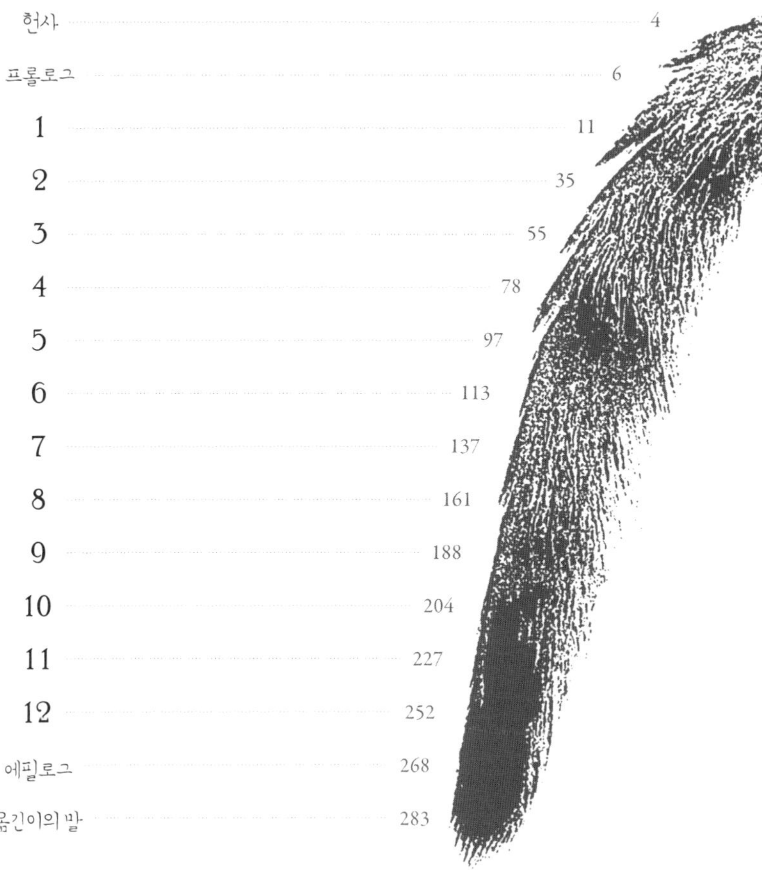

히말라야의 햇살 좋은 어느 날 아침, 이 책을 써야겠다는 생각이 들었다. 달라이 라마는 개인 접견을 막 끝내려던 참이었고, 나는 늘 그렇듯 이층의 창문턱에 걸터앉아 있었다. 그곳은 최소한의 노력으로 최대한의 감시가 가능한 나만의 명당 자리였다.

나는 신중한 성격이라 당시 접견자가 누구였는지는 밝힐 수 없다. 그냥 할리우드의 매우 유명한 여배우라는 것만 밝혀두겠다.…… 그 왜 영화 〈금발이 너무해〉에 나왔던…… 아이들을 위해 기부도 많이 하고 당나귀를 기르는 걸로 유명한…… 그래요! 바로 그분!

막 나가려던 차에 그녀의 눈에 창문 밖 히말라야의 웅장한 설산이 들어왔던 모양이다. 그리고 그제야 그곳에 있는 나를 보았다.

"아! 무척 예뻐요!" 그녀가 다가와 내 목덜미를 쓰다듬었고, 나는 하품을 늘어지게 하고 앞발을 쭉 뻗어 덜덜 떨어주는 것으로 보답했다. "고양이를 기르시는 줄은 몰랐어요!" 그녀는 흥분한 듯 말했다.

미국 사람들처럼 다 그렇게 호들갑을 떠는 건 아니지만 사람들이 그런 말을 할 때마다 나는 놀라움을 금치 못하겠다. 달라이 라마와 나의 관계에 '기르다'라는 말이 적합한 표현인가는 논외로 치더라도 달라이 라마가 고양이를 기르는 것이 그렇게 놀랄만한 일인가? 달라이 라마는 고양이를 기르면 안 된다는 것인가?

게다가 관찰력이 조금이라도 있는 사람이라면 달라이 라마의 삶에 고양잇과 동물이 존재한다는 것쯤은 금방 알아챌 수 있을 것이다. 내가 그의 소지품이나 옷가지에 털과 수염을 연신 묻혀대니까 말이다. 달라이 라마를 가까이서 보고 그의 승복을 관찰할 특권을 갖게 된다면 당신도 분명 하얀 털 한 가닥쯤 발견하고도 남을 것이다. 그리고 달라이 라마가 혼자 살기는커녕 흠잡을 데 없는 혈통(비록 족보는 없지만)의 고양이 한 마리와 내실 깊숙한 곳을 공유하고 있음을 확신하게 될 것이다.

달라이 라마가 버킹엄 궁을 방문했을 때 여왕의 코기 견들이 그렇게 맹렬하게 짖어댄 것도(국제 뉴스 기자들이 웬일인지 다루지 않은 사건이지만) 다 내 털들 때문이었다.

어쨌든 본론으로 돌아가서, 내 목을 쓰다듬던 그 미국인 여배우가 물었다.

"이름이 뭔가요?"

"아! 이름이 참 많아요." 달라이 라마는 의미심장한 미소를 지으며 말했다.

사실이다. 다른 집고양이들처럼 나도 다양한 이름을 얻었다. 자주 듣는 이름도 있고 가끔 듣는 이름도 있다. 그 중에는 썩 내키지 않는 이름도 하나 있기는 하다.

달라이 라마 관저의 직원들 사이에 나의 법명으로 알려진 이름(성하님의 고양이)을 달라이 라마가 직접 부른 적은 한 번도 없다. 최소한 그 이름 전체를 이용해 나를 부른 적은 결단코 없다. 내가 살아있는 한 쑥스러워서 그 이름을 내 스스로 밝힐 일도 없을 것이다. 적어도 이 책에서는 밝히지 않을 것이다. 절대로 안 밝히겠다. 음…… 최소한 프롤로그에서는 밝히지 않겠다.

"말을 못한다 뿐이지" 여배우가 계속 말했다. "지혜로운 고양이임에 틀림없을 거예요."

바로 그 말이 이 책을 쓰게 한 씨앗이 되었다.

그 후부터 나는 새 책 집필을 시작한 달라이 라마를 몇 달 동안 관찰했다. 그는 경전의 내용을 정확하게 해석하기 위해 많은 시간을 할애했고, 가능한 한 최고로 훌륭한 의미와 효과를 불러내기 위해 어휘 하나하나에까지 오랫동안 세심하게 신경 썼다.

조금씩 나의 이야기를 쓸 때가 되었다는 생각이 들었다. 달라이 라마의 발 밑에서 혹은 무릎 위에 앉아서 배운 나만의 지혜를 나눌 수 있는 책 말이다. 그 책은 나의 이야기를 담을 것이다. 가난뱅이가 거부가 된 이야기라기보다는 가난뱅이가 절간의 음식을 축내게 된 사연에 더 가까울 것이다.

죽을 운명에서 구출된 순간은 지금도 생각하면 소름이 끼친다. 하지만 나는 덕분에 세계가 다 아는 위대한 영적 지도자이자 노벨 평화상 수상자이면서 깡통까지 잘 따는 남자와 같이 살게 되었다.

늦은 오후, 그가 책상에 너무 오래 앉아 있었다는 생각이 들면 나는 창문턱에서 뛰어내려 와 그에게로 조용히 걸어간다. 그리고 그의 다리에 털북숭이 몸을 비벼댄다. 그래도 나를 봐주지 않으면 공손하게 그리고 정확하게 그의 발목의 부드러운 부분을 살짝 깨물어줄 것이다. 그렇게까지 해서 실패하는 경우는 없다.

그는 포기한 듯 짧은 한숨을 쉬며 의자를 뒤로 밀고 팔을 뻗어 나를 들어 안은 뒤 창문 쪽으로 걸어간다. 나의 크고 푸른 눈을 쳐다보는 그의 눈은 무한한 사랑으로 가득하다. 나는 행복할 수밖에 없다.

"내 귀여운 보디카트바bodhicatva(보살 고양이)." 그는 가끔 나를 그렇게 부른다. 보디카트바는 산스크리트 어 보디사트바bodhisattva(보살)를 재미있게 변형한 것으로, 보디사트바는 불교에서 '깨달은 존재'라는 뜻이다.

우리는 함께 다람살라 강그라 계곡 아래로 펼쳐지는 파노라마 전경을 감상한다. 열린 창문을 통해 들어오는 산들바람에 히말라야 소나무와 참나무와 진달래의 향기가 실려온다. 그럴 때면 마치 태곳적 마법 세상에 있는 듯하다.

그의 따뜻한 팔에 안겨 있으면 세상의 모든 구분이 사라진다. 보는

사람과 보이는 사람, 고양이와 스님, 황혼의 고요함과 깊은 곳에서
울리는 나의 기쁨에 겨운 목소리, 그 사이 아무런 구분도 없다. 그런
순간이면 나는 '달라이 라마의 고양이'라서 진심으로 감사하다.

1

먼저 그 푸지게 볼일을 보던 황소에게 감사하고 싶다. 별로 긴 인생은 아니었지만 내 인생을 바꾼 이벤트를 만들어줬으니까 말이다. 친애하는 독자 여러분, 그 황소가 없었다면 여러분은 이 책을 읽을 수 없었을 것입니다.

마음속으로, 전형적인 몬순 기후의 여름날 오후 뉴델리의 차도를 그려보기 바란다. 달라이 라마는 미국 법문 여행을 막 마치고 인디라 간디 공항에서 다람살라의 관저로 가던 길이었다. 델리 시 외곽을 지나고 있었는데 갑자기 황소 한 마리가 대로 한가운데로 느긋하게 걸어 들어오더니 푸지게 볼일을 보는 바람에 가던 길을 멈추고 말았다.

몇 대의 차가 뒤에서 기다리고 있었고, 달라이 라마는 고요한 가운데 차창 밖을 바라보며 차가 다시 움직이기를 기다렸다. 차 안에 있던 달라이 라마는 바로 그때 도로변에서 상영되고 있는 드라마 한 편에 주의를 빼앗기지 않을 수 없었다.

누더기를 걸친 거리의 아이 두 명이 그날의 거래를 성사시키고 싶어 안달이 나 있었다. 거리는 걷거나 자전거를 타고 지나가는 사람들, 가판대에서 물건을 파는 사람들, 구걸하는 사람들로 복작복작했다. 아이들은 그날 아침 뒷골목에서 삼베자루 무더기 뒤에 숨겨져 있던 새끼 고양이 한 무리를 발견했다. 이리저리 뜯어보니 돈벌이가 될 만했다. 흔해 빠진 뒷골목 고양이가 아니라 우수한 품종임이 분명했다. 히말라야 종 고양이라는 건 몰랐겠지만, 우리의 파란 사파이어빛 눈동자와 멋진 색 조합의 풍성한 털을 보고 물건이라 생각하지 않을 수 없었을 것이다.

두 아이는 엄마 고양이가 있어 아늑했던 우리의 집에서 언니오빠들을 끄집어내 길거리의 무시무시한 소용돌이 속으로 데려갔다. 그리고 단 몇 분 만에 크고 튼튼했던 내 언니 고양이 둘을 단 돈 몇 루피로 팔아치웠다. 그 과정에서 흥분한 녀석들이 나를 바닥으로 세게 떨어뜨린 탓에 나는 달려오던 스쿠터에 거의 치일 뻔했다.

오빠와 나는 뼈만 앙상했기 때문에 좀처럼 팔리지 않았다. 녀석들은 차도를 터벅터벅 걸어 다니며 지나가는 차창 속으로 우리를 거칠게 들이밀기를 몇 시간 동안 반복했다. 작디작아서 어미에게서 떼어놓는 것도 무리였던 내 몸뚱이에 그런 상황은 대혼란 그 자체였다. 젖이 부족해 급속히 기력을 잃어가는데다가 바닥에 내동댕이쳐진 후유증이 여전해서 지나가던 한 노인이 손녀에게 고양이나 한 마리 사줄까 하고 관심을 보이던 때에는 거의 의식을 잃을 지경이었다.

노인이 남겨진 우리 둘을 바닥에 내려놓아 보라는 시늉을 하자 녀석들이 시키는 대로 했고, 노인은 쪼그리고 앉아 우리를 주시했다. 오빠는 젖 달라고 울부짖으며 비포장 도로변의 더러운 먼지 고랑을 걸었다. 나도 오빠를 따라가려고 좀 움직여봤지만 한 발자국 걷고는 비틀거리다가 그만 진흙 웅덩이에 빠져버리고 말았다.

정확하게 바로 그 장면을 달라이 라마가 보게 된 것이다. 그리고 뒤따른 장면도 보게 되었다.

거래가 성사되었고 오빠는 치아 없는 그 노인의 손에 넘겨졌다. 이제 두 녀석은 나를 어떻게 처리할지 논의했다. 그 사이 나는 여전히 진창에 박혀 있었다. 한 녀석은 그 큰 발끝으로 나를 쿡쿡 찔러보기까지 했다. 나를 팔기는 힘들겠다고 결론 내린 녀석들은 어딘가에서 근처 시궁창으로 날아 들어온 한 주 지난 《타임스 오브 인디아》 스포츠 면 한 장을 집어 들더니 나를 썩은 고기마냥 둘둘 말았다. 그리고는 재빨리 근처 쓰레기 더미 쪽으로 향했나.

신문 안에 갇힌 나는 질식할 것 같았다. 숨 쉴 때마다 고통스러웠다. 피로와 굶주림으로 이미 극도로 쇠약해진 상태였기 때문에 내가 느낄 수 있는 것은 내 속에 그나마 남아 있던 생명의 불꽃이 거의 꺼지기 직전이라는 것뿐이었다. 그 순간 너무 절망적이어서 이제 끝이구나 싶었다.

그때 달라이 라마가 수행원 한 명을 급파했다. 미국에서 막 돌아오는 길이던 그 수행원의 승복 속에는 1달러짜리 지폐 두 장이 들어 있었다. 그 두 장을 건네받은 아이들은 신이 나서 부리나케 달아났다. 루피로 바꾸면 큰돈이 될지도 모른다는 생각에 마구 흥분한 채로.

《타임스 오브 인디아》 스포츠 면("벵갈로르, 9점 차로 라자스탄에 대승하다"가 헤드라인)에서 풀려난 나는 곧 달라이 라마의 차 뒷좌석에서 안정을 취할 수 있었다. 축 처진 나에게 원기를 불어넣어 줘야 한다고 생각한 달라이 라마는 곧 노점상에서 우유를 사 내 입 속에 한 방울씩 떨어뜨려 주었다.

사실 내가 어떻게 구출되었는지는 전혀 기억나지 않는다. 하지만 나중에 내 구출 스토리를 얼마나 많이 듣게 되었는지 다 외우게 될 정도였다. 내가 기억하는 것은 그날 아침 삼베자루 집에서 붙잡혀 유괴된 뒤로 계속 의식불명이었다가 어느 순간 한없이 따뜻함을 느끼며 성소에서 깨어났다는 것뿐이다. 그때, 그날 처음으로 다 잘될 거라는 느낌이 들었다. 나에게 다시 안전과 자양분을 찾아준 존재가 누구인지 보려고 고개를 든 나는 어느새 달라이 라마의 눈을 들여다보고 있었다.

처음으로 달라이 라마 옆에 있게 된 그 순간을 어떻게 설명해야 할까? 마음이 아주 따뜻해지며 다 잘되었다는 확신이 들었다. 그것은 생각이기도 했지만 꼭 그만큼의 느낌이기도 했다. 나중에 알게 되었는데 그 순간은 나 자신의 진정한 본성이 끝없는 사랑과 자비라는 것을 처음으로 알게 된 순간 같은 것이었다. 사랑과 자비는 늘 거기에 있는데 이를 보지 못하는 우리와 달리 달라이 라마는 그것들을 보고 우리에게 반사한다. 그는 우리의 불성佛性을 인식하고 드러낸다. 그가 그럴 때면 사람들은 놀라고 감동해 눈물을 흘리곤 한다.

나로 말하자면, 달라이 라마의 집무실 의자 위 적갈색 털방석에 가볍게 안착하며 깨달은 사실이 한 가지 더 있었다. 바로 내가 고양이 애호가의 집에서 살게 되었다는 사실이었다. 그것은 모든 고양이에게 가장 중요한 문제가 아닐 수 없다.

달라이 라마가 고양이 애호가라면, 그 커피 테이블 맞은편에 앉아 있던 사람은 꼭 그만큼 고양이 혐오가임에 틀림없었다. 다람살라로 돌아와 접견 일정을 재개한 달라이 라마는 영국에서 온 역사 교수와 오래 전에 이야기된 인터뷰 약속을 지키는 중이었다. 그 교수가 정확

히 누구인지는 말해줄 수 없다. 단지 영국에서 가장 유명한 아이비리

그 대학 두 곳 중 한 곳의 교수라는 것만 밝혀두겠다.

인도와 티베트 역사에 대한 두꺼운 책을 저술중이던 그 교수는 방

안에 자기 외에 달라이 라마의 주의를 끄는 존재가 하나 더 있다는

사실에 살짝 짜증이 나 있는 것처럼 보였다.

"길고양이라고요?"

내가 어떻게 하다 그 둘 사이에 떡하니 한 자리 차지하게 되었는

지를 달라이 라마가 설명하자 그가 놀란 듯이 물었다.

"그렇습니다." 달라이 라마가 확답했다. 그리고 교수의 말투에서 드

러나는 그의 마음속 질문에도 연이어 대답했다. 자애로운 미소를 머

금고 나도 곧 익숙해질 그 따뜻하고 풍부한 성량의 바리톤 목소리로.

"교수님도 아시다시피 이 길고양이와 교수님은 아주 중요한 공통

점이 하나 있지요."

"그런가요?" 교수는 냉랭하게 대답했다.

"교수님께는 이 세상에서 가장 중요한 것이 교수님의 목숨이겠

죠?" 달라이 라마가 이어 말했다. "이 고양이한테도 그렇죠."

뒤이은 침묵의 순간으로 추정해 보건대 그 교수가 아무리 박식하

다 해도 난생처음 들어보는 놀랄만한 사고방식임에 틀림없었다.

"설마 인간과 동물의 생명의 가치가 같다는 말씀은 아니시겠죠?"

교수가 말했다.

"물론 우리 인간의 잠재력이 훨씬 더 대단합니다." 달라이 라마가 대답했다. "하지만 살고 싶어 한다는 것과 의식의 특정 경험에 집착한다는 점에서는 둘 다 마찬가지죠."

"그것이…… 좀 더 정교한 포유류라면 어쩌면 그렇게 볼 수도 있겠지만 말입니다……" 교수는 문제의 소지가 다분한 것 같은 달라이 라마의 사고방식과 싸우고 있었다. "모든 동물이 그렇지는 않겠지요. 그러니까 제 말씀은 예를 들어 바퀴벌레와 인간이 같다고 할 수는 없지 않겠습니까?"

"바퀴벌레도 그렇습니다." 달라이 라마는 굽히지 않고 말했다. "의식 있는 모든 존재가 그렇습니다."

"하지만 바퀴벌레는 병을 옮기잖아요. 스프레이를 뿌려서 처치해야죠."

달라이 라마가 자리에서 일어나더니 책상으로 걸어가 그곳에 있는 커다란 성냥갑을 집어 들었다. "우리는 이걸로 바퀴벌레를 내보냅니다. 스프레이보다는 훨씬 낫다고 봅니다만." 자신의 트레이드마크인 만면의 미소를 지어보이며 달라이 라마가 계속 말했다. "교수님도 거대한 독가스 스프레이에 쫓기고 싶지는 않겠죠?"

교수는 별말 없이, 달라이 라마의 말을 자명하지만 특이한 지혜 정도로 받아들였다.

달라이 라마는 다시 제자리로 돌아왔다. "모든 의식적 존재에게는 생명이 가장 소중합니다. 그러니까 우리는 감각이 있는 모든 존재를 보호할 필요가 있습니다. 아주 많이요. 또 두 가지 기본적인 바람을 우리 모두가 똑같이 갖고 있다는 것도 알아야 합니다. 행복하고 싶고 고통받고 싶지 않다는 바람 말입니다.”

달라이 라마가 끝없이 반복하며 자주 말하는 주제이기 때문에 당시의 나도 이미 들어본 말이었다. 하지만 매번 아주 명쾌하고 단호하게 말하기 때문에 마치 처음 듣는 말처럼 느껴진다.

“우리 모두 그 두 가지를 바랍니다. 그런데 행복을 찾고 불편함을 피하려는 방식도 똑같아요. 우리 중에 맛있는 음식을 즐기지 않는 사람이 누가 있겠어요? 안전하고 편안한 침대에서 자기 싫어하는 사람이 누가 있겠습니까? 작가든, 스님이든—혹은 길고양이든—우리는 그런 점에서 다 똑같답니다.”

커피 테이블 맞은편의 역사 교수가 자세를 고쳐 앉았다.

“무엇보다” 몸을 구부려 집게손가락으로 나를 만지며 달라이 라마가 말했다. “우리는 모두 사랑받고 싶을 뿐입니다.”

그날 오후 늦게 그 방을 나서게 된 교수는 인도와 티베트 역사에 대한 달라이 라마의 관점을 녹음한 테이프는 물론이고 그 밖에도 생각할 거리를 많이 갖고 가게 되었다. 달라이 라마의 메시지는 자극적이었다. 도전적이기까지 했다. 하지만 쉽게 잊힐 만한 것은 아니었다…… 우리도 그렇다는 것을 곧 알게 될 것이다.

그 후 며칠 동안 나는 새로운 환경에 재빨리 적응했다. 낡았지만 털이 달린 승복으로 달라이 라마께서 손수 지어주신 아늑한 둥지, 매일 해가 뜨고 머무르고 또 질 때 그의 방에서 느낄 수 있는 빛의 변화, 단단한 음식을 먹을 만큼 건강해질 때까지 따뜻한 우유를 먹여주던 두 행정 비서관의 부드러운 손길.

탐험도 시작했다. 먼저 달라이 라마의 내실을 살핀 뒤 두 행정 비서관이 쓰고 있는 사무실까지 영역을 넓혀갔다. 문 쪽에 앉아 있는, 늘 웃는 얼굴에 부드러운 손을 가진 젊고 땅딸막한 스님의 이름은 초갈이다. 초갈은 사찰 사무와 관련해 달라이 라마를 돕는다. 초갈의 맞은편에 앉은, 나이도 더 들고 키도 더 큰 사람은 텐진이다. 늘 말쑥한 양복 차림이고 손에서는 석탄산 비누의 톡 쏘는 청량한 냄새가 난다. 텐진은 직업 외교관이자 문화 담당관으로 세속적인 업무와 관련해 달라이 라마를 돕는다.

내가 비틀거리며 비서관 사무실 구석에 등장한 첫날, 그들은 나누던 대화를 뚝 멈췄다.

"이게 누구지?" 텐진이 내 정체를 궁금해 했다.

초갈이 빙그레 웃더니 나를 들어 자기 책상 위에 올려놓았다. 그 즉시 나의 시선은 비크Bic 볼펜의 밝은 파란색 뚜껑에 쏠렸다. "성하님께서 델리에서 오던 길에 거둬오셨답니다." 내가 비크 볼펜 뚜껑을 튕기며 책상을 휘젓는 동안 초갈이 수행원이 전해준 이야기를 반복했다.

"그런데 왜 저렇게 이상하게 걷는 거지요?" 텐진이 궁금해 하며 물었다.

"바닥에 떨어져 등을 다쳤다고 하더라고요."

"흠."

몸을 숙여 나를 면밀히 살펴본 텐진은 생각이 좀 다른 듯했다. "어쩌면 아주 새끼였을 때 못 먹어서 그럴 수도 있겠어요. 이름이 있나요?"

"아뇨." 초갈이 말했다.

플라스틱 볼펜 뚜껑을 책상 위에 이리저리 몇 번 던지며 나와 놀아주던 초갈이 문득 생각난 듯 외쳤다. "우리가 하나 지어줍시다!" 초갈이 무슨 흥미로운 과제라도 생긴 듯 흥분했다.

"법명 말이에요. 어떻게 생각하세요? 티베트 어로 할까요? 영어로 할까요?"(불교에서는 스님이 될 때 새롭게 태어난다는 의미에서 법명이라는 것을 받는다.)

초갈이 몇 가지 제안을 했지만, 텐진은 "서두르지 않는 게 좋겠어요. 이 아이를 좀 더 알게 되면 적당한 이름이 자연스레 생각날 테니까요"라고 말했다.

늘 그렇듯 텐진은 현명했다. 그리고 예지력도 뛰어났다.(나에게는 불행한 일이었지만.) 볼펜 뚜껑을 쫓아가느라 초갈의 책상에서 텐진의 책상으로 넘어갈 즈음 연장자 텐진이 작고 솜털이 보송보송한 내 몸뚱이를 잡아 바닥의 러그에 내려놓았다.

"너는 여기에 있는 것이 낫겠구나." 텐진이 말했다. "달라이 라마께서 교황께 보낼 편지가 있거든. 거기에 네 발자국 칠을 하는 건 너도 원치 않을 테니 말이야."

초갈이 웃으며 말했다. "그럼 성하님을 대신해 성하님의 고양이가 서명하는 거죠."

그리고 불현듯 외쳤다. "성하님의 고양이? HHC(His Holiness's Cat) 어때요?" 달라이 라마는 공문에서 보통 '달라이 라마 성하陛下'(HHDL)라고 불려진다.

"적당한 이름을 찾을 때까지 그렇게 부르는 게 좋겠네요."

행정 비서실 밖으로는 다른 여러 사무실로 이어지는 복도가 있고, 그 복도의 끝에는 열린 채로 방치되는 일이 없도록 누구든 늘 조심하는 문이 하나 있다. 나는 그 문이 아래층으로, 거기에서 다시 바깥으로 이어지고, 나아가 사원으로 이어지며, 심지어 해외로까지 뻗어 많은 곳을 연결한다는 사실을 행정 비서실에서 들어 익히 알고 있었다. 그 문은 또한 성하님을 찾아온 모든 방문자들이 들어왔다 나가는 문으로 완전히 새로운 세상을 여는 문이었다. 하지만 새끼 고양이 시절의 나는 그 문의 안쪽에 남아 있는 것에 더없이 만족하고 있었다.

이 땅에서의 처음 며칠을 뒷골목에서 보냈을 뿐인 나는 인간의 삶에 대해 아는 것이 거의 없었다. 그러니 내가 얼마나 비범한 환경에 들어오게 되었는지 감조차 잡지 못하고 있었다. 달라이 라마가 다섯 시간 명상을 위해 매일 새벽 3시에 일어날 때면 나도 늘 따라 일어났다. 그리고 옆에 꼭 붙어서 몸을 잔뜩 웅크리고 누운 다음 그의 따뜻하고 좋은 기운을 한껏 빨아들였다. 나는 인간들은 아침에 일어나면 다 그렇게 명상부터 하는 줄 알았다.

달라이 라마의 방문자들은 항상 카타kata라는 하얀 비단 예포를 올렸고, 그러면 성하님은 그것을 축복의 말과 함께 돌려주었다. 나는 인간들은 방문자를 늘 그렇게 반긴다고 생각했다. 달라이 라마의 방문자들은 아주 멀리서 오는 경우가 많았기 때문에 나는 그것도 아주 일상적인 일이라고 생각했다.

그러던 어느 날 초갈이 나를 안아 올리더니 내 목을 간지럽히며 물었다. "저 사람들이 다 누군지 궁금하지?" 행정 비서실 벽에 걸린 사진들을 바라보고 있는 나를 본 모양이었다. 그는 사진 몇 개를 가리키더니 "이 여덟 분은 미국의 전직 대통령들이셔. 다들 성하님을 만나고 계시네. 성하님은 매우 특별한 분이란다. 너도 알고 있지?" 하고 말했다.

나도 알고 있었다. 우유를 꼭 따뜻하게 데워주고 절대 뜨거운 우유는 주지 않는 아주 특별한 분.

"이 세상에서 영적으로 가장 위대한 지도자 중 한 분이시지." 초갈이 계속 말했다. "우리는 성하님이 살아있는 부처라고 믿는단다. 너는 성하님과 가까이 지내게 될 굉장한 카르마를 타고난 게 틀림없어. 그 카르마가 뭔지 정말 궁금하구나."

며칠 뒤 나는 복도를 활보하다가 달라이 라마의 직원들이 휴식도 취하고 점심을 먹거나 차를 마시기도 하는 작은 주방으로 들어가게 되었다. 티베트 스님 몇 분이 소파에 앉아 최근에 있었던 달라이 라마의 미국 방문 녹화 뉴스를 보고 있었다. 그즈음 관저 구역인 조캉 Jokhang(조캉은 원래 티베트의 수도 라싸에 있는 티베트 불교 사원 이름이지만, 여기서는 라싸의 조캉이 아니라 티베트 망명 정부가 있는 다람살라의 조캉을 말함—옮긴이)에서 나를 모르는 사람은 없었다. 사실 나는 달라이 라마 사무실의 마스코트가 되어 있었다. 나는 스님 한 분의 무릎 위로 뛰어올랐다. 그리고 내가 텔레비전을 보는 동안은 나를 쓰다듬어도 된다고 허락했다.

처음에 보이는 장면이라고는 아주 작은 붉은 점 하나를 둘러싸고 있는 엄청난 인파뿐이었다. 달라이 라마의 목소리가 아주 분명하게 들리긴 했다. 그런데 뉴스가 진행되면서 엄청난 규모의 실내 스포츠 경기장 중간에 있던 그 붉은 점이 달라이 라마라는 것을 알게 되었다. 뉴욕에서 샌프란시스코까지 그가 방문한 모든 도시에서 똑같은 장면이 재연되었다. 뉴스 캐스터는 모든 도시에서 그를 보기 위해 엄청난 인파들이 몰려들었으니 달라이 라마가 록 스타보다도 더 인기가 높음을 증명했다고 말했다.

나는 달라이 라마가 정말 얼마나 특별한 사람인지, 얼마나 대단한 존경을 받고 있는지 조금씩 깨닫기 시작했다. 그리고 초갈이 말한 '그와 나를 연결해 주고 있는 그 굉장한 카르마' 때문이었겠지만, 언제부턴가 나도 특별한 쪽임에 틀림없다고 믿기 시작했다. 달라이 라마가 델리의 슬럼가에서 손수 구출해 온 내가 아닌가? 그는 우리가 같은 영혼의 피를 나눠가졌음을 본 것이 아닐까? 내가 그와 같은 파장의 영혼을 지닌 의식적 존재라는 것을?

달라이 라마가 방문자에게 자애심의 중요성을 말할 때마다 나도 흐뭇하게 가르랑거렸다. 마치 그게 바로 정확하게 내가 말하려던 것이라는 듯. 그가 내 저녁으로 스내피 톰(유명한 고양이 사료 브랜드—옮긴이) 깡통을 따줄 때면, 의식을 가진 존재라면 기본적인 욕구를 충족시키려 한다는 점에서 모두 똑같다는 사실이 그에게 진리인 만큼 나에게도 진리임에 틀림없어 보였다. 저녁을 먹고 난 뒤 그가 불룩해진 내 배를 쓰다듬어 줄 때는 우리 모두가 단지 사랑받고 싶어 할 뿐이라는 그의 말이 역시나 옳았음을 알 수 있었다.

그즈음 달라이 라마가 호주와 뉴질랜드로 3주 정도 떠나 있는 동안 나를 어떻게 할 것인가 하는 문제로 논의가 있었다. 그 외에도 앞으로 산재해 있는 해외 일정 동안 달라이 라마의 관저에 머물게 해야 할지 아니면 새 집을 찾아줘야 할지에 대해서도.

새 집이라고? 그야말로 미친 발상이 아닐 수 없었다! 나는 '성하님의 고양이'인데다 이미 그곳에 없어서는 안 되는 존재인데 말이다. 나는 달라이 라마가 아닌 그 누구와도 같이 살 수 없었다. 그뿐 아니라 내 일상을 이루고 있던, 달라이 라마와 함께하지 않는 다른 많은 시간도 매우 소중하게 생각한 지 이미 오래였다. 그가 방문자와 얘기중일 때 창문턱에 앉아 햇볕을 쬐는 일이나 그와 직원들이 접시에 담아주는 맛있는 음식을 먹는 일, 텐진과 함께 점심 때 음악 감상을 하는 일이 그랬다.

달라이 라마의 문화 담당관 텐진은 티베트 인이지만 옥스퍼드 대학을 졸업했고 영국에서 공부하며 이십대 초반을 보낸 까닭인지 모든 종류의 유럽인 취향을 다양하게 계발하곤 했다. 매일 점심 시간, 긴급 사안이 없다면 텐진은 자리에서 일어나 아내가 싸준 작은 플라스틱 도시락을 꺼내 들고 복도를 지나 '응급실'이라는 이름의 방으로 들어갔다. 응급실 용도로는 거의 쓰지 않는 그 방에는 작은 싱글 침대 하나와 약품 캐비닛 하나, 팔걸이의자 하나, 그리고 텐진이 가져다놓은 휴대용 음향 기기가 있었다.

어느 날 나는 호기심에 그를 따라가 보았다. 그가 팔걸이의자에 깊숙이 앉은 다음 음향 기기의 리모컨을 눌렀다. 금세 온 방 안에 음악이 울려 퍼졌다. 텐진은 눈을 감고 머리를 의자 뒤로 편안하게 젖혔다. 곧 입가에 미소가 맴돌았다.

"바흐의 서곡 다장조란다, HHC!" 짧은 피아노 부분이 끝나자 그가 이렇게 말했다. 내가 그 방에 있는 걸 모르는 줄 알았다.

"참 아름답지 않아? 내가 제일 좋아하는 곡이지. 아주 간단해, 멜로디 라인이 말이야. 화음도 없고. 그런데도 얼마나 깊은 감정을 끌어내는지 모른단다!"

그날부터 텐진은 거의 매일 나에게 다양한 음악은 물론 서양 문화에 대해서도 강의를 해주었다. 자신의 취미를 공유할 수 있는 존재로 나를 진심으로 반기는 것 같았다. 주제는 오페라 아리아나 현악 4중주, 때로 역사적 사건을 재현하는 라디오 드라마까지 다양했다.

텐진이 플라스틱 도시락 속 소박한 음식을 먹는 동안 나는 응급실 침대에 웅크리고 누웠다. 우리 둘밖에 없었으므로 그는 자유를 만끽했다. 점심 시간이 한 번 지날 때마다 서양 문화와 음악에 대한 나의 조예도 그만큼씩 점차 깊어갔다.

☙

그러던 어느 날, 뜻밖의 일이 벌어졌다. 달라이 라마는 사원에 나가 있었고 '그 문'이 열려 있었다. 그즈음 나는 하루 종일 털 담요 속 응석받이로 살며 만족하기에는 이미 모험심이 너무 강한 고양이로 변해 있었다. 뭔가 재미있는 일이 없을까 하고 복도를 어슬렁거리다가 그 문이 조금 열려 있는 것을 보았고, 더 이상 생각할 것도 없었다. 문을 열고 나가 드넓은 세상을 탐험하는 것 외에는.

아래층들, 바깥, 외국!

나는 어찌어찌 층계참 하나를 사이에 둔 계단 두 줄을 비틀거리며 내려갔다. 계단에 카펫이 깔려 있어 다행이라고 생각했지만 몸이 잘 통제가 안 돼 결국엔 품위 없이 쿵 떨어지고 말았다. 다시 몸을 추스른 다음 짧은 통로를 지나 계속 걸어 마침내 밖으로 나갔다.

뉴델리의 슬럼가에서 구출된 이래 밖으로 나간 것은 그때가 처음이었다. 사방으로 걸어 다니는 사람들 틈에서 부산한 에너지가 느껴졌다. 하지만 그것도 잠시, 나는 자지러지는 듯한 '꺄악' 소리를 들어야 했다. 우르르 달려오는 발소리들이 무슨 코러스 같았다. 일본에서 단체 여행 온 여학생들이 나를 발견하고 쫓아왔던 것이다.

당황스러웠다. 아직 불편한 뒷발을 어찌어찌 최대한 움직거려 보았다. 휘청거리기는 했어도 다행히 비명을 지르던 그 무리에서 벗어날 수는 있었다. 하지만 또다시 그들의 발자국 소리가 점점 더 가까워지는 것을 느낄 수 있었다. 절대로 그들보다 내가 더 빨리 달릴 수는 없었다 그들의 가죽 신발이 포장도로를 칠 때마다 천둥이 울리는 듯했다!

그때 베란다 바닥을 지지하고 있던 낮은 벽돌 기둥 사이에 작은 구멍 하나가 보였다. 건물 아래로 이어지는 구멍이었다. 내가 빠져나가기에는 좀 비좁을 것 같기도 했고, 게다가 그 구멍이 어디 위험한 곳으로 이어질지도 모를 일이었다. 하지만 시간이 없었다. 나는 구멍 안으로 도망쳤고, 그 순간 대혼란이 갑자기 적막으로 바뀌었다.

건물의 마룻널과 땅 사이에 기어 다니기 딱 좋은 넓은 공간이 있었다. 어둡고 먼지도 많고 마루 위를 걸어 다니는 사람들의 발소리가 둔탁하게 계속 들려왔지만, 적어도 안전은 했다. 여학생들이 지나갈 때까지 얼마나 오래 그곳에 있어야 할지 몰랐지만 나는 얼굴의 거미줄을 쓸어내리며 괜히 성급히 나가서 또 다른 봉변을 당하느니 그곳에서 기다리기로 작정했다.

그런데 눈과 귀가 주변에 적응되자 뭔가 긁어대는 소리가 들려오기 시작했다. 이따금씩, 하지만 꾸준히 들리는 그 소리는 뭔가를 갉아먹는 소리였다. 신선한 공기를 찾아다니던 나는 갑자기 정지 상태에 돌입했고 콧구멍을 벌름거렸다. 앞니를 움직이며 쩝쩝대는 소리, 무언가 자극적인 냄새에 수염이 시큰거렸다. 내 반응은 즉각적이었고 강력했으며 반사적이었다. 나에게 그런 반사 신경이 있었는지 나도 미처 몰랐다.

그동안 쥐를 본 적은 한 번도 없었지만 나는 즉시 놈이 먹잇감이라는 것을 알았다. 놈은 나무 기둥 뒤로 머리를 반쯤 숨기고 벽돌 무더기에 딱 붙어선 채 커다란 앞니로 그 나무 기둥을 갉아먹고 있었다. 나는 나무 바닥 위에서 끊임없이 들려오는 발자국 소리에 나를 묻은 채 살금살금 접근했다.

다음 순간, 본능이 나를 덮쳤다. 앞발 한 방에 그 설치류는 균형을 잃고 바닥에 나가떨어지더니 정신을 잃어버렸다. 목을 숙여 이빨로 녀석의 목을 물어 들어올렸다. 녀석이 몸을 축 늘어뜨렸다.

나는 한 치의 망설임도 없이 다음 할 일을 진행했다. 포획물을 입에 단단히 문 채 다시 벽돌 기둥 사이의 구멍으로 돌아가 바깥 포장도로의 상황을 확인했다. 일본 여학생들이 다 가고 없음을 확인하고 나서 도로를 따라 서둘러 건물 안으로 들어갔다. 통로를 황급히 지나고 계단을 단숨에 올라 '그 문'에 도착했다. 문은 굳게 닫혀 있었다.

'이제 어떻게 하지?'

나는 그곳에서 누군가 나타나기를 기다리며 상당히 오랫동안 앉아 있었다. 그리고 마침내 직원 한 명이 나타났다. 그는 내 입 속 전리품을 미처 못 보고 문을 열어주었다. 나는 복도를 따라 터벅터벅 걷다가 모퉁이를 돌았다.

달라이 라마는 그때도 사원에 있었기 때문에 나는 행정 비서실로 가서 쥐를 떨어뜨리며 마치 나의 도착을 알리려는 듯 다급하게 한 번 야옹하고 울었다. 내 목소리의 톤이 이상하다고 생각한 초갈과 텐진이 동시에 고개를 돌렸고, 카펫 위 내 발 옆에 쥐를 떨어뜨려 놓고 자랑스럽게 서 있는 나를 놀란 눈으로 쳐다봤다.

전혀 뜻밖의 반응이었다. 둘은 서로 날카로운 눈빛을 교환하더니 동시에 의자에서 벌떡 일어났다. 초갈이 나를 들어올렸고, 텐진은 무릎을 꿇고 앉아 미동도 하지 않는 쥐를 살폈다.

"아직 숨 쉬고 있어요." 텐진이 말했다. "충격 상태인 것 같아요."

"프린터 상자요." 초갈이 방금 새 잉크 카트리지를 꺼낸 빈 마분지 상자를 가리키며 말했다.

텐진이 낡은 봉투를 빗자루처럼 이용해 쥐를 그 빈 상자로 옮겼다. 그리고 나를 면밀히 살폈다.

"어디에 갔던 것 같아요?"

"녀석 수염에 거미줄이 있어요." 내 쪽으로 머리를 쑥 빼서 보던 초갈이 관찰한 바가 그랬다.

'녀석? 성하님의 고양이더러 뭐라고?'

그 순간 달라이 라마의 운전수가 사무실로 들어왔다. 텐진이 운전수에게 상자를 건네며 쥐를 보고 있다가 회복되면 근처 숲에 풀어주라고 지시했다.

"성하님의 고양이가 밖으로 나갔던 모양이군요." 어리둥절해하는 나의 파란 눈을 보며 운전수가 말했다.

초갈은 여전히 나를 들고 있었다. 평소의 애정이 듬뿍 담긴 포옹이 아니라 마치 야만적인 짐승을 제지라도 하려는 것처럼.

"성하님의 고양이란 호칭은 이제 더 이상 적절하지 않은 것 같네요." 초갈이 말했다.

"당분간 그렇게 부른 거니까요." 다시 책상으로 돌아가던 텐진도 동의했다. "그렇다고 '성하님의 마우저Mouser'(쥐 잡는 고양이)라고 부를 수도 없고 참."

초갈은 나를 카펫 위에 내려놓았다.

"법명을 그냥 '마우저'라고 짓는 건 어때요?" 운전수가 제안했다. 하지만 그의 강한 티베트 어 악센트 탓에 마우저는 '마우지Mousie'(쥐)처럼 들렸다.

세 남자 모두 나를 뚫어져라 쳐다보았다. 어느 순간부터 그들의 대화는 위험한 방향으로 흐르고 있었고, 나는 후회막급이었다.

"그냥 '마우지'라고 할 수는 없어요." 초갈이 말했다.

"항상 무슨무슨 마우지 아니면 마우지 뭐뭐 그런 식으로 말하잖아요."

"마우지 몬스터(쥐 괴물)?" 텐진도 한몫 거들었다.

"마우지 슬레이어(쥐 살인자)?" 초갈이 제안했다.

다들 잠시 생각하는가 싶더니 운전수가 그 이름을 생각해 냈다.

"마우지둥(마오쩌둥) 어때요?"

작고 솜털이 보송보송한 나를 내려다보다가 세 남자는 일제히 웃음을 터뜨렸다.

텐진이 웃다가 갑자기 나를 근엄하게 내려다보며 진지하게 말했다. "자비도 좋지만 성하님이 마오쩌둥과 한 집을 쓰셔야겠니?"

초갈이 "호주 방문으로 자리를 비우실 3주 동안 마오쩌둥에게 관저를 맡기는 건 어떻고요?"라며 잠시 골똘히 생각하는 척하더니 세 남자는 다시 못 참겠다는 듯 웃어댔다.

나는 일어나 조용히 그 방을 나왔다. 귀는 뒤로 단단히 붙이고 꼬리는 잔뜩 세운 채로.

⁂

그 후 몇 시간 동안 달라이 라마의 방 창문턱에 앉아 조용히 햇볕을 쬐다가 나는 내가 엄청난 일을 저질렀다는 걸 깨닫기 시작했다. 나는 유년기 때부터 "나에게 내 생명이 소중한 것처럼 모든 의식 있는 존재들에게도 그들의 생명이 소중하다"는 달라이 라마의 말씀을 거의 매일 들으며 자랐다. 그런데 세상에 내보내진 첫날부터 나는 그 말씀을 깡그리 잊어버리고 만 것이다.

쥐를 쫓던 동안에는, 모든 존재가 행복하고 싶어 하고 고통을 피하려 한다는 진리도 안중에 전혀 없었다. 나는 그저 본능에 온몸을 맡겼을 뿐이다. 한 순간도 그 쥐의 입장이 되어 내 행동을 바라보지 못했다.

나는 간단한 생각이라고 해서 다 쉽게 지킬 수 있는 것이 아님을 깨닫기 시작했다. 고결한 법칙들에 동의한다며 가르랑대는 것은 실제로 그 법칙에 따라 살지 않는 이상 아무런 의미가 없다.

나는 달라이 라마가 나의 새 '법명'에 대해 들으면 어쩌나 걱정되었다. 내 어린 시절의 가장 어리석은 짓을 늘 상기시킬 정말 암울한 법명이 아닐 수 없다. 내가 한 짓이 너무 끔찍해서 이 아름다운 천국에서 나를 영원히 추방시키면 어떻게 하지?

다행스럽게도 쥐는 살아났다. 그리고 달라이 라마는 관저로 돌아와서도 이런저런 만남들로 쉴 새 없이 바빴다.

그날 밤 늦게까지는 그랬다. 침대에 앉아 있던 달라이 라마가 읽던 책을 덮고 안경을 벗어 침대 옆 테이블에 올려놓았다.

"오늘 무슨 일이 있었는지 들었다." 근처에서 꾸벅꾸벅 졸고 있던 나에게 손을 뻗으며 그가 나지막이 말했다. "때로 본능이나 부정적인 조건화에 압도당할 때가 있단다. 나중에 우리가 한 짓을 몹시 후회하기도 하고 말이야. 하지만 그렇다고 포기해서는 안 된단다. 부처님은 너를 저버리지 않았단다. 이번의 실수에서 배우고 계속 가자. 그럼 된다."

달라이 라마가 침대 테이블의 불을 끄고 우리 둘 다 어둠 속에 누웠을 때 나는 감사하는 마음으로 부드럽게 가르랑거렸다.

"내일은 또 온단다." 그가 말했다.

이튿날, 달라이 라마는 매일 아침이면 도착하는 몇 자루나 되는 편지에서 행정 비서관들이 추린 편지 몇 장을 살피고 있었다.

달라이 라마는 영국의 그 역사학 교수가 보낸 책과 편지를 들고 초갈을 보며 말했다. "이거 아주 좋군요."

"네, 성하님." 초갈도 번쩍이는 책 표지를 세심히 살피며 동의를 표했다.

"책이 아니라요" 성하님이 말했다. "편지 말이에요."

"네?"

"교수님이 그동안 장미를 해치는 달팽이를 잡으려고 미끼를 썼는데, 우리가 나눴던 대화를 곱씹어봤는지 이제 그걸 그만두셨답니다. 그 대신 달팽이를 정원 밖으로 풀어준답니다."

"와! 그거 정말 좋은 소식이네요!" 초갈이 웃으며 말했다.

달라이 라마가 나를 바라보며 말했다. "이 교수님을 만날 수 있어서 너도 좋았지?"

나는 그때를 다시 떠올려보았다. 그때 그 교수가 참 무지하다고 생각했었다. 하지만 바로 전날 내가 한 짓을 생각하면…… 내게 그 교수를 판단할 자격은 없는 것 같았다.

"우리 모두 변할 수 있다는 걸 보여주지 않니?! 마우지?"

2

고양이는, 자기는 하루 종일 편안하게 늘어져 있기를 좋아하지만 인간들은 바쁘게 움직이기를 바란다. 그러나 시끄럽게 방해하는 것은 싫다. 그냥 우리를 적당히 즐겁게 할 정도로만 움직이면 된다. 그것도 우리가 깨어 있는 동안에만 말이다. 그런 게 아니라면 왜 고양이들이 하나같이 전용 관람석을 꿰차고 앉아 있겠는가? 밖이 훤히 내다보이는 창문턱이나 현관 앞 혹은 문기둥이나 찬장 위 같은 곳이 좋다. 친애하는 독자들이여, 그대들이 우리의 오락거리임을 아시는가?

달라이 라마의 관저 구역인 조캉에서 사는 게 좋은 이유가 정확하게 바로 그 때문이다. 여기에서는 항상 무슨 일이든 일어나니까.

새벽 명상을 하기 위해 샌들을 신고 모여드는 남걀 사원 스님들의 발자국 소리에 조캉은 매일 새벽 5시가 되기도 전에 이미 깨어난다. 달라이 라마와 나는 그때쯤이면 이미 두 시간 정도 명상을 했을 때인데, 밖에서 슬슬 소음이 들려오면 나는 기분 좋게 일어나 앞다리를 느긋하게 한 번 앞으로 쭉 뻗어본다. 때로는 유연성을 기르기 위해 카펫을 몇 번 긁기도 한다. 그 다음 나는 내 자리인 창문턱으로 향한다. 그곳에서 변함없이 재개되는 그날의 공연을 안심한 채 관람한다. 사실 사원의 일정이라는 게 거의 매일 똑같기는 하다.

조캉에서의 본격적인 하루는 지평선 위 황금 광장이 너울거리며 일어나는 것으로 시작된다. 사원과 스님들 처소에 켜진 불이 광장에 반사되기 때문이다. 여름에 동쪽 하늘이 막 밝아오기 시작할 때면 열어둔 창문을 통해 새벽 염불을 하면서 태우는 자줏빛 향의 연기가 이른 아침의 산들바람을 타고 들어온다.

스님들이 사원에서 나오는 아침 9시 즈음이면 이미 나와 함께 아침을 먹은 후인 달라이 라마가 책상에 앉아 있다. 그럼 보좌관들이 오전 브리핑을 하고 바깥 사원의 스님들도 바쁜 일상을 시작한다. 스님들의 일상은 경전 암송, 공부, 명상, 뒤뜰에서의 철학 논쟁 등으로 빈틈없이 짜여 있다. 그 중간에 두 번의 공양 시간이 끼어 있고 모든 일정은 밤 10시 즈음 끝이 난다.

밤 10시 이후에 어린 스님들은 집으로 돌아가 자정까지 경전을 외우게 되어 있다. 연장자 스님들의 경우 새벽 한두시까지 공부하거나 논쟁할 때도 많다. 그러니까 아무런 움직임도 감지되지 않는 한밤중은 몇 시간이 채 되지 않는다.

한편, 연극 무대의 중심이라 할 수 있는 달라이 라마 관저에는 방문자가 끊이지 않는다. 세상에서 누구나 알 만한 정치인, 연예인, 자선가뿐만 아니라 덜 유명하지만 더 흥미로운 사람들도 많이 찾아온다. 달라이 라마가 때로 조언을 구하기도 하는 네충 사원의 신탁神託 스님도 그 중 한 분이다. 물질 세상과 영성의 영역 사이의 매개자인 이 신탁 스님은 티베트 정부가 인정하는 신탁자이다. 빠르게는 1947년부터 중국과 관련해 여러 어려움이 닥칠 것을 경고해 왔고, 지금도 중요한 사안에 계속 도움을 주고 있다. 주로 무아지경의 상태에 들어간 다음 신탁을 받지만, 때로는 매우 복잡한 의식을 치르는 과정에서 예언과 조언을 내놓기도 한다.

우리 고양이들은 죽을 때가 되면 옛날을 돌이켜보며 가장 좋았던 때를 생각하는데 그런 때를 '첼로 켜던 때'라고 부른다. 조캉처럼 놀랍고도 편안한 환경에서 살고 있으니 독자 여러분은 내가 세상에서 가장 행복하게 첼로를 켜고 있는 고양이라고 생각할지도 모르겠다. 그런데 아아! 유감스럽게도, 친애하는 독자 여러분, 달라이 라마와 막 살기 시작하던 초반 그 몇 달 동안에는 전혀 그렇지 못했음을 밝혀둡니다.

어쩌면 그 전에 내가 언니오빠들 속에서만 살았기 때문일 수도 있다. 그러니까 멋진 털과 수염을 타고난 다른 존재와의 접촉이 그리웠다는 말이다. 정확한 이유야 어쨌든 나는 너무 외로워서 꼭 다른 고양이를 만나야만 비로소 나의 행복이 완성될 거라고 믿는 지경에까지 이르렀다.

달라이 라마는 내가 그렇다는 것을 잘 알고 있었다. 내가 다람살라에서의 초기 몇 주 동안 잘 적응할 수 있었던 것은 그가 델리의 차 안에서 처음 만난 그 순간부터 더할 수 없는 자비와 온화함으로 나를 보살펴주었고 나의 안녕에 지속적인 주의를 기울여주었기 때문이다.

그렇기 때문에 그날도 달라이 라마는 수행자 초갈에게 "아기 스노우 라이언Snow Lion도 데리고 가지"라고 했던 것이다. 쥐 사냥 사건 이후 그날도 나는 무엇을 할지 몰라 방황하며 복도에서 어슬렁거리고 있었다.

'스노우 라이언이라고?' 나는 그 이름이 꽤 마음에 들었다. 그래서 달라이 라마가 승복 입은 팔 사이로 나를 들어올렸을 때 그 이름이 괜찮다는 의미로 가르랑거렸다. 티베트에서 천계에 사는 동물로 알려진 스노우 라이언은 조건 없는 행복을 상징한다. 그리고 아름다움과 활력과 기쁨을 뜻하기도 한다.

"오늘 중요한 일이 많단다." 아래층으로 내려가며 달라이 라마가 말했다. "먼저 사원으로 가서 학승들 시험을 지켜봐야 하고, 그 다음에는 트린치 부인이 오늘의 방문자를 위해 오찬을 준비하러 올 거란다. 너도 트린치 부인을 좋아하지?"

'좋아한다' 정도로는 많이 부족하다. 나는 트린치 아줌마를 사랑한다. 더 정확히 말하면 트린치 아줌마가 특별히 나를 위해 썰어주는 닭의 간을 사랑한다.

특별 행사나 고위 공직자의 방문이 있어 색다른 음식을 주문해야 할 때면 늘 트린치 아줌마가 등장한다. 20년도 더 전에 달라이 라마의 사무실에 있던 어떤 사람이 바티칸에서 온 높은 사람을 위해 만찬을 준비하다가 이탈리아 출신의 과부 한 명이 다람살라에 살고 있음을 알게 되었다고 한다. 이전 출장 요리사들의 솜씨를 가뿐히 뛰어넘은 트린치 아줌마는 곧 달라이 라마가 제일 좋아하는 요리사가 되었다.

현란한 드레스에 사치스러워 보이는 모조 보석을 사랑하는 오십 대의 우아한 그 여인이 그날도 긴장과 흥분의 파도를 타고 화려하게 조캉으로 들어올 터였다. 즉시 조캉의 주방을 장악할 테고, 부엌에서 일하는 사람은 물론 조캉의 사람이라면 누구나 그녀가 발산하는 에너지의 소용돌이에 휩싸일 것이다. 그곳에서 일한 지 얼마 되지 않았을 때도 트린치 아줌마는 규메Gyume 탄트라 승가 대학(규메는 사원 이름—옮긴이)의 승정僧正 한 분에게 강제로 앞치마를 입히고 당근을 썰게 할 정도였다. 그분은 주방 옆을 우연히 지나가다가 그런 봉변을 당했다고 한다.

트린치 아줌마는 높은 사람을 대하는 사교적인 의례 따위는 전혀 몰랐고, 주방에서는 어떤 반대도 용납하지 않았다. 여덟 명 분의 만찬을 준비해야 하는 부엌에서 영적으로 누가 더 뛰어나고 아니고는 전혀 중요하지 않았다. 오페라 같은 그녀의 기질은 침착하고 겸손한 대부분의 스님들과는 극단을 이루었지만, 스님들은 그녀의 힘과 활력과 열정에서 뭔가 묘한 매력을 발견했다.

스님들은 그녀의 큰손도 사랑했다. 그녀는 직원들을 위해서 언제나 스토브에 맛있는 스튜를 넉넉히 남겨놓았다. 그리고 냉장고에 애플 스트루들, 가토 쇼콜라 같은 달콤하기가 짝이 없는 케이크 종류도 넣어두었다.

처음 보자마자 트린치 아줌마는 나를 '세상에서 가장 아름다운 창조물'이라고 선언했고, 그날부터 조캉의 주방에 들어올 때면 장바구니가 아무리 무겁고 많아도 나를 위해 육즙 넘치는 작은 고기 한 덩이씩은 꼭 챙겨왔다. 조리대 위에 나를 올려놓고 아줌마는 마스카라 칠한 속눈썹 아래 호박색 눈동자를 깜빡이며 내가 접시에 담긴 치킨 포토푀, 터키 캐서롤, 필레미뇽 같은 음식을 쩝쩝대며 게걸스럽게 먹는 모습을 넋을 잃고 쳐다봤다. 그날 초갈의 손에 들린 채로 뜰을 지나 사원으로 들어가면서 내 머릿속에 가득한 모습은 바로 그것이었다.

남걀 사원 내부로는 그날 처음 들어가 봤는데, 그 사원에 첫발을 달라이 라마의 수행원 자격으로 들여놓는 것만큼 좋은 경우는 없을 것 같았다. 사원 안은 놀라웠다. 천정이 아주 높았고 불빛이 가득했다. 비단에 화려하게 수놓아 그린 강렬한 신상의 모습들이 벽을 가득 메웠으며, 승리의 깃발(幢幡)들이 마치 떨어지는 폭포수처럼 매달려 있었다. 거대한 부처상들 앞에는 부처님께 바치는 음식과 향과 꽃과 향료 들이 반짝이는 청동 그릇들과 함께 가지런히 놓여 있었다. 수백 명의 스님들이 시험이 시작되기를 기다리며 방석에 앉아 있었고, 그들끼리 소곤거리는 소리는 달라이 라마가 도착한 뒤에도 끊이지 않았다. 보통 달라이 라마는 의례적으로 앞쪽에서 등장하고 경외심에 찬 스님들이 모두 조용히 지켜보는 가운데 법좌에 앉는다. 하지만 그날은 사원 입구 쪽, 즉 스님들 뒤쪽으로 조용히 섞여 들어갔다. 시험 칠 스님들을 배려해 당신 쪽으로 주의를 분산시키지 않기 위해서였다.

매년 많은 수도승들이 게쉐Geshe 공부 자격을 따기 위해 몇 안 되는 기관에서 서로 경쟁한다. 게쉐는 티베트 불교가 인정하는 가장 높은 수준의 자격으로 불교 박사 학위 같은 것이다. 게쉐 과정을 완수하는 데만도 12년이 걸린다. 명상 수행에 많은 시간을 할애해야 하는 것은 물론, 중요한 경전은 완벽하게 외워야 하고, 미묘하게 다른 철학적 관점들을 무리 없이 분석하고 논쟁할 수 있어야 한다. 게쉐 학승들은 12년 동안 엄격한 일정에 따라 하루에 스무 시간을 공부한다. 그렇게 힘든 과정임에도 불구하고 받아들일 수 있는 수보다 훨씬 많은 수도승들이 지원한다.

그날은 수도승 네 명이 시험을 치를 예정이었다. 전통적으로 시험은 시험관들의 질문에 수도승들이 대답하는 것으로 시작된다. 남걀 사원 사람들이 모두 모인 앞에서 대답해야 한다. 떨리는 일이기도 하지만 덕분에 시험이 공정하고 투명하게 치러진다. 언젠가는 다른 청중들 앞에 서야 할 어린 수도승들이 과정을 지켜보며 미리 준비할 수도 있다.

나도 뒷줄에서 달라이 라마 옆 초갈의 무릎에 앉았다. 그리고 부탄 형제 두 명, 티베트 소년 한 명, 프랑스 사람 한 명이 각자 공평한 기회 속에 청중들을 설득시키기 위해 질문에 대답하는 모습을 지켜보았다. 질문의 주제는 카르마와 실체의 본성 같은 것들이었다. 부탄 형제들은 정확하게 외운 대로 대답했고, 티베트 소년도 해당 경전을 그대로 인용해 대답했다. 그런데 프랑스 학승은 거기서 한 걸음 더 나아가 그 개념들을 배운 것만이 아니라 이해했음을 증명했다. 대답들을 듣는 내내 달라이 라마는 흐뭇한 미소를 짓고 있었다.

다음으로 연륜 있는 스님들과의 논쟁이 이어질 때도 같은 패턴이었다. 스님들은 영리한 논쟁으로 학생들을 궁지에 빠뜨리려 했다. 부탄 학생들과 티베트 학생은 경전 인용에 집중하는 것으로 조심스러운 논쟁을 이어간 반면, 프랑스 학생은 청중들에게 상당한 즐거움을 선사하며 그만의 반대 논쟁을 시도했다.

시험의 마지막 과정은 경전을 암송하는 것이었는데 히말라야 나라의 학생들은 역시 경전 암송에 거침이 없었다. 짧지만 부처님의 가장 유명한 가르침 가운데 하나인《반야심경》을 외워보라는 말에 프랑스 학승도 크고 또렷한 목소리로 읊어나갔다. 하지만 무슨 이유에선지 중간 부분에서 더듬거리기 시작했다. 청중들 사이에 당황스러움이 역력한 긴 침묵이 이어졌다. 누군가가 살짝 알려주는 것도 같았다. 그는 약간 자신 없게 다시 외우기 시작했지만 곧 완전히 포기하고 말았다. 그는 시험관들을 쳐다보며 죄송하다는 몸짓을 지어보였다. 시험관들은 그에게 자기 자리로 가서 앉으라는 손짓을 해보였다.

잠시 후 시험관들이 판결을 내렸다. 부탄 수도승들과 티베트 수도승은 게쉐 학생으로 받아들여졌다. 프랑스 수도승만 떨어졌다.

판결을 듣고 달라이 라마는 애석해했다. 시험관의 그런 결정은 불가피했겠지만 그렇다고 해도……

"서양에서는 암기 교육을 강조하지 않으니 말입니다." 초갈이 중얼거리듯 말했고, 달라이 라마도 동의하는 듯 고개를 끄덕였다. 초갈에게 나를 맡기고 달라이 라마는 실망한 표정이 역력한 프랑스 수도승을 사원 뒤쪽의 개인실로 데리고 갔다. 그리고 시험 내내 활약하는 모습을 잘 보았다고 말해주었다.

그날 두 사람 사이에 정확히 무슨 말이 오고 갔는지 누가 알겠는가? 하지만 몇 분 뒤 그 젊은 프랑스 수도승은 충분한 위로를 받은 듯 보였고 자신이 달라이 라마의 주의를 끌었다는 점에 약간 흥분한 것도 같았다. 나는 달라이 라마가 사람들로 하여금 자신만의 최고의 목표를 발견하게 하는 데 매우 특별한 능력이 있음을 알아가는 중이었다. 그 목표란 늘 위대한 행복을 부르고 그들 자신과 다른 많은 사람들에게 혜택이 돌아가게 하는 것이었다.

"가끔 사람들이 불교에 미래가 없다고 낙담하는 소리를 들어요." 관저로 돌아오는 길에 달라이 라마가 초갈에게 말했다. "그렇게 말하는 사람들이 여기 시험장으로 와서 오늘 우리가 본 것들을 봤으면 좋겠어요. 참 많은 수도승이 있고 다들 정말 열정적이고 능력이 그렇게나 뛰어나니까요. 다만 여기에 그들 모두를 위한 자리가 없다는 것이 안타깝습니다."

≈

조캉으로 돌아오자마자 찾아간 주방에서는 트린치 아줌마가 이미 총지휘권을 유감없이 휘두르고 있었다. 그날 아침에는 나를 사원으로 데리고 간 달라이 라마 덕분에 외로움을 잊을 수 있었는데, 이제 트린치 아줌마가 나의 오락 담당 역할을 이어갔다. 아줌마는 에메랄드빛 드레스를 입고 찰랑거리는 금귀고리와 그에 어울리는 팔찌들을 차고 있었다. 그녀가 팔을 움직일 때마다 팔찌들이 서로 부딪히며 철컥철컥 소리를 냈다. 그날 아줌마는 길고 검은 머리카락에 약간 붉은 물을 들인 것 같았다.

트린치 아줌마의 삶은 조캉의 상근 직원들이 온순하게 수긍하던 조화로운 삶과는 거리가 멀었고 그날도 예외는 아니었다. 그날 아줌마가 직면한 문제는 새벽 2시에 있었던 정전 때문에 생겼다. 트린치 아줌마는 야간 베이킹을 위해 오븐을 낮은 온도로 맞춰놓았고 아침에 일어나면 바삭바삭한 머랭(달걀 흰자에 설탕과 향료를 넣어 거품을 낸 것—옮긴이) 베이스를 꺼낼 수 있을 거라 확신하며 잠자리에 들었다. 하지만 어떻게도 해볼 수 없는 질척질척한 반죽 덩어리만이 아줌마를 기다리고 있었다. 달라이 라마의 VIP 게스트 도착 일곱 시간 전이었다.

트린치 아줌마는 새 베이스를 위해 미친 듯이 거품 반죽을 했고 오븐을 터질 듯이 뜨겁게 데웠으며 베이스가 오후 1시까지 조캉으로 배달될 수 있도록 치밀한 작전을 펼쳤다. 그녀는 그 훨씬 전부터 메인 요리를 준비하기 위해 이미 조캉에 와 있을 터였다. 하지만 디저트는 메인 요리 전에 서빙되어야 했다.

"다른 디저트를 준비하는 게 낫지 않을까요?" 상황 파악을 한 텐진이 겁도 없이 의견을 피력했다. "뭔가 좀 더 간단한……"

"파블로바(머랭 베이스에 생크림과 과일로 장식한 케이크—옮긴이)여야 한다고욧! 호주 분이잖아요!" 트린치 아줌마는 쨍그랑 소리를 내며 스테인리스 스틸 뒤집개를 싱크대 속으로 던져 넣었다. 아줌마는 항상 게스트의 나라를 고려해서 식단을 짰고 그날도 마찬가지였다. "호주 분에게 멜란자네 파르미지아네(가지 토마토 모짜렐라 오븐 구이 요리—옮긴이)가 가당

키나 한가요?"

텐진이 한 발 물러섰다. "아니면 '야채 라구'(스튜─옮긴이)라도 대접할까요?! 그냥 제 의견을 말해본 것뿐이에요……"

"그럼, 의견 따위는 말하지 마세요! 지토Zitto('닥쳐'라는 뜻의 이탈리아어─옮긴이)! 조용히 하라고욧! 의견 수렴할 시간 없어욧!"

달라이 라마의 행정 비서관은 작전상 후퇴하기로 했다.

이렇게 좀 심하게 흥분하는 스타일이기는 하지만 아줌마의 요리는 늘 그렇듯 미식가들의 세상에 전설로 남을 만했다. 파블로바는 정전이 야기한 위기를 극복하고 태어났다고 보기에는 무척이나 완벽했다. 머랭 베이스는 흠잡을 데 없었고, 그 위로 마찬가지로 흠잡을 데 없는 작은 머랭들이 올려졌고, 그 사이사이는 반짝이는 과일과 휘핑크림으로 빼곡히 채워졌다.

트린치 아줌마는 '세상에서 가장 아름다운 창조물' 챙기기도 잊지 않았다. 비프 캐서롤(오븐에 넣어 천천히 익혀 만드는 찌개나 찜 종류─옮긴이)을 한 그릇 남겨주었는데 다 먹고 아줌마가 나를 작업대에서 내려주었을 때는 감사하는 마음으로 야옹하고 울지 않을 수 없었다. 그 양이 어찌나 넉넉했던지 배가 불러 혼자서는 도저히 작업대에서 내려올 수 없었다.

트린치 아줌마의 보석으로 넘치는 손가락을 몇 번 핥는 것으로 감사의 마음을 전달한 뒤 나는 만찬을 마친 달라이 라마와 그의 방문자가 다른 사람들과 함께 차를 마시고 있는 리셉션룸으로 뒤뚱뒤뚱 걸어 들어갔다. 그날의 오찬 손님은 덕망 높은 로비나 쿠어틴 비구니 스님이었다. 스님은 '자유 감옥 프로젝트Liberation Prison Project'의 책임자로 재소자들의 갱생을 돕는 일에 오랫동안 헌신해 온 분이었다. 그 방에 들어가며, 늘 하는 식후 페이스 마사지를 하기 위해 내가 사랑해 마지않는 모직 러그로 향할 때 그들은 미국 내 교도소 환경에 대해 토론하고 있었다.

"교도소 환경은 천차만별이에요." 스님이 말했다. "어떤 곳은 재소자들을 하루 종일 한 줄기 빛도 들지 않는 지하 닭장 같은 감방에 가둬두죠. 우리는 강철 문을 사이에 두고 앉아 그 문에 뚫려 있는 작은 구멍을 통해 재소자들과 대화를 나눠야 해요. 그런 환경에서 갱생을 기대할 수는 없을 것 같아요."

"하지만 괜찮은 교도소도 많답니다." 스님이 계속 말했다. "그런 교도소들은 갱생을 위한 동기를 강화하고 그에 맞게 적절히 훈련을 시키면서 좀 더 긍정적인 방향으로 나아가고 있죠. 재소자들이 감옥에서 나갈 수는 없지만 감방 문은 대개 열려 있고 텔레비전을 시청하거나 컴퓨터와 도서관을 이용할 수도 있고 스포츠나 오락 활동도 가능하답니다."

스님은 잠시 멈추는가 싶더니 뭔가 기억난 듯 웃었다. "플로리다에서 명상을 가르칠 때 친해진 종신형 재소자 그룹이 있는데요. 어느 날 그 중에 한 명이 비구니 승방의 하루 일과를 묻더라고요."

스님은 어깨를 으쓱해 보였다. "그래서 아침 명상을 위해 매일 5시에 일어난다고 했죠. 흠, 그에게는 너무 이른 시간이었어요. 교도소에서는 보통 느긋하게 7시에 일어나니까요. 저는 기상 시간부터 밤 10시 취침 시간까지 계획표에 따라 빈틈없이 움직인다고 설명해 줬죠. 가장 중요한 것은 배우고 공부하고 우리가 먹는 채소와 과일을 절 안의 밭에서 길러내는 것이라고도 말해줬고요." 씩 웃으며 스님이 말했다. "그 점도 별로 좋아하는 것 같지는 않았어요."

리셉션룸의 다른 사람들도 웃어보였다.

"텔레비전, 신문, 술, 컴퓨터도 없다고 말해줬어요. 교도소의 재소자들과 달리 비구니들은 돈을 벌 수 없기 때문에 원하는 것이 있어도 구입할 수 없잖아요. 그리고 덧붙여 부부 생활을 위한 배우자 방문 시간 같은 것도 없다고 말해줬죠!"

달라이 라마도 싱긋 웃었다.

"그때 그 사람이 정말 상상도 할 수 없던 말을 한 거예요." 비구니 스님의 말이 계속 이어졌다. "스스로도 무슨 말을 하고 있는지 모르면서 그 사람이 '너무 힘들면 언제든 여기 와서 우리랑 같이 살아요' 라고 한 거예요."

리셉션룸의 사람들이 일제히 웃음을 터트렸다.

"그 사람은 진짜로 저를 불쌍하게 생각했어요!" 로비나 스님의 눈이 반짝였다. "승방의 환경이 감옥보다 열악하다고 생각했으니까요."

달라이 라마가 의자에서 몸을 앞으로 움직이더니 뭔가 생각하는 듯 턱을 쓰다듬으며 말했다. "참 흥미롭지 않아요? 바로 오늘 아침 우리는 사원에 들어오기 위해 경쟁하는 수도승들을 보았어요. 수도승들은 너무 많고 자리는 늘 부족하죠. 그런데 감옥을 생각하면, 아무도 그곳에 가려 하지 않죠. 감옥이 사원보다 더 편한데도 말입니다. 우리를 행복하게 하고 불행하게 하는 것은 사실 우리가 처한 환경이 아니라 우리가 그 환경을 어떻게 보느냐에 달려 있다는 걸 증명하는 것 같습니다."

사람들이 동의한다는 듯 혼잣말로 한 마디씩 나지막이 중얼거렸다.

"어떤 환경에 처하든 행복하고 의미 있는 삶을 살 가능성이 항상 있다는 걸 우리는 진정 믿고 있을까요?" 달라이 라마가 자문하듯 물었다.

"정말 그래요!" 로비나 스님이 동의했다.

달라이 라마는 고개를 끄덕였다. "사람들은 대부분 환경을 바꾸는 것이 유일한 길이라고 생각하죠. 하지만 환경이 불행의 진정한 원인은 아닙니다. 그 환경에 대한 특정한 생각이 원인인 경우가 더 많습니다."

"저희는 재소자 학생들에게 교도소를 사원으로 만들라고 독려한답니다." 로비나 스님이 말했다. "거기서 인생을 낭비하고 있다고 생각하지 말고, 그곳을 개인의 성장을 위한 멋진 기회를 제공하는 곳으로 보라고 말이죠. 그렇게 생각을 바꾸는 재소자들이 있는데 그런 뒤엔 사람이 놀랄 정도로 바뀐답니다. 진정한 의미와 목적을 발견하고는 완전히 다른 사람이 되어 나타나죠.”

“아주 좋군요.” 따뜻한 미소를 지어보이며 달라이 라마가 말했다.

“모든 사람이 그 메시지를 들으면 정말 좋겠군요. 특히 스스로 만든 감옥에서 갇혀 사는 사람들이 들으면요.”

그렇게 말하면서 달라이 라마는 어쩐지 나를 바라보았다. ‘왜?’ 나는 결단코 한 순간도 내가 죄수라고 생각한 적이 없었다. 스노우 라이언? 그건 생각해 봤다. 세상에서 가장 아름다운 창조물? 당연하지! 물론 나도 몇 가지 문제는 갖고 있고 그 중에 가장 큰 문제는 나 홀로 고양이라는 점이지만……

죄수라니?

내가?

한참 후에야 그 의미가 명확해졌다. 방문자들이 돌아간 뒤 달라이 라마는 만찬 요리에 대해 고맙다는 인사를 하려고 트린치 아줌마를 만나고 싶어 했다.

“정말 멋진 만찬이었어요.” 달라이 라마는 열광했다. “특히 그 디저트 말입니다. 로비나 스님이 무척 좋아하더군요. 준비하는 데 너무 힘들지는 않았어요?”

“아, 아닙니다. 논 트로포! 별로 힘들지 않았습니다.”

달라이 라마 앞에만 서면 트린치 아줌마는 완전히 다른 사람이 된다. 주방을 지배하던, 텐진이 즐겨 듣는 바그너의 오페라에 나오는 기고만장한 브룬힐데는 온데간데없고 그 대신 수줍게 얼굴을 붉히는 여고생이 나타난다.

“우리는 부인이 음식 준비하느라 스트레스를 너무 많이 받지 않길 바랍니다.” 달라이 라마는 잠시 아줌마를 진지하게 바라보는가 싶더니 이어 말했다. “매우 특별한 오찬이었어요. 우리는 행복과 만족감 같은 것들이 우리가 처한 환경에 좌우될 수 없다는 얘기를 했지요. 트린치 부인은 독신이지만 행복해 보입니다.”

“저는 남편을 또 한 번 더 갖고 싶지는 않아요.” 트린치 아줌마가 선언하듯 말했다. “그런 뜻에서 하신 말씀이라면요.”

“그러니까 독신이 불행의 원인은 아니라는 말씀이시죠?”

“그럼요, 그렇죠. 미아 비타 에 보우나! 저는 잘살고 있습니다. 매우 축복받았어요.”

달라이 라마는 고개를 끄덕였다. “저도 그렇게 느낍니다.”

그 순간 나는 달라이 라마가 말한 스스로 만든 감옥의 의미를 알게 되었다. 그는 실제 보이는 환경뿐만 아니라 우리를 불행하게 하는 생각과 믿음도 마찬가지로 감옥이 될 수 있다고 말한 것이었다. 내 경우를 예로 들자면 행복하기 위해 다른 고양이 친구가 필요하다는 생각이 그것에 해당하겠다.

트린치 아줌마는 방을 나갈 것처럼 문 쪽으로 걸어가다가 주저하며 물었다. "성하님, 뭐 하나 여쭤봐도 될까요?"

"물론이죠, 뭔데요?"

"저는 여기서 20년 동안 요리를 해왔어요. 그런데 성하님은 한 번도 저를 불교도로 개종시키려 하지 않았어요. 왜죠?"

"하하! 트린치 부인, 그게 무슨 말씀입니까?" 달라이 라마는 웃음을 터뜨렸다. 그리고 트린치 아줌마의 손을 부드럽게 잡고 말했다. "불교의 목적은 사람들을 개종시키는 것이 아니라 커다란 행복을 느끼게 하는 도구들을 제공하는 것입니다. 그러니까 행복한 가톨릭 신자, 행복한 무신론자, 행복한 불교도 다 가능해요. 수행법은 많습니다. 요리로 다른 사람들을 행복하게 하시니 부인도 이미 하나 잘 알고 계시는 거고요."

트린치 아줌마가 눈썹을 치켜뜨며 기쁨을 표시했다.

"멋진 역설이 아닐 수 없습니다." 달라이 라마가 계속해서 말했다. "내가 행복하기 위한 최고의 방법이 다른 사람을 행복하게 만드는 것 말입니다."

그날 저녁, 나는 나만의 창문턱에 앉아 사원의 안뜰 너머를 내려다 보고 있었다. 그리고 새로운 시도를 해보겠다고 결심했다. 다음번에 또다시 다른 고양이와 함께 살고 싶은 열망에 휩싸이면 싱글로 만족하며 살고 있는 달라이 라마와 트린치 아줌마를 떠올리겠다고 말이다. 생각의 초점을 내가 아닌 다른 사람에게로 옮겨가기 위해 할 수 있는 일이라고는 고작 친절하게 가르랑대는 단순한 행위뿐일지라도 의식적으로 다른 존재의 행복을 위해 노력할 것이다. 그리고 달라이 라마가 말한 '멋진 역설'이 과연 나에게도 좋게 작용할 것인지 탐구해 볼 것이다.

그런 결심만 했을 뿐인데도 이미 나는 말할 수 없이 가벼워진 느낌이었다. 부담이 줄면서 속이 편해졌다. 나를 힘들게 했던 것은 내가 처한 환경이 아니라 그 환경에 대한 나의 경직된 생각이었다. 다른 고양이가 필요하다는, 불행을 야기하는 그 믿음을 떠나보내는 것으로 나는 나의 감옥을 사원으로 바꿀 것이다.

바로 그런 생각을 곰곰이 하던 중에 무언가가 내 눈을 사로잡았다. 안뜰 옆쪽 화단에 있는 커다란 바위 부근에서 어떤 움직임이 느껴졌다. 이미 어둠이 내려앉았지만 바위는 근처 시장의 좌판에서 저녁 내내 번쩍이는 초록 불빛 덕분에 밝게 빛나고 있었다. 한동안 나는 꼼짝 않고 그곳을 응시했다.

아니다. 내가 잘못 본 것이 아니었다! 나는 얼어붙었다. 그 물체의 윤곽이 드러나기 시작했다. 완벽하게 대칭을 이루는 줄무늬에 날카로운 검은 눈을 가진, 사자 같이 커다란, 정글에서 막 나온 듯한 거친 짐승의 모습이 조금씩 완성되어 갔다. 아름다운 범고양이였다.

그는 바위 위로 부드럽고 우아하게 한 번에 쑥 올라갔다. 그의 움직임은 힘차고 매혹적이었다. 바위 위에서 그는 마치 영주가 자신의 영지 끝을 조사하듯 조캉을 바라봤다. 그리고 내가 앉아 있는 창문 쪽으로 고개를 돌렸다. 그러곤 가만히 그대로 있었다.

나는 그의 응시를 고스란히 받고 있었다.

나의 존재를 그가 확실히 인식했는지는 알 수 없다. 나를 봤다는 것은 확실하다. 하지만 그가 무슨 생각을 했을까? 누가 알겠는가? 그는 아무런 암시도 주지 않았다.

그는 바위 위에 1분 정도 머무르다가, 왔을 때처럼 신비롭게 덤불 속으로 사라져버렸다.

어둠이 내리고 스님들이 각자의 방으로 돌아간 듯 남걀 사원의 창문들에 하나둘 사각의 빛들이 밝혀졌다.

모든 가능성으로 밤이 마치 살아 움직이는 것 같았다.

3

단지 어디에 살고 있다는 사실만으로 유명해질 수 있을까?

그런 질문을 해본 적도 없지만 다람살라 교외에 위치한 맥레오드 간지에 온 지 몇 달도 안 되어 나는 그 답을 찾았다. 달라이 라마의 관저와 사원 구역뿐만 아니라 조캉이 위치해 있는 언덕 아래 세상에까지 익숙해지면서 바깥세상을 향한 나의 모험은 더욱 더 잦아지고 점점 더 대담해졌다.

사원 문들 밖으로만 나가면 곧장 그 지역 사람들을 위한 과일이나 신선한 농산물 혹은 스낵을 파는 작은 가게들을 볼 수 있다. 여행자를 위한 가게도 몇 개 있는데 그 중에서 제일 크고 화려한 가게가 양질의 국제 배낭 여행 상품을 파는 'S. J. 퍼텔 여행사'이다. 퍼텔 여행사는 다람살라 지역 투어에서부터 네팔 여행까지 다양한 상품과 서비스를 제공한다. 지도, 우산, 핸드폰, 배터리, 생수 등을 팔기도 한다. 그곳에서는 이른 아침부터 다른 가게들이 모두 문을 닫은 늦은 밤까지 퍼텔 씨의 모습을 볼 수 있다. 그는 여행자와 상품을 놓고 흥정을 하거나 핸드폰에다 대고 손짓발짓하며 흥분한 듯 떠드는가 하면 근처에 주차해 놓은 자신의 자랑거리이자 즐거움인 1972년산 중고 벤츠 조수석에 앉아 졸기도 한다.

퍼텔 씨를 포함해 주변의 가게 주인들은 고양이에게 특별한 관심을 보이지 않아서 길 아래로 향한 나의 모험은 방해 없이 순조롭게 이루어졌다. 아래쪽에도 작은 상점들이 많이 몰려 있었다. 그런데 그 중 어떤 가게에서 퍼져나오는 유혹적인 향취 탓에 나는 즉시 콧구멍을 움죽거렸다.

프랑스풍의 평범한 식당, 카페 프랭크의 입구는 화분들과 야외 테이블, 상서로운 티베트 상징들로 장식된 노랑, 빨강 파라솔들로 경쾌한 느낌을 주었다. 바로 그곳에서 빵 굽는 냄새와 금방 내린 커피 향이 생선 파이와 파테(고기가 든 파이—옮긴이), 군침 도는 모르네이 소스(치즈 우유 버터로 만든 소스—옮긴이) 같은 더더욱 유혹적인 냄새들과 뒤섞여 풍겨 나오고 있었다.

그날부터 나는 매일 카페 프랭크 맞은편 화단에서 그곳 야외 테이블에 드나드는 여행가들의 면모를 관찰했다. 노트북, 스마트폰 등을 들고 모여드는 진지한 표정의 여행자들은 일정을 짜고 서로 사진들을 보여주는가 하면, 비록 연결이 뚝뚝 끊어지는 인터넷이지만 그것으로 고향에 있는 사람들에게 안부를 묻기도 했다. 신비 체험을 하기 위해 인도로 온 영적인 여행자도 있었고, 혹시라도 달라이 라마의 사진을 찍을지 몰라 어슬렁대던 유명 인사 헌터들도 있었다.

그리고 그곳에서 거의 모든 시간을 보내는 한 남자가 있었다. 아침 일찍 그는 맥레오드 간지의 허름한 거리에 좀처럼 어울리지 않는 밝은 빨간색의 피아트 푼토를 타고 나타났다. 운전석에서 튕겨져 나온 그의 머리는 털 하나 없이 광택이 흘렀고 옷은 타이트한 블랙에 스타일리시했다. 늘 프렌치 불도그 한 마리가 그에게 딱 붙어서 따라다녔다. 둘은 무대에 등장하듯 으스대며 카페로 들어갔다. 그곳에 여러 차례 가본 결과 나는 그 남자가 카페 안팎에서 몹시 바쁘다는 것을 알아챘다. 때로 웨이터들에게 소리를 지르기도 하고 때로는 테이블에 앉아 이런저런 종이쪽지들을 펼쳐놓고 번쩍이는 블랙 스마트폰에 숫자들을 찍어대며 무언가 골똘히 생각하기도 했다.

친애하는 독자 여러분, 제가 그의 정체를 왜 금방 알아차리지 못했는지는 저도 잘 모르겠습니다. 또 그가 고양이보다는 개를 더 좋아한다는 것도 눈치 채지 못했고, 제가 왜 카페 프랭크로 들어가는 그 어리석은 모험을 감행했는지도 모르겠습니다. 내가 아는 사실은 다만 내가 그 모든 일에 너무도 순진무구했다는 것뿐이다. 아마 그때까지도 새끼 고양이를 면치 못해서 그랬는지도 모르겠다.

운명적인 방문이 이루어졌던 그날 오후, 카페 프랭크의 주방장은 특히 더 유혹적인 '오늘의 요리'를 준비했다. 치킨 굽는 냄새가 어찌나 강렬한지 사원의 문까지 풍겨올 지경이었다. 도저히 거부할 수 없는 호출이 아닐 수 없었다. 내 불안한 다리가 허락하는 한 최대한 빨리 언덕을 내려가 보니 나는 어느덧 카페 프랭크 입구에 놓여 있던 진홍색 제라늄 화분들 바로 옆에 서 있었다.

내가 그곳에 나타났다는 것만으로 사람들이 내 점심을 넉넉히 챙겨주고도 남을 거라는 헛된 희망 외에는 아무런 전략도 없이(트린치 아줌마는 늘 그랬으니까) 나는 카페 프랭크의 테이블 하나로 나아갔다. 그곳에 앉아 있던 네 명의 배낭 여행객들은 치즈버거를 열심히 먹느라 나의 존재를 전혀 알아채지 못했다.

좀 더 과감해질 필요가 있었다.

더 안쪽의 테이블에는 지중해 나라에서 온 듯한 나이든 남자가 블랙커피를 마시며 전혀 관심 없다는 듯 나를 힐끗 쳐다볼 뿐이었다.

그때쯤 나는 이미 레스토랑 안쪽 깊숙이 들어가 있었기 때문에 갑자기 으르렁거리는 소리를 들었을 때 어디로 피신해야 할지 전혀 알 수 없었다. 프렌치 불도그가 1미터도 안 되는 곳에서 나를 잡아먹을 듯이 노려보고 있었다. 내가 할 수 있는 일은 '아무것도 하지 않는 것'뿐이었다. 그리고 바닥에 발을 단단히 딛고 서서 쇳소리를 내며 분연히 울기. 녀석에 대한 경멸감을 적당히 오만하게 잘 표현했는지 녀석은 감히 다가오지 못했다.

하지만 나는 어리고 어리석은 고양이였기 때문에 도망가려고 움직이다 그 짐승을 더 자극해 버렸다. 나를 향해 나무 바닥 위를 뛰어오던 녀석의 발소리가 천둥소리 같았다. 나는 덜덜 떨리는 다리로 가능한 한 빨리 도망쳤다. 겁나게 돌진하면서 그 녀석은 정말 무섭게도 으르렁댔다. 낯선 방에서 구석으로 몰린 나는 공포에 기절할 지경이었다. 심장이 터질 것처럼 뛰었다. 앞에 신문을 올려놓는 구식의 낮은 장식장이 있었는데 그 뒤로 약간의 공간이 보였다. 다른 대안이 없었다. 그 짐승이 어찌나 가까이 달라붙는지 녀석의 더럽고 매캐한 입 냄새까지 맡을 지경이었다. 나는 장식장 위로 있는 힘껏 뛰어올랐고 쿵 소리와 함께 그 뒤로 떨어졌다.

전리품을 코앞에서 놓쳐버린 녀석은 미친 듯이 짖어댔다. 녀석은 내 바로 옆에 있었지만 더 이상 다가올 수는 없었다. 녀석이 신경질적으로 짖어대는 동안 인간들의 목소리가 들려왔다.

“큰 쥐예요!” 누군가가 외쳤다.

“저기요!” 또 다른 누군가가 소리쳤다.

몇 분도 안 돼 강력한 쿠로스 애프터셰이브 크림 향과 함께 검은 그림자가 나를 덮쳤다.

다음 순간 나는 태어나 그때까지 한 번도 경험해 보지 못한 이상한 감각을 느꼈다. 목이 조여오고 공중으로 부양되는 느낌. 목덜미가 잡힌 나는 프랭크의 빛나는 대머리와 악의로 가득한 헤이즐넛 적갈색 눈동자를 바라봐야 했다. 내가 그의 카페에 무단 침입했음이, 그의 프렌치 불도그를 미쳐 날뛰게 했음이 분명해지는 순간이었다. 무엇보다 그가 고양이 혐오자임이 명확해지는 순간이었다.

시간이 정지한 듯했다. 그 툭 튀어나온 눈, 무섭게 커지며 관자놀이에서 불뚝대던 정맥, 단단한 턱에 앙다문 입, 왼쪽 귀에 반짝이며 매달려 있던 옴(티베트 어 ॐ—옮긴이) 형상의 금귀고리만으로도 그의 분노를 느끼기에는 충분한 시간이었다.

"고양이!" 그가 한 마디 내뱉었다. 마치 그런 말 자체가 모욕이라는 듯이. 그리고 불도그를 내려다보며 "마르셀! 어떻게 이……걸 들여놓았지?" 미국인 악센트에, 화가 묻은 톤이었다.

마르셀은 주춤주춤 꼬리를 감췄다.

프랭크는 브라서리brasserie(프랑스풍의 식당—옮긴이) 입구로 성큼성큼 걸어갔다. 나를 던져버리려는 것이 분명했다. 그런 생각이 들자 공포가 밀려왔다. 고양이들은 보통 높은 곳에서도 무리 없이 뛰어내릴 수 있다. 하지만 나는 그런 보통 고양이가 아니었다. 나의 뒷발은 안 그래도 약하고 불안한데 거기다 그렇게 내동댕이쳐지면 더 이상 회복 불가능해질지도 몰랐다. 다시는 걷지 못하게 되면 어쩌나? 조캉에 못 돌아간다면?

　그 지중해에서 온 듯한 노인은 여전히 무표정으로 커피를 마시고 있었다. 배낭 여행객들도 남은 프렌치프라이를 입 속에 밀어 넣느라 여전히 접시에 코를 박고 있었다. 나를 구해줄 사람은 아무도 없었다.

　길가로 나아가자 프랭크의 의도는 더욱 명백해졌다. 그는 나를 높이 들어올리는가 싶더니 곧 팔을 앞뒤로 흔들었다. 나를 밖으로 던지려는 것이 아니라 그의 구역 밖으로 미사일처럼 발사시키려던 것이었다.

　바로 그때 조캉으로 올라가던 스님 두 명이 그곳을 지나쳤다. 나를 본 스님들은 고개를 약간 숙이며 손을 가슴에 대며 합장했다. 프랭크는 뒤에 누가 있는지 보려고 고개를 휙 돌렸다. 하지만 라마처럼 거룩하게 보이는 사람은 아무도 없었기 때문에 어쩐 일이냐는 듯 스님들을 바라봤다.

　"성하님의 고양이입니다." 스님 한 명이 설명했다.

　"좋은 카르마를 타고난 고양이지요." 같이 있던 스님이 덧붙였다.

　그들 뒤에 따라오던 일련의 스님들도 똑같이 인사를 했다.

　"확실합니까?" 프랭크가 놀란 듯이 물었다.

　"성하님의 고양이입니다." 스님들이 모두 입을 모아 대답했다.

　프랭크의 태도는 즉시 돌변했다. 나를 가슴께로 끌어올리더니 조심스럽게 다른 팔 위에 올리고 바로 전에 나를 발사시키려던 손으로 나를 쓰다듬기 시작했다. 프랭크는 다시 카페로 들어갔고 코즈모

폴리턴 분위기를 가미하기 위해 영자 신문과 잡지들을 전시해 놓은 곳으로 곧장 걸어갔다. 그곳의 큰 선반 위《타임스 오브 런던》과《월 스트리트 저널》사이에 빈 공간이 있었다. 프랭크는 거기에 명明나라의 아주 섬세한 도자기라도 되는 듯 나를 조심스럽게 내려놓았다.

"따뜻한 우유 좀 가져와." 프랭크가 지나가던 웨이터에게 지시했다. "그리고 오늘의 치킨 요리도 좀 가져오고, 빨리 빨리!"

그리고 어느새 다가와 나에게 이빨을 드러내고 있던 마르셀에게 경고했다. "그리고 너! 이 작은 귀염둥이를 쳐다보기만 해봐!" 프랭크가 집게손가락을 치켜들며 말한다. "오늘 밤에 인도 개밥만 줄 테니까!"

때맞춰 도착한 치킨 요리는 그 냄새처럼 한 입 한 입 더할 수 없이 맛있었다. 기력을 되찾고 새로운 위상도 보장받은 나는 가장 낮은 선반에서 가장 높은 선반으로 올라갔고, 그곳에서《베니티 페어》와《보그》잡지 사이 마음에 꼭 드는 틈새 공간을 발견했다. 조캉의 스노우 라이언이라면 그 정도에는 앉아줘야 한다. 브라서리를 한 눈에 더 잘 관찰할 수 있는 것은 말할 것도 없고 말이야.

카페 프랭크는 진정 대도시의 세련됨과 불교의 신비주의가 만난, 히말라야가 낳은 잡종이라고 할 만했다. 매끌매끌한 잡지들을 진열해 놓은 선반, 에스프레소 머신, 우아한 테이블 세팅과 함께 마치 사원 내부처럼 부처님 상과 탕카(라마교의 탱화─옮긴이), 불교 의식 도구들로 치장되어 있었다. 벽 한 곳에는 도금된 액자들에 프랭크의 흑백 사진들이 걸려 있었다.—달라이 라마에게 흰 비단 예포를 바치는 프랭크, 카르마파(티베트 불교 카규파의 지도자—옮긴이)에게 축복을 받는 프랭크, 리처드 기어 옆에 서 있는 프랭크, 부탄의 탁상 사원 입구에 서 있는 프랭크. 손님들은 스피커에서 퍼져나오는, 티베트 불교 염불의 음악적 변형인 "옴 마니 반메 훔"을 들으며 그 사진들을 쳐다봤다.

새롭게 찾은 내 둥지에 안착한 채 나는 들고나는 사람들을 자세히 살폈다. 미국에서 온 젊은 여자 몇몇이 나를 발견하고 어르고 쓰다듬기 시작했을 때 프랭크가 나타났다. 그리고 은근슬쩍 중얼거렸다. "달라이 라마의 고양이예요."

"오 마이 갓!" 여자들은 소리를 질러댔다.

프랭크는 별거 아니란 듯 어깨를 으쓱해 보였다. "매일 여기에 온답니다."

"오 마이 갓!" 그들은 또 소리를 질렀다. "이름이 뭐예요?"

프랭크는 잠시 멍한 표정을 짓더니 금방 "린포체"라고 대답했다. "매우 귀하다는 뜻이에요. 보통 라마들에게나 주어지는 매우 특별한 칭호죠."

"오 마이 갓! 우리, 사진 같이 찍어도 돼요?"

"플래시는 사용하지 말아주세요." 프랭크가 엄숙하게 말했다. "린포체가 싫어할 수도 있으니까요."

그날 내내 그런 양상이 반복됐다. 손님에게 계산서를 건네주면서도 프랭크는 나를 보며 고개를 끄덕이는 것으로 나의 존재를 상기시키며 "달라이 라마의 고양이예요"라고 말했다. "우리 레스토랑 로스트 치킨 요리를 무척 좋아하죠." 또 어떤 사람들에게는 "달라이 라마님을 위해 우리가 돌보고 있죠. 참 신성한 고양이 같지 않아요?"라고 말하기도 했다.

"카르마란 참……" 하며 감탄하는 척하다가도 프랭크는 꼬집어 밝혀두기를 좋아했다. "린포체는 귀하다는 뜻이에요."

✥

집에서 나는 HHC, 즉 '성하님의 고양이'로 달라이 라마의 사랑과 다른 직원들의 보살핌을 한껏 누리고 있었지만 어쨌든 나는 고양이였다. 하지만 카페 프랭크에서 나는 유명 인사였다! 집에서는 점심으로, 한참 성장기에 있는 고양이에게 영양적으로 완벽한 균형을 갖춘 제품이라는 고양이 비스킷을 먹는다. 카페 프랭크에서는 뵈프 부르기뇽(프랑스의 쇠고기 찜—옮긴이), **코코뱅**(닭고기와 채소에 포도주를 넣어 조린 프랑스 요리—옮긴이), **램 프로방살**(프랑스 남부 프로방스 스타일로 만든 음식—옮긴이)이 일상적으로 나오고, 프랭크가 나의 안락함을 위해 빨리도 만들어준 연꽃 쿠션 위 내가 앉아 있는 곳으로 곧장 배달까지 된다. 내 마음은 곧 조강의 비스킷보다는 날이 궂지 않는 한 매일 카페 프랭크를 방문하는 쪽으로 기울었다.

음식뿐만 아니라 카페 프랭크는 나의 유흥을 위해서도 멋진 장소였다. 음식을 오븐에 굽고 유기농 커피를 내릴 때 퍼져나가는 그곳의 아로마는, 마치 자석처럼 맥레오드 간지에 온 모든 서양 방문자들을 끌어당겼다. 나이도 성격도 피부색도 다 다르고, 쓰는 언어와 가장 놀랍게는 입는 옷까지 다양했다. 짧은 인생이었지만 사프란 레드 승복을 입고 나직나직하게 말하고 다니는 스님들 사이에서만 살아온 나에게 카페 프랭크는 마치 동물원 같았다.

하지만 얼마 지나지 않아 나는 그 모든 외관상의 다양함에도 불구하고 여행자들에게는 공통점이 훨씬 더 많다는 것을 깨닫기 시작했다. 그 중에 한 가지 점이 특히 흥미로웠다.

주방에 트린치 아줌마가 없는 날이면 언덕 위 조캉에서의 식사는 아주 소박했다. 보통 밥 아니면 국수가 기본으로 나오고 그 위에 채소, 생선, 혹은 가끔 고기를 얹어 장식하는 게 전부였다.

옆의 남걀 사원의 주방도 다를 게 없었다. 사원에서는 수도승들이 삽 같은 주걱으로 거대한 솥을 휘저으며 채소 스튜를 만들거나 밥을 지었다. 그런데 재료가 그렇게 간단해도 스님들은 공양 시간 내내 모든 음식을 더할 수 없이 즐기고 음미했다. 침묵 속에서 서로 다정하게 앉아 천천히 한 입 한 입 맛을 만끽했다. 양념의 풍미나 밥의 질감에 대한 관찰도 놓치지 않았다. 얼굴 표정으로만 보면 무슨 엄청난 발견을 위한 대단한 여행이라도 하고 있는 사람들처럼 보였다.—
오늘은 어떤 감각적 즐거움이 나를 기다리고 있을까? 미묘하게 다른
뉘앙스를 발견한다면 얼마나 기쁠까?

그 반면 잠깐만 휘적휘적 내려가면 되는 카페 프랭크는 완전 딴판
인 세상이었다. 잡지 책장의 맨 끝 선반, 나만의 전망대에서 주방 유
리문을 통해 보면 그 안의 움직임이 아주 잘 보였다. 네팔에서 온 두
형제, 지그메 드라그파와 나그왕 드라그파는 해가 뜨기 훨씬 전부터
열심히 일한다. 사워도우, 프랑스, 이탈리아, 터키 빵뿐만 아니라 크루
아상, 팽 오 쇼콜라를 비롯한 모든 종류의 패스트리를 굽기 위해서다.

7시에 카페 문이 열리는 순간부터 드라그파 형제는 아침 식사를
만들어야 한다. 아침 식사에는 뮤즐리, 시리얼, 과일 주스 뷔페는 물
론 해시 브라운 포테이토, 베이컨, 소시지, 버섯, 토마토, 프렌치토스
트, 거기에 달걀 프라이, 수란, 스크램블, 삶은 달걀, 베네딕트(잉글리
쉬 머핀에 수란을 얹고 햄을 곁들인 다음 홀랜다이즈 소스를 뿌린 것—옮긴이), 플로렌틴(시금
치를 깐 달걀 요리—옮긴이) 같은 다양한 달걀 요리에다 각종 차와 바리스타
급 커피까지 곁들여야 한다.

오전 11시가 되면 더 복잡하고 완전히 다른 메뉴를 요리해야 하는
점심 시간으로 넘어가고, 또 더 다양한 요리를 만들어야 하는 저녁
시간이 고스란히 기다리고 있다.

나는 그렇게 다양한 음식을 본 적이 없었다. 게다가 전 세계의 모

든 대륙에서 들어온 재료를 이용해 모두 일정한 수준 이상으로 만들어지고 있었다. 카페 프랭크의 주방에 즐비한 양념, 소스, 조미료, 향신료 선반들을 보면 사원 주방에 양념 항아리 몇 개밖에 없는 것은 무언가 대단히 잘못된 것처럼 보였다.

언덕 위쪽의 스님들이 세상에서 가장 소박한 음식을 그렇게 행복하게 먹을 수 있다면, 카페 프랭크에서 그처럼 맛있는 요리를 먹는 손님들은 등골이 오싹해지고 손발이 오그라들고 온몸에 털이 곤두서는 황홀경에 빠져야 하는 것 아닐까?

알다시피, 그렇지 못하다.

처음 몇 입뿐, 그 다음부터 카페 프랭크의 손님들은 대부분 자기가 먹는 음식 혹은 마시는 커피를 거의 의식하지 못한다. 그 모든 복잡한 과정을 거친 요리임에도, 그래서 비싼 돈을 지불함에도 불구하고 그들은 대화하느라 혹은 친구나 친척 들에게 메시지를 보내느라 혹은 프랭크가 매일 우체국에서 가져오는 외국 신문을 읽느라 너무 바빠서 실제로 음식에 대해서는 더할 수 없이 무지한 채로 끝나버린다.

나는 그런 사실이 당황스러웠다. 마치 먹는 법을 전혀 모르는 사람들 같았다.

그 여행객 중에는 객실에서 커피나 차를 끓일 수 있는 호텔에 머무는 사람도 많다. 실제로 음미하지 않고 차를 마시고 싶다면 왜 공짜로 주는 티백을 마시지 않는 걸까? 왜 커피를 마시지도 않으면서 카페 프랭크에 3달러라는 돈을 지불하는 걸까?

달라이 라마의 두 행정 비서관이 도움을 준 덕분에 나는 그런 상황을 이해할 수 있게 되었다. 카페 프랭크를 처음 방문한 그 다음날 나는 그들의 사무실에 앉아 있었다. 초갈이 의자를 뒤로 빼 책상에서 조금 떨어져 앉았다.

"'알아차림'(마음 챙김)에 대한 이 정의가 참 좋네요." 달라이 라마에게 서문을 부탁하며 작가들이 매주 보내오는 많은 글들 중 하나를 읽다가 초갈이 텐진에게 말했다. "'알아차림이란 판단 없이 의식적으로 현재의 순간에 주의를 기울이는 것이다.' 분명하면서 적절하지 않나요?"

텐진이 고개를 끄덕였다.

"과거나 미래에 대한 생각 혹은 어떤 환상에도 머물지 않는." 초갈이 설명했다.

"소갈 린포체가 더 간단히 정의한 게 있는데 그것도 좋아요." 텐진이 의자 등받이에 몸을 기대면서 말했다. "'순수하게 존재하는 것'이라고 한 것 말이에요."

"음……" 초갈은 생각에 잠겼다. "정신적 동요agitation나 어떤 종류의 퇴고elaboration도 없는 상태 말인가요?"

"그렇죠!" 텐진이 확인해 주었다. "모든 만족감의 근원이랍니다."

그 다음날, 다시 카페 프랭크를 방문해 나는 두꺼운 고형 크림이 이중으로 곁들여진 따뜻한 스코틀랜드 훈제 연어 한 그릇을 즐긴 다음(매우 격하게, 다소 시끄럽게, 하지만 알아차리면서 먹었음을 확실히 밝혀두는 바이다) 패션 매거진 최신호들 사이 연꽃 무늬 쿠션에 앉은 뒤 손님 관찰하기를 계속했다.

관찰하면 할수록 그곳의 손님들에게는 '알아차림'이 결핍되어 있다는 것이 더더욱 분명해졌다. 달라이 라마의 관저에서 몇백 미터밖에 떨어져 있지 않은, 티베트 불교의 테마 파크라고 할 만한 카페 프랭크에 앉아 있으면서도 그들은 그 독특한 장소와 순간을 경험하기보다는 대부분의 시간 동안 정신적으로 먼 곳, 그것도 아주 먼 곳에 가 있었다.

조캉과 카페 프랭크 사이를 더 자주 왔다 갔다 하다 보니 언덕 위의 스님들은 알아차림은 물론이고 자비, 평정, 선의 같은 내면의 품성을 계발하는 것으로 행복을 추구한다는 사실이 보이기 시작했다. 그리고 언덕 아래 사람들은 레스토랑의 음식, 자극적인 휴가, 늘 더 빨라지는 기술 같은 외부적인 것에서 행복을 찾았다. 하지만 인간이 그 둘을 다 갖지 못할 이유가 없어 보였다. 우리 고양이들은 맛있는 음식을 '알아차리며' 먹는 것이 세상에서 가장 멋지고 행복한 일이라는 것을 잘 알고 있다.

어느 날 카페 프랭크에 흥미로운 커플이 등장했다. 언뜻 봤을 때는 청바지에 여행용 트레이닝셔츠를 걸친 매우 평범한 중년의 미국인들 같았다. 그들은 카페가 조용한 아침나절에 나타났고, 프랭크는 새로 산 엠프리오 아르마니 블랙 청바지를 입고 으스대듯 그들에게로 다가갔다.

"오늘 아침 기분은 좀 어떠세요?" 프랭크가 처음 말을 틀 때 주로 건네는 말이다.

프랭크가 커피 주문을 받는 동안 남자가 프랭크의 손목에 둘러져 있던 화려한 끈들에 대해 물었고, 프랭크는 그때 즈음 나로서는 지겹게 느껴지기 시작한 말들을 반복했다.

"축복의 염줄들이에요. 특별한 입문 의식을 치를 때마다 라마 한 분한테서 하나씩 받을 수 있어요. 빨강 끈은 2008년에 칼라차크라 입문 때 달라이 라마께서 주신 거랍니다. 파랑 끈들은 볼더, 샌프란시스코, 뉴욕에서 각각 2006년, 2008년, 2010년에 바즈라야나(밀교) 입문 때 받은 거고요. 노랑 끈들은 멜버른, 고아, 스코틀랜드 관정(灌頂) 때 받은 겁니다."

"매우 흥미롭군요." 남자가 대꾸했다.

"아! 다르마dharma(佛法)는 곧 저의 인생이거든요." 프랭크가 연극이라도 하듯 손을 심장 위로 올리며 그렇게 선언한 뒤 내 쪽으로 고개를 돌려 머리를 끄덕여 보였다. "우리 작은 친구 보셨어요? 달라이 라마 님의 고양이랍니다. 항상 여기에 있죠. 성하님과 매우 가까운 카르마를 타고 났다고 하죠."

그런 다음 그는 몸을 굽혀 손님에게 다가가 내가 하루에 열두 번도 더 듣는 말을 비밀스레 건넸다. "우리는 지금 여기 티베트 불교의 심장에 있는 거랍니다. 절대 진원지죠!"

그들의 반응이 어땠는지는 잘 모르겠다. 하지만 커피가 앞에 놓이자 그들은 대화를 멈추고 실제로 맛을 보았다는 점에서 다른 손님들과 확실히 달라 보였다. 첫 모금뿐 아니라 두 번째, 세 번째도, 그 다음에도 계속 커피를 '진짜로' 마셨다. 조캉의 스님들처럼 그들도 현재의 순간에 의식적으로 집중하고 있었다. 커피를 음미했고, 주변을 즐기며 순수하게 존재했다.

그 때문에 나는 다시 시작된 그들의 대화를 특별한 관심을 가지고 엿들었다. 아니다 다를까, 놀라울 말도 아니었다. 마음 챙김 연구를 하고 있던 미국인 남편은 아내에게 하버드 학회지에 실린 논문에 대해 말하고 있었다.

"그들은 2천 명이 넘는 스마트폰 유저들에게 한 주 동안 아무 때고 질문을 보냈대요. 질문은 세 가지였고, 항상 같았대요. '지금 무슨 일을 하고 있습니까? 무슨 생각을 합니까? 얼마나 행복합니까?' 그 결과 전체의 47퍼센트에 이르는 시간 동안 사람들은 자신이 무슨 일을 하고 있는지 생각하지 않는다는 결론을 내렸다는군요.”

아내는 눈썹을 치켜떴다.

“나는 그 퍼센트도 실제보다 낮게 나온 거라고 생각해요.” 남자가 말했다. “우리는 자기가 지금 무슨 일을 하고 있는지 모른 채로 시간의 절반 이상을 흘려보내니까요. 그런데 정말 흥미로운 부분은 행복과의 연관 관계예요. 자기가 지금 무슨 일을 하는지 알아차리는 사람들이 훨씬 더 행복하다는 것으로 드러났다네요.”

“원래부터 자신이 즐길 수 있는 일을 하니까 집중력이 더 좋은 것 아닐까요?” 아내가 물었다.

남편은 고개를 저었다. “그 점이 흥미롭다는 거요. 우리를 행복하게 하는 건 우리가 하는 일과는 그다지 크게 상관이 없는 걸로 판명이 났다는 거예요. 우리를 행복하게 하는 건 우리가 하는 일을 알아차리느냐 아니냐에 달려 있다는 겁니다. 중요한 것은 이야기적 상태 narrative state, 즉 지금 실제로 하고 있는 일이 아닌 다른 어떤 것을 생각하는 상태가 아니라, 지금 여기에 사는 직접적인 상태에 있어야 한다는 거지.” 남자는 집게손가락으로 관자놀이 근처를 문질렀다.

“불교도들이 늘 하는 말이네요.” 아내가 동의했다.

남편도 고개를 끄덕였다. “때로는 해석 과정에서 그 정확한 뜻을 잃어버리는 경우도 있지요. 그러니까 불교를 무슨 훈장처럼 차고 다니는 여기 메트르 뒤Maître d’(식당 지배인) 같은 사람도 만나게 되고 말이지요. 그들에게 불교는 스스로를 다르게 혹은 특별하게 보이게 하는 하나의 방식이고, 그래서 에고를 더 키우는 도구에 불과하지요. 그들은 외부적인 치장이 전부라고 생각하는 것 같아요. 분명 정말 중요한 것은 내면의 변형인데도 말이에요."

몇 주가 지난 어느 날, 점심 식사 후 맨 위 선반에서 낮잠을 즐기던 나는 낯익은 얼굴이 너무나 어울리지 않는 장소에 등장한 모습에 어리둥절하며 잠에서 깼다. 텐진이 나를 똑바로 쳐다보며 카페 프랭크 한가운데에 서 있었다.

"우리 레스토랑의 예쁜 방문자를 알아보셨어요?" 프랭크가 나에게 눈짓을 하며 말했다.

"네! 아주 귀엽네요." 맞춤 양복에 외교관다운 풍모의 텐진은 별달리 더 알은체를 하지 않았다.

"달라이 라마 님의 고양이랍니다."

"정말요?"

"여기 매일 온답니다."

"놀랍군요!" 텐진이 내 턱을 긁어주려고 손을 뻗을 때 예의 그 석탄산 비누의 톡 쏘는 향이 프랭크의 강력한 쿠로스 애프터셰이브 크림 향에 섞여왔다.

“이 아가씨는 성하님과 아주 가까운 카르마를 갖고 있음에 틀림없어요.” 프랭크가 성하님의 오른팔인 남자에게 말했다.

“맞는 말씀 같군요.” 텐진이 생각에 잠기는가 싶더니 프랭크가 미처 생각지 못한 질문을 던졌다. “여기에 있는 동안 성하님 식구들이 이 아가씨를 보고 싶어 하지 않을까요?”

“저도 그게 매우 걱정입니다.” 프랭크는 능란하게 대처했다. “그래도 여기에 있다는 걸 알면 무척 잘 지내고 있다고 여기실 겁니다.”

“쿠션이 좋군요.”

“쿠션만이 아니랍니다, 선생님. 점심을 어찌나 좋아하는지요!”

“배고파하는 것 같아요?”

“여기 음식을 사랑하고 사모할 정도예요.”

“어쩌면 조캉의 먹이가 너무 적은 건지도 모르겠네요.” 텐진이 말했다.

“그건 아닐 겁니다. 린포체의 취향이 특별한 거겠지요.”

“린포체요?” 텐진이 이상야릇한 표정을 지었다.

“이 아가씨 이름이에요.”

어찌나 많이 말을 해댔던지 프랭크는 이제 내가 진짜로 린포체라고 믿고 있었다. “선생님은 왜 그런지 아시겠죠?”

“다르마에서 말하듯 모든 것은 마음에 달려 있으니까요.” 텐진이 아리송한 말투로 대답했다.

그 뒤 몇 번의 오후가 지나간 어느 날, 텐진은 달라이 라마의 방에서 늘 그렇듯 달라이 라마와 마주보고 앉아 있었다. 하루의 일과가 거의 끝나가는 오후가 되면 둘은 의식을 치르듯 새로 우린 녹차를 음미하면서 중요한 문제의 진행 상황을 보고하고 보고받으며 같이 해야 할 일을 의논했다.

나는 늘 앉는 창문턱에 앉아 태양이 지평선 아래로 미끄러져 들어가는 모습을 보며 세계 지정학에서 시작해 신비한 불교 철학의 자세한 요지에 이르는, 그들의 다양한 토론을 늘 그렇듯 한 귀로만 흘려듣고 있었다.

"아 참! 성하님, 좀 더 중요한 문제를 하나 말씀드리면," 텐진이 앞에 놓인 유엔 보고서 파일을 덮으며 말했다. "기쁘게도 HHC가 왜 그렇게 밥을 못 먹었는지 그 이유를 알게 되었습니다."

텐진이 흥분을 감추지 못하자 달라이 라마는 의자 깊숙이 등을 기대며 말했다. "어서 말해봐요." 달라이 라마의 눈이 순간 반짝이는 것을 볼 수 있었다.

"우리의 귀여운 스노우 라이언은 식욕을 잃은 것이 전혀 아니었어요. 그동안 언덕 아래 브라서리에 갔더라고요. 그 왜 명품 옷 입기 좋아하는 우리 불교도 친구가 운영하는 식당 말입니다."

"브라서리?"

"바로 길 아래 있어요." 텐진이 길 아래쪽을 가리켰다. "야외에 빨강, 파랑 파라솔이 있어요."

"아, 거기. 나도 알아요." 달라이 라마가 고개를 끄덕였다. "음식 맛이 아주 좋다고 들었어요. 스노우 라이언이 그곳으로 아주 이사를 가지 않은 게 오히려 이상하군요."

"그 주인이 애완견 애호가라네요."

"그래요?"

"품종 좋은 개를 기르고 있어요."

"그래도 우리 귀염둥이에게 먹이는 주고요?"

"우리랑 산다는 것을 알고는 아주 숭배합니다."

달라이 라마가 빙그레 웃었다.

"그뿐만 아니라 린포체라는 이름까지 지어줬어요."

"린포체?" 달라이 라마는 참기 힘들었는지 한바탕 웃음을 터트렸다.

"네." 텐진이 말했다. 둘은 동시에 나를 쳐다봤다. "고양이에게는 재미있는 이름이긴 하죠."

열린 창문 틈으로 늦은 오후의 산들바람이 히말라야의 솔 향을 실어왔다.

달라이 라마의 말은 사려 깊었다. "하지만 그렇게 나쁜 이름은 아니네요. 그 식당의 주인이 개와 고양이를 좀 더 평정한 눈으로 볼 수 있게 도왔으니 그에게는 이 아가씨가 귀한 존재지요.”

달라이 라마는 그렇게 말하고 의자에서 일어나 다가와 나를 쓰다듬었다. “텐진도 알다시피 때로 내가 책상에 너무 오래 앉아 있으면 이 귀여운 스노우 라이언이 다가와서 내 다리에 온몸을 비벼댄답니다. 그리고 가끔은……” 달라이 라마는 껄껄 웃으며 말했다. “일을 멈출 때까지 내 발목을 물기도 하죠. 내가 자기를 들어올려 ‘안녕’이라고 인사하고 몇 분 같이 시간을 보내기를 바라는 거죠. 우리 둘만의 시간을요.”

“나에게” 달라이 라마는 계속 말했다. “이 아가씨는 ‘이 순간, 지금 여기’에 살 것을 상기시키는 아름다운 존재예요. 그보다 더 귀한 것이 무엇이 있겠어요. 그러니까 내 생각에는……” 그는 바다같이 깊은 사랑으로 나를 바라보며 말했다. “이 아가씨는 나의 린포체이기도 하지요.”

4

그 왠지 음침하고 불길했던 날, 나는 달라이 라마의 집무실에서 나와 행정 비서관 사무실로 들어갔다. 어쩌다 보니 초갈과 텐진 둘 다 자리를 비운 채였지만 그렇다고 사무실에 아무도 없는 건 아니었다.

라디에이터 옆 바구니 속에 작은 라사 압소Lhasa Apso 한 마리가 웅크리고 누워 있었다. 라사 압소를 잘 모르시는 분들을 위해 설명하자면 작고 털이 긴 개의 한 품종으로 티베트에서는 옛날부터 사원 경비 일을 도왔다고 한다. 창문턱의 내 자리에서 내려다보면 가끔 라사 압소를 데리고 사원을 도는 방문자들이 보이곤 한다. 상서로운 의식인 셈인데 티베트 사람들은 그렇게 하면 그 라사 압소가 다음 생에 인간으로 태어날 수 있다고 믿었다. 하지만 달라이 라마와 나만의 내실에 바로 붙어 있는 그곳에서 라사 압소를 발견하는 일은 결단코 기분 좋은 일이 아니었다.

바구니 안에서 졸고 있다가 내가 들어서자 녀석은 코를 치켜들고 거칠게 숨을 몰아쉬더니 이내 복슬복슬한 머리통을 바구니 안에 숨기며 안전을 모색하는 듯했다. 나 따위는 관심 없다는 듯 무시하고 지나친 다음 초갈의 책상 위로 뛰어올라 갔고, 그곳에서 다시 내가 제일 좋아하는 전망대인 서류를 보관하는 나무 캐비닛 위로 올라갔다.

몇 분 뒤 초갈이 돌아왔다. 초갈은 몸을 구부려 그 강아지 녀석을 토닥거리더니 나한테만 해당된다고 생각했던 그 사랑을 듬뿍 담은 익숙한 목소리로 녀석에게 말을 걸기 시작했다. 목덜미의 털이 곤두서면서 어느새 나는 배신감에 치를 떨고 있었다. 초갈은 나의 존재는 신경도 쓰지 않고 깡마름의 표본같이 생긴 그 녀석이 뭐가 예쁘다고 꽤나 오랫동안 쓰다듬고 어루만졌다. 얼마나 잘생겼는지 모르겠다는 둥, 성격도 좋다는 둥, 잘 보살펴줄 테니 걱정할 것 하나도 없다는 둥 어르고 달래는 폼이 가관이 아니었다. 그가 일상적으로 내 귀에다 대고 속삭였던 그 말, 그 감정이었다. 나는 그 말과 감정이 늘 진실이고 진심이라고 생각했다. 하지만 그때의 똑같은 말을 멍청한 눈에 볼품없이 축 처진 털의 침입자에게 건네는 그를 보면서, 그런 말은 나에게만 해당되는 게 아니라 네 발에 털 달린 동물 모두에게 해당되는 판에 박힌 말이란 걸 깨닫지 않을 수 없었다.

우리의 특별한 관계가 고작 그 정도였다!

초갈은 자기 책상으로 돌아갔고, 내가 불과 몇 미터 떨어진 곳에서 모든 걸 다 봤다는 것도 모른 채 키보드를 두드리기 시작했다. 20분쯤 뒤 들어온 텐진도 자기 자리로 돌아가기 전에 녀석의 이름부터 부르며 반갑게 인사했다. 녀석의 이름은 앞부분이 카이트kite(연)처럼의 '아이i'자처럼 발음되는—카이카이Kyi Kyi였다.

나는 초갈과 텐진 둘 다 자기 책상에 앉아 마치 아무 일도 없다는 듯 이메일을 읽고 답하는 그 현실을 도저히 믿기 힘들었다. 달라이 라마의 통역사 롭상이 막 완성된 원고를 팔에 끼고 나타났을 때는 상황이 더 나빠졌다. 롭상은 젊고 키가 크고 호리호리했으며 몸의 모든 땀구멍에서 땀 대신 평온함이 스며 나오는 것 같은 사람이었다. 나는 그가 나를 제일 좋아한다고 믿었는데 그마저도 몸을 구부려 그 신참 녀석을 먼저 쓰다듬은 다음 나에게로 다가와 인사를 했다.

"우리 귀여운 스노우 라이언은 오늘 기분이 어때요?" 롭상은 나의 턱을 간지럽히기 시작했고 나는 강철 바이스 같은 이빨로 그의 손가락을 꽉 물어버렸다.

"우리 아가씨가 특별 게스트를 벌써 만났군요." 나를 올려다보면서 보통 때처럼 웃으며 초갈이 말했다. 마치 나도 자기같이 기분 좋아야 한다는 것처럼.

"우리 아가씨에게는 그렇게 특별한 게스트가 아닐 수도 있지요."

관찰력 좋은 텐진이 말했다. 그리고 고개를 돌려 나를 쳐다보며 덧붙였다. "그래도 카이카이에게 마음을 주기 바란다."

왠지 모를 불쾌함에 나의 눈빛이 어두워졌다. 나는 롭상의 손을 풀어주고 책상 위로 내려갔고 다시 바닥으로 내려가 귀를 뒤통수에 바짝 붙인 채 성큼성큼 방을 빠져나왔다. 달라이 라마의 세 직원은 내가 빠져나가는 것도 알아채지 못하는 것 같았다.

점심 시간, 나는 초갈이 그 강아지를 데리고 산책하는 모습을 관찰했다. 사원을 한 바퀴 도는 동안 녀석은 초갈 옆에 바짝 붙어 총총걸음으로 따라다녔고, 사원 구역을 오가는 티베트 사람들이 많이도 다가와 귀엽다며 어루만지고 지나갔다.

밥때가 되면 초갈이 주방에서 우리 둘에게 먹이를 가져다줬다. 하지만 카이카이의 접시에 쌓인 엄청난 음식더미와 내가 보통으로 먹던 소박한 양을 비교하지 않을 수 없었다. 게다가 내가 먹는 모습은 쳐다보지도 않고 게걸스럽게 먹어대는 강아지만 내내 살피며 야단스럽게 칭찬을 하고는 밥을 다 먹고 난 녀석을 토닥거리는 것도 잊지 않는 초갈의 모습은 너무 견디기 힘들었다.

그날 늦게 복도에서 마주쳤을 때 달라이 라마마저 몸을 숙여 녀석에게 인사를 건넸다. "그러니까 네가 카이카이구나." 녀석을 확인한 다음 참으로 따뜻하게 녀석을 쓰다듬었다. '나도 그렇게 쓰다듬어 주는 거 좋아하는데.'

"얼룩무늬가 참 예쁘구나! 정말 잘생긴 친구일세!"

모두들 어찌나 야단을 떠는지 평생 라사 압소는 구경도 못해본 사람들 같았다! 게다가 그렇게 말을 많이 하면서도 나의 의문은 하나도 풀어주지 않았다. 이를테면 녀석이 왜 여기에 있으며 얼마나 오랫동안 있을 건지 같은 것 말이다.

나는 달라이 라마가 녀석을 입양하지 않기를 간절히 바랐다. 달라이 라마와 나의 관계에 녀석이 끼어들 여지는 없으니까.

하지만 이튿날 다시 나가봤을 때도 카이카이는 그 바구니 안에 그대로 있었다. 그리고 그 다음날도.

∗

그런 까닭에, 그 주에 카이카이와는 비교도 안 되게 진짜 힘이 있는 다른 방문자가 나타났을 때 나는 반기지 않을 수 없었다. 어떻게든 정신을 딴 데로 돌려야 했으니까.

거대한 블랙 레인지 로버(차종의 한 가지―옮긴이)가 언덕 위 조캉 쪽으로 당당히 그 모습을 드러냈을 때 매우 특별한 사람이 도착했음을 모를 사람은 맥레오드 간지 전체에 아무도 없을 것 같았다. 그 지역 사람이나 여행자 너나 할 것 없이 그 마을과 참으로 어울리지 않는, 마치 다른 행성에서 온 유령 같은 그 비싸고 비대하고 빛나는 조형물을 응시했다. 저 검게 착색된 창문 안에는 도대체 누가 앉아 있을까? 무슨 일을 하기에 이렇게 대단히 엄중하게 등장해야 할까?

그 방문자가 누구를 보러 왔는가는 물어볼 것도 없었다. 아니나 다를까 레인지 로버는 사원의 문들을 통과한 뒤 천천히, 린포체, 보디카트바, 조캉의 스노우 라이언, 그리고 세상에서 가장 아름다운 창조물의 집으로 향했다. 물론 그녀의 인간 동반자의 집이기도 했다.

그가 달라이 라마의 접견실로 발을 들여놓자 나는 단번에 누군지 알아봤다. 그는 아마도 가장 오랫동안 자기 계발 분야의 구루로 군림하는, 세상에서 가장 유명한 사람임에 틀림없었다. 그의 얼굴이 찍혀 나온 DVD와 책이 수백만 개도 넘을 것이다. 그는 세상 모든 나라의 수도를 방문해 그곳 가장 큰 장소에서 엄청난 군중에게 가르침을 전한다. 할리우드 관계자들 중에 그를 따르는 사람이 많고 미국의 대통령들도 그를 만났으며 방송에도 정기적으로 출연했다. 그가 나오지 않는 토크쇼가 없을 정도이다.

하지만 나는 신중하기 때문에 그가 누구인지는 발설하지 않겠다. 정말 발설하지 않겠다. 그가 막 밝히게 될 놀라운 사실을 생각하면 더욱 그래야 한다. 그런 사실을 많은 사람이 알게 되는 것은 그가 절대로 원치 않을 테니 말이다. 문을 열고 들어오는 그의 모습은 위풍당당했다. 그곳에 그가 있다는 사실만으로도 누구든 그만을 쳐다봐야 할 것 같았다.

물론 달라이 라마의 존재감도 강력하다. 하지만 완전히 다른 성질의 존재감이다. 달라이 라마의 경우 개인적인 존재감이라기보다는 선함 그 자체에 대한 존재감이라고 할 만하다. 그를 만나는 순간부터 사람들은 좀 다른 존재의 상태로 빠져들게 된다. 그 상태에서는 보통의 생각과 걱정들이 부적절해진다. 그리고 우리의 본성이 곧 한없는 사랑임을 매우 흥미로운 방식으로 깨닫게 되고 그런 본성을 유지하기만 하면 모든 것이 잘될 것임을 알게 된다.

방문자(잭이라고 부르자)는 당당히 들어와 전통대로 달라이 라마에게 비단 예포를 바친 뒤 곧장 방문자를 위한 윙백 의자에 앉았다. 다른 대부분의 방문자들이 하는 행동과 별반 다를 게 없었지만, 잭의 방식은 마치 그의 모든 말과 몸짓이 의미로 가득한 듯 어쩐지 더 강력해 보였다. 안부를 주고받는 것으로 대화는 시작됐고, 잭은 가장 최근에 낸 책 한 권을 달라이 라마에게 건네주었다. 지난해에 있었던 월드 투어 강연에 대해 말하는 그의 모습은 매혹적이었다. 최근에 자신이 출연한 영화에 대해 설명할 때도 스크린 속에 비친 잭의 모습이 얼마나 카리스마 넘쳤을지가 훤히 보이는 듯했다.

그리고 10분 뒤, 침묵이 찾아왔다. 달라이 라마는 얼굴에 온화한 웃음을 띠고 편안하지만 정중히 그리고 가만히 자신의 의자에 앉아 있었다. 그렇게 자기 확신이 강한 사람임에도 잭은 정작 자신이 왜 여기까지 달라이 라마를 찾아왔는지 그 이유를 말하지 못해 힘들어 하는 것처럼 보였다. 마침내 잭이 다시 말하기 시작했고, 뭔가 심상치 않은 일이 그 모습을 드러내고 있었다.

"성하님도 아시다시피 저는 20년 넘게 인생 지도자로 일해 왔습니다. 전 세계 수백만의 사람들이 열정을 찾고 꿈을 실현하고 성공적이고 풍요로운 삶을 영위하도록 도왔죠." 그는 늘 하듯 자연스럽게 말했지만 말을 하면 할수록 그 안의 뭔가가 변해가는 것 같았다. 그것이 무엇인지는 나로서는 알아채기 어려웠다.

"사람들이 물질적인 것뿐 아니라 삶의 모든 측면에서 성취감을 느낄 수 있게 도왔고요. 독특한 재능과 능력을 계발하고 성공적인 인간관계를 창조하는 데 필요한 동기도 제공했습니다."

한 문장씩 끝낼 때마다 그는 그만큼 광택을 잃어가는 것 같았다. 그는 쪼그라들었고 그의 몸마저 거의 의자 안에 파묻힐 것 같았다.

"저는 미국에서 제일 큰 자기 계발 회사를 갖고 있습니다. 어쩌면 전 세계에서 제일 클지도 몰라요." 잭은 마치 자신의 실패를 인정하는 것 같았다. "그 과정에서 크게 성공했고 부자도 되었습니다."

이 마지막 문장의 여파가 가장 컸다. 지금까지 거둔 그 모든 성취를 토로하면서 그는 동시에 그것들이 얼마나 보잘것없는지 고백하는 것 같았다. 잭은 몸을 앞으로 기울였다. 웅크린 어깨 탓에 팔목이 무릎에 닿았다. 그는 망가진 것 같았다. 달라이 라마를 올려다볼 때는 마치 뭔가를 간청하는 것 같았다.

"그런데 저한테 좋을 것은 하나도 없었어요."

달라이 라마는 공감한다는 듯 그를 바라봤다.

"지난번 월드 투어 때 하룻밤에 25만 달러씩 벌었어요. 미국 전역에서 제일 크다는 실내 경기장들을 꽉꽉 채웠죠. 하지만 그때만큼 공허한 적이 없었답니다. 사람들에게 돈을 벌고 성공하고 행복한 가정을 일구는 동기를 제공하는 그 모든 일이 돌연 그렇게 무의미할 수가 없었어요. 그런 일이 한때 나의 꿈이었지만 더 이상은 아니었죠.

저는 집으로 돌아가 모든 사람에게 좀 쉬어야겠다고 말했어요. 그리고는 출근하지 않았죠. 수염을 기르고 집에서 책을 보거나 정원을 돌보며 많은 시간을 보냈어요. 아내는 좋아하지 않더군요. 아내는 아직도 주말이면 유명 인사들을 만나고 파티에 가기를 좋아하고 사회면을 장식하고 싶어 합니다. 처음에 아내는 제가 중년의 위기를 겪고 있다고 생각하는 듯했어요. 하지만 곧 관계가 험악해졌지요. 점점 악화되더니 아내가 결국에는 이혼하자고 하더군요. 그게 석 달 전 일입니다. 지금 저는 너무 혼란스러워서 어떻게 해야 할지 모르겠습니다.

그런데 그보다 더 최악이 뭔 줄 아십니까? 정말 기분이 나쁘다는 겁니다. 세상 사람들은 제가 꿈을 꾸며 산다고 믿죠. 그리고 제가 믿을 수 없을 만큼 행복하고 충만한 삶을 살고 있다고 생각합니다. 제가 그렇게 생각하게 만들었죠. 저도 정말 그렇다고 믿었으니까요. 하지만 틀렸어요. 저는 행복하지 않습니다. 한 번도 행복했던 적이 없었어요."

위풍당당하던 권력자의 모습은 순식간에 사라져버렸다. 오직 슬프게 일그러진 남자만 남겨둔 채 카리스마도 녹아내려 버렸다. 나는 어쩔 수 없이 잭이 참 안됐다고 생각했다. 그가 처음 보여준 인물과 지금 막 드러내기 시작한 남자 사이의 간극이 그보다 더 클 수가 없었다. 언뜻 생각하기에, 돈 많고 명성 높은 구루로서의 그의 위상이라면 삶의 문제쯤은 다른 누구보다 훨씬 더 거뜬하게 잘 해결할 것 같다. 하지만 사실은 오히려 그 반대인 것이다.

달라이 라마가 몸을 앞으로 구부렸다. "그렇게 고통스러운 경험을 하고 계시니 저도 마음이 몹시 아픕니다. 하지만 다른 방식으로 볼 수도 있을 것 같군요. 지금의 상황이 크게 도움이 될 수 있습니다. 아마도 언젠가는 이 일이 선생님의 삶에서 일어난 최고로 좋은 일이었다고 생각하시게 될 겁니다. 물질에서 불만족을 느끼는 것은 선생님도 아시다시피 영적 발전에 꼭 필요한 일이니까요."

현재의 불행이 어떤 의미에서는 도움이 된다는 말에 잭은 놀란 눈치였다. 잭은 당황하기도 했다. "돈이 골칫거리라는 말씀이신가요?"

"아! 아닙니다." 달라이 라마가 말했다. "부는 힘과 에너지의 한 형태입니다. 좋은 목적으로 이용되면 그보다 더 이로운 것이 없지요. 하지만 선생님도 아시다시피 그것이 행복의 진정한 원인은 아닙니다. 제가 알고 있는 정말로 행복한 사람들은 돈이 거의 없습니다."

"독특한 능력의 계발에 대해서는 어떻게 생각하십니까?" 잭은 자신이 과거에 믿었던 문제로 화제를 돌렸다. "그것도 행복의 원인이 아니라고 보십니까?"

달라이 라마가 미소를 지으며 말했다. "우리는 모두 특정 경향을 갖고 태어납니다. 특별한 힘 같은 것 말이에요. 그런 능력을 계발하는 것은 매우 큰 도움이 되죠. 하지만 돈의 경우와 마찬가지로 중요한 것은 능력 그 자체가 아니라 그것을 어떻게 쓰느냐입니다."

"사랑과 연애는요?" 잭은 이전에 자신이 가졌던 신조들을 다 끄집어내며 밑바닥까지 회의하고 있었다.

"선생님은 아내 분과 오랫동안 행복한 관계를 유지했지요?"

"18년 동안이요."

"그렇다면" 달라이 라마가 그를 향해 손바닥을 뒤집어보였다. "변화! 무상無常인 거지요. 모든 것의 성질이 그렇습니다. 특히 남녀 관계에서는 더 그래요. 그렇게 무상한 것이 행복의 진정한 원인은 확실히 아닐 겁니다."

"행복의 '진정한 원인'이라시면?"

"늘 잘 작동해서 의지할 만한 원인 말입니다. 물에 열기를 가하면 김이 나죠. 열기가 김의 진정한 원인입니다. 누가 그 열기를 가하든, 몇 번을 다시 가하든, 이 세상 어디에서 가하든 결과는 항상 김이 나는 것이죠. 돈과 위상과 남녀 관계를 보면" 달라이 라마는 빙그레 웃었다. "행복의 진정한 원인이 아님을 금방 알 수 있습니다."

잭은 자신의 경험에 비추어볼 때 달라이 라마의 말이 자명한 진리임을 확신할 수 있었지만, 달라이 라마가 그 진리를 그렇게 간단하고 명확하게 말한 것에는 놀라지 않을 수 없었다. "저는 오랜 세월 자기 계발이라는 복음을 전파해 왔어요. 제가 완전히 잘못 살았군요."

"자신에게 그렇게 엄하시다니요." 달라이 라마가 말했다. "사람들이 그들 자신은 물론이고 다른 사람에게도 이로움을 주는 긍정적인 삶을 살아가도록 돕는다면 그것은 좋은 일입니다. 아주 좋은 일이에요. 단지 그런 자기 계발이 자기애나 자기 함몰, 자기 심취로 이어지는 것이 위험할 뿐이죠. 그런 것들은 행복의 원인이 아니라 그 반대니까요."

잭은 잠시 그 문제를 생각한 뒤 물었다. "그렇다면 행복의 진정한 원인은…… 우리 스스로 발견해야 하는 것입니까? 아니면 일반적인 원칙이 있습니까? 물질 세상을 등져야 할까요?"

달라이 라마가 웃음을 터트렸기 때문에 잭은 질문을 계속할 수 없었다. "아, 아닙니다!" 달라이 라마가 말했다. "스님이 되는 것도 행복의 진정한 원인이 아닙니다!" 달라이 라마는 좀 더 진지하게 말을 이어갔다. "우리는 모두 행복을 키우는 개인적인 방법들을 찾아가야 합니다. 하지만 일반적인 원칙은 있지요. 두 가지 진정한 행복의 원인이 있는데, 첫째, 다른 사람의 행복을 바라는 겁니다. 불교도들은 그것을 사랑이라고 하지요. 둘째, 불만족스러워하거나 고통받고 있는 사람이 그런 상태에서 벗어나도록 순수한 마음으로 돕는 겁니다. 우리는 그것을 자비라고 부르죠.

선생님도 잘 아시겠지만, '나'라는 자아가 놓여 있던 우리 생각의 중심에 다른 사람을 놓는, 생각의 중요한 전환이 이루어지는 겁니다. 네, 그렇습니다. 많은 분들이 말하는 그 역설입니다. 다른 사람의 안녕에 초점을 맞춰 생각할수록 내가 더 행복해지는 겁니다. 그런 전환에 제일 먼저 혜택을 받는 사람은 그런 전환을 한 나 자신이에요. 저는 그런 상태를 '현명하게 이기적인 상태'라고 부릅니다."

"흥미로운 철학이네요." 잭이 생각에 잠겼다. "현명하게 이기적인 상태라……"

"사실인지 아닌지 그 원칙을 실제 선생님의 경험에 비추어 한번 생각해 보세요." 달라이 라마가 말했다. "예를 들어 만족감으로 넘쳤던 때를 한번 생각해 보는 거예요. 아마도 다른 사람을 위해 살았던 때가 생각날 겁니다. 그 다음으로 말할 수 없이 불행하고 화나던 때를 생각해 보세요. 그때 누구를 생각했던가요?"

방문자가 그 생각을 할 때 달라이 라마가 계속 말했다. "과학적 연구들은 대부분 유용합니다. 여러 다른 주제에 집중하며 명상하고 있던 사람들을 MRI로 찍어봤답니다. 사람들은 마음이 완벽히 평온하고 편안한 명상가가 제일 행복할 거라고 생각했죠. 하지만 명상가 중에서도 다른 사람의 행복에 대해 명상할 때, 긍정적인 감정과 연결되어 있는 뇌의 전전두엽 피질이 가장 밝게 빛났다고 합니다. 그러니까 이타적일수록 더 행복할 수 있는 것입니다."

잭이 고개를 끄덕였다. "자기 계발은 어느 정도까지만 좋은 것이군요. 그 다음은 타인 계발이 필요한 것 같네요."

달라이 라마는 두 손을 모으고 웃으며 말했다. "바로 그렇답니다."

잭이 잠시 가만히 있다가 말했다. "지금 저의 상태가 유용할 수 있다는 말씀을 이제 이해할 것 같습니다."

"비유라고 해도 좋을, 도움이 될 것 같은 이야기가 하나 있습니다." 달라이 라마가 말했다. "한 남자가 집에 와보니 앞마당에 양의 분비물로 만든 거대한 비료더미가 있었답니다. 남자는 그 비료를 주문하지도 않았고 원하지도 않았습니다. 하지만 어쩐지 그것이 거기에 있었고 그는 그것을 어떻게 할 것인가만 선택할 수 있었어요. 그는 주머니에 그 비료를 넣고 하루 종일 돌아다니면서 만나는 사람마다 자신에게 생긴 일을 설명하며 불평할 수도 있습니다. 하지만 그렇게 하면 사람들은 결국 그를 피해 다니기 시작할 겁니다. 그 거름을 자신의 밭에 뿌리는 것이 더 유용할 테지요.

문제를 다룰 때 우리에게도 이와 같은 선택권이 있습니다. 우리는 문제를 주문하지도 원하지도 않았지요. 다만 중요한 것은 그 문제를 다루는 방식입니다. 현명하다면 최악의 문제로 최고의 통찰을 얻을 것입니다."

그날 늦게 나는 행정 비서관 사무실에서 늘 그렇듯 내 자리에 앉아 있었다. 그리고 그날 아침 잭이 도착하던 모습을 떠올리다가 달라이 라마의 집무실에 들어올 때 그렇게 강력해 보였던 그가 진짜 속마음을 털어놓았을 때는 또 얼마나 약해 보였는지 새삼 놀라지 않을 수 없었다. 겉모습과 실제 모습 사이의 다름이 그보다 더 확연할 수 없었다.

나는 살면서 생기는 문제를 어떻게 다루면 좋은지 달라이 라마가 건네준 조언에 대해서도 다시 생각해 보았다. 우리는 그런 '문제'를 결코 보내달라고 하지 않았지만 그 문제를 어떻게 다루냐에 따라 미래의 행복과 불행이 정해진다는.

저녁이 다 되어 달라이 라마의 운전사가 사무실에 나타났다. 일주일 넘게 사무실에 들르지 못했던 그는 그제야 바구니 속에 웅크리고 누워 있는 라사 압소라는 새로운 존재를 보았다.

"이 녀석은 어쩐 일이에요?" 퇴근하려고 책상 정리를 하던 초갈에게 물었다.

"새 집을 발견할 때까지 돌봐주고 있다네."

"또 다른 티베트 망명자로구먼." 운전수는 녀석을 쓰다듬어 주려고 몸을 구부리면서 재치 있게 응수했다.

"비슷하지." 초갈이 말했다. "원래는 다람살라에 사는 내 사촌의 이웃집 강아지야. 사촌 말이, 주인이 몇 주 돌보는가 싶더니 언제부턴가 녀석이 그 집 마당에서 우는 소리가 계속 들렸다더군. 그런데 몇 주 전에는 집 안에서 밤에도 짖어대더라는 거야. 사촌이 그 집에 가서 문을 두드려봤는데 아무도 없더래. 녀석은 사촌이 문을 두드릴 때만 짖기를 멈추더라는군. 다음날도 같은 일이 반복됐지. 걱정스러웠지. 이웃이 개를 제대로 돌보지 않는 것 같았으니까 말이야."

운전수가 고개를 절레절레 흔들었다.

"이틀 뒤 사촌이 길 건너 다른 이웃에게 개 얘기를 하다가 개 주인이 한 주 전에 이사 갔다는 걸 알게 되었다네. 아주 급히 떠났다더군."

"강아지는 버려두고요?" 운전수가 물었다.

초갈이 고개를 끄덕였다. "사촌이 즉시 그 집에 문을 부수고 들어갔더니 부엌에서 카이카이가 다 죽어가는 모습으로 무거운 쇠줄 끝에 쓰러져 있었다는군. 차마 눈 뜨고는 못 볼 장면이었다네. 먹이는 물론이고 물도 없더래. 사촌이 녀석을 집으로 데리고 와 일단 물부터 먹이고 음식도 좀 먹였던 모양이야. 하지만 사촌은 혼자 사는데다 집에 있는 시간이 거의 없어서 녀석을 데리고 있을 수가 없는 거야. 그래서" 초갈이 어깨를 으쓱해 보였다. "여기에 오게 된 거지. 다른 곳에 갈 데가 없으니까."

내가 처음 들은 카이카이의 배경이 그랬다. 친애하는 독자 여러분, 그 이야기가 아무렇지도 않았다고는 차마 말씀드리지 못하겠습니다.

처음 녀석을 봤을 때 내가 얼마나 질투심에 불타올랐던가? 초갈이 녀석에게 준 애정과 먹이에 얼마나 분개했던가? 나는 녀석이 기운이 하나도 없었다는 것과 털 상태가 형편없었다는 것도 기억했다. 그런 이야기를 진작 알았더라면 나도 녀석을 측은하게 생각했을 것이다.

"여기가 동물 은신처가 될 것 같아요." 달라이 라마의 운전수가 말했다. "마우지둥은 새 고아 친구를 어떻게 생각한대요?"

나는 짜증이 나서 수염을 실룩거렸다. 달라이 라마의 운전수는 항상 나에게 좀 무례한 것 같다. 왜 나를 계속 그 끔찍한 이름으로 부르는 건가?

"음, 내 생각에는 여전히 마음의 결정을 못한 것 같아요." 늘 그렇듯 관대한 평가를 하면서 초갈이 나를 흘긋 쳐다봤다.

"마음의 결정이요?" 운전수는 캐비닛으로 다가와 나를 쓰다듬었다. "그렇다면 매우 현명한 고양이네요. 우리는 대부분 그저 외모만 보고 판단해 버리니까요."

"그리고 우리가 다 알고 있듯이" 초갈이 서류 가방을 잠그며 말했다. "외모는 믿을 수가 없는 것이니까요."

፨

이튿날 아침, 비서관 사무실에 갔을 때도 카이카이는 바구니 안에 있었다. 이번에는 깡그리 무시하고 지나가는 대신 녀석에게로 다가가 머뭇거리며 코를 킁킁거렸다. 카이카이도 친절하게 맞아주었고 곧 머리를 곧추세우며 오랫동안 나를 기분 좋게 바라보았다. 그 소통의 순간을 통해 우리는 모종의 교감을 나눌 수 있었다.

하지만 나는 녀석의 바구니 안으로 들어가 내 얼굴을 핥게까지 하지는 않았다.

나는 그런 고양이가 아니다. 그리고 이 책도 그런 책이 아니다. 하지만 더 이상 카이카이를 시기하지는 않았다. 초갈이 녀석과 함께 맘껏 산책하고 먹이도 주고 달콤한 말도 속삭이게 허락했다. 그래도 전혀 기분 나쁘지 않았다. 나는 겉모습 뒤에 숨겨진 현실이 있음을 발견한 고양이니까. 알다시피 심지어 가장 강력한 첫인상을 주는 사람도 아주 다른 진실을 숨기고 있을 수 있으니까 말이다.

나는 질투심을 느끼지 않을 때 훨씬 더 행복하다는 것도 발견했다. 질투와 분개는 아주 힘든 감정이라 마음의 평화가 깨진다. 나를 위해서라도 불행하고 불합리한 감정에 소모될 이유는 없다.

여섯 달 남짓 후, '타인계발협회' 인장이 도드라지게 찍힌 인상적인 봉투의 편지가 달라이 라마 앞으로 도착했다. 조캉에서 달라이 라마를 만난 뒤 잭은 자기 계발 회사의 경영권을 동료에게 넘겨주고 타인 계발에 집중하는 '타인 계발 회사'를 파트너 회사 격으로 설립

했다. 취지는 사람들이 가치 있는 일을 위해 그들의 시간과 돈과 사회적 네트워크를 쓰도록 가능한 한 많이 격려하자는 것이었다. 처음에 잭은 사람들에게 가치 있는 일들을 제시해 주어야 한다고 생각했다. 하지만 '타인 계발'이라는 이름에 걸맞게 사람들로 하여금 그들이 후원하고 싶은 기관을 결정하도록 했다.

그리고 몇 달 만에 만 명이 넘는 사람들이 후원자로 등록했고 300만 달러가 모였다. 그 기금은 전 세계에 광범위하게 기부될 예정이라고 했다. 잭은 엄청난 파도처럼 밀려오는 후원을 접하다 보면 가슴이 떨리고 마음이 겸손해진다고 했고 그 후부터 삶을 다시금 긍정하게 되었다고 썼다.

달라이 라마는 연말에 있을 회사의 첫 발기 모임에 참석할까? 행복의 진정한 원인 자격으로 말이다.

초갈에게 잭의 편지를 읽어주던 텐진의 목소리는 평상시 같지 않게 흥분해 있었다. "여기서 20년도 넘게 일했지만" 텐진이 말했다. "여전히 놀라워요. 다른 사람의 안녕을 내 행동의 동기로 삼을 때 그 여파는 그야말로……"

"무한하다고요?" 초갈이 대신해서 말했다.

"네, 바로 그겁니다."

5

세계적 유명 인사의 이름 없는 동반자로 사는 일이 과연 편하기만 할까? 어쩌면 멋진 수탉 옆에 붙어 있는 비루한 암탉 같지 않을까? 수탉이 늘 반짝이는 깃털과 매일 새벽에 노래하는 웅장한 아르페지오로 사람들의 관심을 한 몸에 받을 때 암탉도 한 번쯤은 자신만의 스포트라이트를 받고 싶지 않을까?

우리의 주인공 암탉의 경우라면, 전혀 그렇지가 않다.

나만의 작은 세상, 조캉 안에서라면 나는 이미 영락없는 유명 인사다. 카페 프랭크에 가면 나는 린포체로서 존경받는다! 달라이 라마는 텔레비전에 자주 등장하는 유명 인사지만, 그래서 일생 동안 어디를 가든 사람들이 자기 사진을 찍고 하루 종일 얼굴에 마이크를 들이대는 상황을 견뎌내야 한다. 불교의 기본 사상에 대한 기자들의 끝없이 반복되는 질문에도 대답해야 한다. 그것은 응용 물리학 교수에게 매번 구구단을 외워보라고 하는 것이나 똑같다. 달라이 라마가 그런 요구를 진심으로 따뜻하게, 유머 감각까지 잃지 않고 들어주는 것은 그의 개인적인 품성이 얼마나 대단한지를 보여준다. 그리고 물론 불교 수행이라는 것이 얼마나 대단한지도 보여준다. 특히 인내심의 끝판을 보여준다는 점에서 말이다.

내가 유명하고 싶지 않다고 단정적으로(단정적이라는 말을 굳이 categorical 이라고 말한 것은 미안하지만 그건 내가 'cat'이기 때문이다) 말하는 이유는 나 자신이 매스미디어의 대단한 희생자가 된 경험이 있기 때문이다. 독자들은 그렇다면 왜《베니티 페어》같은 잡지에, 혹은 패트릭 드마쉘리에의 사진첩 같은 곳에서 달라이 라마의 고양이 사진을 한 번도 보지 못했는지 의아해할지도 모르겠다. 아니면《헬로우》잡지가 왜 히말라야 내실에서의 사치스럽고 즐거운 나의 생활을 집중 취재하지 않고 태평함을 가장하며 수염을 다듬거나 긴 회색 부츠를 벗는 내 모습을 왜 소개하지 않았는지 궁금할지도 모르겠다. 나도 내가 받은 매스미디어의 관심이 그런 빳빳한 종이의 다양한 잡지들이 아닌 것이 마음 아프다. 사진은 많이 찍혔냐고? 물론이다. 유명 인사란에 기사는? 슬프게도 그건 아니다.

그 일은 어느 봄날 아침에 시작됐다. 달라이 라마는 평소보다 한 시간 이르게 명상을 마치고 외출 준비를 했다. 그런 모습은 특별할 것이 없었다. 달라이 라마는 자주 법문 여행을 떠나거나 특별한 의식을 주재하기도 하기 때문이다. 하지만 그날 아침에는 두 명의 비서관이 일정을 일찍 시작해야 한다고 했는데도 운전수가 나타날 기미가 보이지 않았다. 나는 곧 달라이 라마가 멀리 가지는 않는다는 것을 알아챘다. 사원 마당 건너편에서 이미 염불 소리가 들리는 것으로 보아 일상적인 아침 예불을 주관하려는 것도 아니었다. 사람들이 안전 검사와 주차 문제를 비롯한 여러 가지 사항을 점검했고 곧 특별 의전 행사가 시작되었다. 그제야 나는 그날 방문자가 있다는 것을 알았다. 누가 오는 걸까?

자동차들이 도착했고 세계 곳곳의 다양한 매스컴의 기자들과 텔레비전 스태프들이 쏟아져 나왔다. 그들은 사원 뒤쪽에서 시작해 근처의 숲으로 가는 길을 안내받았다. 곧이어 달라이 라마의 방문자가 거의 다 왔다는 소식이 들려왔다. 달라이 라마는 아래층으로 내려갔고 텐진과 초갈이 뒤를 이었으며 마지막으로 카이카이가 뒤따랐다. 초갈과 카이카이는 끈으로 연결되어 있었다. 무슨 일인지 궁금하여 나도 뒤를 따랐다.

그러는 동안 방문자에 대한 토막 정보들을 들을 수 있었다. "자유 티베트 캠페인" "대영제국 훈장" "그녀의 박애주의" 같은 말들을 들었다. 그녀가 소박한 라이프 스타일을 유지하며 주로 런던과 스코틀랜드에 있는 두 집을 오가며 지낸다는 말도 있었다.

달라이 라마가 밖으로 나오자마자 방문자가 도착했다. 어깨까지 기른 금발 머리에 생기발랄한 얼굴의 우아한 여성이었다. 다른 방문자들이 보통 격식을 차린 정중한 차림인 데 반해 그녀는 방수 아웃도어 재킷에 카키색 치노chinos 바지(질긴 면직물로 입기 편하게 만든 바지—옮긴이) 차림이었고 갈색 하이킹 부츠를 신고 있었다.

지금쯤이면 독자 여러분도 내가 달라이 라마 방문자들의 신분을 절대 밝히지 않는다는 것을 아셨으리라 믿는다. 이 여성은 텔레비전과 연극 무대에 수도 없이 등장하고 좋은 일에 기부를 많이 하는, 정말정말 굉장한, 영국인 여배우라고만 해두자.

둘은 전통적인 인사를 주고받은 뒤 숲 쪽으로 걸어가기 시작했다. 나도 그들의 발자국을 따라갔고 적당히 떨어진 곳에서 나머지 수행원들이 뒤쪽을 맡으며 따라오고 있었다.

"저희가 벌이는 운동에 힘을 실어주셔서 정말 감사합니다." 여배우가 말했다.

"숲의 파괴는 우리 모두가 걱정해야 하는 문제입니다." 달라이 라마가 말했다. "돕게 되어서 기쁩니다."

영국 여성은 숲이 지구의 '녹색 허파'로서 이산화탄소를 산소로 바꾸는 데 매우 중요한 역할을 한다고 역설했다. 또 매일 상당한 크기의 숲이 옥수수나 팜유 플랜테이션으로 바뀌며, 이 때문에 생물의 다양성이 파괴되는 것은 물론 토양이 부식되고 꼭 필요한 식수조차 오염되고 있다고 지적했다. 이제 살 수 있는 곳이 얼마 없는 오랑우탄 같은 동물들이 멸종의 위협을 받고 있다고도 했다.

"숲 살리기 운동에 문제는 기금만이 아닙니다." 그녀가 말했다. "의식을 바꾸고 교육을 강화할 필요가 있습니다. 되도록 많은 사람이 행동할 수 있도록 동기도 제공해야 하고요. 아니면 최소한 숲을 되살리자는 생각을 지지만이라도 하게 만들어야 해요. 성하님은 따르는 사람도 많고 폭넓은 지지도 받고 계셔서 이렇게 저희를 도와주시는 일이 세계에 저희의 메시지를 전달하는 데 큰 도움이 될 것입니다."

그녀의 손을 잡으면서 달라이 라마가 말했다. "우리가 함께 힘을 모으면 최대한 좋은 결과를 끌어낼 수 있을 겁니다. 이 일을 위해 개인적으로도 참으로 관대하게 많은 기부를 하셨다고 들었습니다. 그리고 자유 티베트 캠페인에 대한 지지나 다른 기부 활동도 늘 큰 귀감이 되고 있습니다."

여배우는 겸손하게 어깨를 움츠렸다. "그냥 해야 할 일을 했을 뿐입니다."

이야기를 하며 우리는 숲 속에 난 작은 길을 따라 걸었다. 양쪽 숲에는 앵초와 겨우살이가 땅을 카펫처럼 덮고 있었다. 분홍과 빨강의 커다란 철쭉과 꽃나무들이 저마다 아름다운 자태를 뽐내고 있었다.

“소비 지상주의에 빠지게 둔다면 이 모든 것을 파괴하는 위험을 감수해야 할 거예요.” 여배우가 주위를 가리키며 말했다.

달라이 라마가 고개를 끄덕이며 동의했다. “당신은 아무것도 바라지 않으면서 베푸는 아주 좋은 동기를 갖고 있습니다.”

“아! 저는 대가를 바라지는 않습니다. 남에게 이렇게 줄 수 있어서 ‘난 얼마나 행운아인가’라고 생각한답니다.”

달라이 라마가 빙그레 웃자 여배우가 궁금한 듯 물었다. “그렇게 생각하지 않으세요?”

“참으로 다행한 일이긴 하지만” 달라이 라마가 동의했다. “단순히 행운으로만 치부할 수는 없다고 봅니다. 불교에서는 카르마 법칙이란 것이 있습니다. 인과의 법칙이죠. 원인이 없다면 성공 같은 결과도 없습니다.”

“저는 오랫동안 여배우로 열심히 일했습니다.” 그녀가 인정했다. “상당히 어려운 시기도 극복했고요.”

“열심히 일하는 것을 우리는 ‘조건’이라고 부릅니다.” 달라이 라마가 말했다. “그것이 원인은 아닙니다. 조건은 카르마가 싹트기 위해, 즉 나무가 자라기 위해 흙과 물과 적절한 온도가 필요한 것처럼 확실히 필요하지만, 카르마의 원인, 즉 그 최초의 씨앗이 없다면 아무리 좋은 조건이 있어도 그곳에서 어떤 결과도 이끌어낼 수 없답니다.”

여배우는 달라이 라마가 말하는 것의 의미를 주의해서 따라갔다.

종종 그렇듯 대화는 기대하지 않던 방향으로 흘러갔다. 달라이 라마는 상대에게 어떤 말을 해주면 이로울지를 늘 잘 감지했다.

"열심히 일하는 것이 오직 조건일 뿐이라면 카르마 법칙에서 볼 때 성공을 위한 원인은 무엇인가요?" 여배우가 물었다.

달라이 라마는 너그러움 가득한 표정으로 그녀를 바라보며 말했다. "자비심입니다. 그대가 지금 만끽하고 있는 성공은 그대가 과거에 베풀었던 자비심에서 나온 것입니다. 그리고 그대가 지금 실천하고 있는 자비심으로 미래에 더 많은 성공을 만끽할 것입니다."

우리는 몇 분 동안 길을 따라 걸어갔다. 나 혼자서 그렇게 멀리까지 나가본 적은 없었다. 그러다 우리는 숲이 돌연 끝나는 지점에 다다랐다. 한때 초목으로 무성하던 곳에는 이미 오래 전에 죽은 나무의 그루터기들만 남아 있었고 모래 흙 위에 달의 표면 같은 맨머리 바위들이 드문드문 놓여 있었다.

달라이 라마와 여배우는 잠시 침묵했다. 그곳에서 펼쳐질 식목 행사를 위해 이미 구덩이 몇 개가 파여 있었다. 구덩이 옆에는 소나무 묘목들이 흙을 실은 외바퀴 손수레들과 함께 놓여 있었다. 달라이 라마와 여배우가 같이 숲에서 나와 황무지를 가로지르며 나아가자 기자들이 가까이 모여들며 달라이 라마와 여배우에게 카메라를 맞추고 촬영 준비를 했다.

카메라가 돌고 수행원들이 내 뒤쪽으로 가깝게 다가왔을 때 나는 갑자기 화장실이 가고 싶어졌다. 흔히 말하는 품종 좋은 고양이로서, 그럴 경우 나는 보드라운 흙이 있고 아무도 없는 곳을 찾는다. 여배우가 창단한 자선 단체의 로고가 그려진 커다란 현수막이 황무지 전체를 뒤에 두고 넓게 펼쳐져 있었다. 나로서는 완벽한 차단막이 아닐 수 없었다.

나는 몰래 그 차단막 뒤로 숨어들어 갔다. 조용한 그곳에는 바로 전에 본 식목 행사에 쓰일 소나무 묘목과 비슷한 전나무 묘목들이 끝없이 열을 지어 놓여 있었다. 그 묘목들 뒤쪽으로는 양질의 풍성한 화분용 영양토 무더기가 있었다. 모든 고양이들이 꿈에 그리는 흙이었다.

영양토 덩어리를 발견하자마자 나는 행동에 들어갔고 교태로운 웃음을 흘리며 흙무더기 옆으로 후다닥 뛰어갔다. 그리고 뜻밖의 발견에 기뻐하며 무더기 위로 올라가면서 흙을 이리저리 흩뿌렸다. 무더기 정상에 올랐을 때 나는 최대한 안락한 장소를 찾기 위해 킁킁거리며 흙냄새를 맡아보았다.

나뭇가지들이 만들어주는 숲의 지붕 아래 조용한 곳에서 나는 명상하듯 자리를 잡았다. 소나무 향이 묻어나는, 이른 아침의 상쾌한 공기가 아침 새들의 달콤한 코러스 속에서 반짝거렸다. 그때 멀리서 희미한 목소리가 들려왔다. 여배우인가? 뭔가 선언을 하는 듯했고 이어 희미한 박수 소리가 들려왔다.

바로 그때 그 일이 벌어졌다. 완벽한 차단막이었던 그 현수막, 나의 사생활을 보호해 주던 그 현수막이 갑자기 사라졌다. 숲 살리기 캠페인의 전체 규모를 극적으로 드러내기 위해 일부러 차단막을 내리는 순서를 두었던 것인데 그 순간 모든 카메라는 수많은 묘목이 아니라 나에게 집중했다.

오해는 말기 바란다. 우리 고양이들은 보통 내숭을 떨지는 않지만 그렇게 다 드러내고 싶어 하지도 않는다. 특히 전 세계의 매스컴이 다 모인 그런 자리라면 더더욱 싫다.

잠깐 동안, 들려오는 소리라고는 카메라가 돌아가고 찍히는 소리뿐이었다. 그리고 금방 한바탕 웃음이 물결처럼 그곳 사람들을 타고 지나갔다. 가장 먼저 빙그레 웃은 사람은 달라이 라마였다. 뒤이어 나는 여배우가 이제 흙이 더 비옥해졌다고 말하는 소리를 들었다.

하지만 나는 최대한 빠르게 그곳에서 도망치고만 싶었다. 나는 흥분해서 심지어 그곳에 올라갔을 때보다 더 빠르게 흙무더기 아래로 내려간 다음 관목 속으로 재빨리 숨어들었다. 그러고는 잠시도 쉬지 않고 사원으로 되돌아갔고, 마당을 가로질러 안전한 집으로 들어갔다.

나는 누군가 문을 열어주기를 기다리지 않고도 달라이 라마와 내가 공유하는 구역으로 들어갈 수 있는 길을 이미 오래 전에 발견해 두었다. 일층의 세탁실로 미끄러지듯 들어가 선반 위로 뛰어올라 갔고, 벽에 붙은 선반을 따라 식당으로 들어가는 창문으로 걸어갔다. 이른 아침 분투에 완전히 녹초가 된 나는 그곳에서 커다란 안락의자에 웅크리고 누워 잠이 들고 말았다.

스테이크를 굽는 맛있는 냄새에 잠에서 깨어났다. 그런 냄새를 풍기며 요리하는 사람은 한 사람밖에 없다. 머리를 들어보고 나서야 나는 식당에 사람이 많다는 것을 알게 되었다. 달라이 라마는 조깅으로 돌아왔으나 다른 일 때문에 여배우와 숲 살리기 협회 수행원들 몇 명을 텐진과 통역관 롭상, 통역 보조에게 인도했다. 모두 테이블에 둘러앉아 스테이크와 달걀로 차려진 따뜻한 아침을 먹고 있었다. 트린치 아줌마는 그들 사이를 분주하게 왔다 갔다 하며 튀긴 버섯, 어니언 링, 프렌치토스트 등을 넉넉히 권하고 있었다. 내가 깨어난 것을 본 트린치 아줌마는 고맙게도 작고 하얀 중국제 접시를 금세 들고 와 바닥에 내려놓아 주었다. 한 입에 먹을 수 있도록 작게 썬 스테이크 조각들이 먹음직스럽게 담겨 있었다.

아침 식사를 순식간에 맛있게 해치우고 나자 그들의 대화는 식목 행사에서부터 시작해 숲 살리기 캠페인을 지나 여배우의 올해 일정으로 이어졌다. 잠시 쉰 다음 여배우가 생각에 잠긴 목소리로 말했다. "오늘 아침에 카르마에 대해 성하님과 매우 흥미로운 대화를 나눴어요. 우리 서양인들에게는 생소한 주제죠."

옥스퍼드 대학에서 공부할 때부터 쭉 그 여배우를 좋아했던 텐진은 그녀와 대화할 수 있는 기회를 맘껏 누렸다. "그렇습니다. 그 점이 항상 저를 조금 놀라게 하죠. 인과의 법칙은 모든 서구 기술의 기초라고들 하죠. 원인이 없는 것은 아무것도 없다, 모든 것은 다른 어떤 것의 결과로 생겨난 것이다 등등. 하지만 직접적인 물질의 영역을 넘어서는 순간 서양 사람들은 행운, 운명, 혹은 신의 간섭 같은 말을 하기 시작하죠."

사람들은 조용히 그 말을 듣고 있었다. "제 생각에" 텐진이 이어서 말했다. "카르마가 즉시 그 모습을 드러내지는 않아서 그런 것 같아요. 원인이 결과로 나타나는 데는 시간이 걸리죠. 그것 때문에 원인과 결과에 아무 관계가 없는 것처럼 보여요."

"맞아요." 여배우가 동의했다. "성하님이 지금 이 순간의 모든 부나 성공은 이전에 가졌던 자비심에서 생겨난 것이라고 말씀하셨어요. 열심히 일하거나 위험을 감수하거나 기회를 잡거나 하는 일은 다 조건일 뿐 원인은 아니라고 하시면서요."

"사실입니다." 텐진이 동의했다. "카르마가 무르익으려면 원인과 조건 둘 다 필요합니다."

"여기 있는 사람들은 다 아는 일이지만" 여배우가 캠페인을 함께 벌이는 동료들을 가리키며 말했다. "숲 살리기 캠페인에 제가 상당한 돈을 기부했던 그해에 흥미로운 일들이 벌어졌어요."

테이블 주변으로 다 알고 있다는 듯한 미소가 번져나갔다.

"저는 5월에 기부를 했는데 12월에 정확하게 같은 액수로 전혀 기대하지 않았던 배당금을 받았죠. 사람들이 다들 카르마 때문이라고 하더라고요."

사람들이 모두 웃었다.

여배우는 텐진을 바라보며 물었다. "정확한 해석일까요?"

"사람들이 왜 그렇게 말했는지 이해합니다." 텐진이 대답했다. "하지만 카르마란 꼭 그런 방식으로 발현되는 것은 아님을 알아야 합니다. 누군가에게 어느 날 무엇을 주었다고 해서 나중에 정확히 같은 것을 받게 하는 원인을 만들어낸 것은 아닙니다. 카르마는 눈에 보이는 채무 관계 계정대로가 아니라 시간이 지남에 따라 점점 자라는 하나의 에너지 혹은 충전 같은 방식으로 발휘됩니다. 그렇기 때문에 아주 작은 자비로운 행동이, 특히 최고의 의도가 그 동기일 때 미래에 훨씬 대단한 부의 원인이 될 수 있는 겁니다."

여배우와 동료들이 텐진의 말을 매우 주의해서 들었다.

"흥미로운 것은" 텐진이 계속 말했다. "무언가를 주면서 우리는 미래의 부를 위한 원인을 창조할 뿐만 아니라 이미 갖고 있는 부의 카르마가 무르익게 하는 조건도 창조한다는 점입니다. 열심히 일하는 것과 비즈니스에 능한 것도 부를 위한 조건이지만 자비심도 그렇습니다."

"참 논리적입니다." 여배우가 말했다. "그리고 예수님도 '뿌린 대로 거두리라'라고 했던 것도 흥미롭네요."

"카르마 개념은 초창기 기독교에서 폭넓게 받아들여졌답니다." 텐진이 동의했다. "동양에서 수입된 중요한 상징들이 꼭 물고기나 후광 같은 표시만은 아니었어요." 텐진이 밝은 하늘색 후광을 드러내는 벽에 걸린 부처님 사진을 가리키며 말했다. "제 생각에는 자비를 갖고 이웃을 사랑하라 같은 기독교의 중심 가르침도 2천 년 전 그 옛날 실크로드 길을 따라 서양으로 전해진 것이 아닌가 싶어요."

집중하고 있던 방문자들의 얼굴빛이 날카롭게 빛났다.

"카르마에 대해 제가 한 가지 이해가 안 가는 것은" 여배우가 말했다. "어디에서부터 그 모든 카르마가 일어나느냐는 거죠. 벌을 주고 상을 주는 신이 없다면, 혹은 모든 것을 기록해 두는 우주적 컴퓨터가 없다면 어디서 그 모든 카르마가 일어나는 거죠?"

"그 질문은 핵심을 건드리는군요." 텐진이 대답했다. "그 모든 카르마는 우리 마음의 연속체 속에서 일어납니다. 현실에 대한 우리의 경험은 우리가 일반적으로 알고 있는 것보다 훨씬 더 주관적입니다. 우리는 사건들의 단순한 수용자가 아닙니다. 우리는 끊임없이 활발하게 우리만의 개인적인 현실 버전을 주변 세상에 투사합니다. 같은 환경 속에서 벌어지는 일을 두 사람이 매우 다르게 경험합니다. 그 둘이 서로 다른 카르마를 갖고 있기 때문입니다."

"인과의 법칙(연기법)은 말해줍니다." 텐진이 계속 말했다. "정신적으로 더 만족스럽고 물질적으로 더 풍요로운 현실을 경험하게 하는 원인들을 우리가 천천히 조금씩 더 많이 만들어낼 수 있다고 말예요. 반대로 불행과 자원 부족의 원인들을 피할 수 있다는 것도요. 부처님은 이러한 말씀으로 그것을 잘 요약했지요. '생각은 언어를 구현하고, 언어는 행동을 만들고, 행동은 습관을 계발하고, 습관은 성격을 강화한다. 그러니 생각과 생각의 방식을 늘 경계하라. 그리고 모든 존재에 대한 염려에서 나오는 사랑에 근거한 생각을 하라…… 몸에 그림자가 따르듯 생각하는 대로 되리라.'"

잠시 후 여배우와 그녀의 동료들이 자리에서 일어나 텐진과 다른 사람들에게 감사의 말을 전했다. 그리고 외투와 스카프 등을 챙기다 안락의자 위에서 얌전히 다리를 오므리고 앉아 있는 나를 보았다.

"어머나! 이 고양이는…… 그…… 오늘 아침에 그 고양이 아닌가요?"

텐진은 카페 프랭크에서 연꽃 쿠션 위에 앉아 있던 나를 처음 봤던 그날 오후의 포커페이스(속마음을 나타내지 아니하고 무표정하게 있는 얼굴─옮긴이) 표정 그대로 나를 쳐다보았다.

"비슷해 보이네요." 텐진이 인정하듯 말했다.

"우리 스노우 라이언이 그렇게 멀리까지 가지는 않았을 거예요."

롭상이 거들었다.

"여기에는 히말라야 종 고양이들이 많답니다." 통역 보조도 끼어들었다.

여배우는 미심쩍은 듯 웃어보였지만 아침의 일이 생각난 듯 고개를 절레절레 흔들었다. "어쨌든 확실히 예정에 없던 이벤트였죠."

그날 늦은 오후 텐진은 달라이 라마에게 하루의 일과를 보고했다. 그날은 특별히, 언제나 넉넉한 트린치 아줌마가 구운, 놀라울 정도로 얇은 비스코티와 함께 녹차를 즐겼다. 그날 있었던 일에 대한 토론이 거의 다 끝나갈 무렵 달라이 라마가 식목 행사에 대해 말하기 시작했다.

"아침 식사는 어땠나요? 손님들이 만족했으면 했는데요."

"잘 마쳤습니다. 그리고 우리의 게스트가 방금 전에 전화를 해서 행사 이후 많은 사람이 숲 되살리기 운동에 대해 알게 되었다며 기뻐했습니다."

"매스컴 관계자들이 많이 왔었지요." 달라이 라마가 생각에 잠긴 듯 말했다. "조캉에서 그렇게 많은 방송국 카메라는 처음 봤습니다!"

"매스컴에서 오늘의 이벤트를 잘 보도했답니다." 텐진이 말했다. "그런데 정말 히트였던 건 유튜브에 올라 있는 한 동영상이었답니다.

즉시 퍼져나갔죠. 지금까지 벌써 10만 명이 넘는 사람이 봤답니다."

"식목 행사 동영상인가요?" 달라이 라마가 흥미롭다는 듯 눈썹을 치켜떴다.

"시작은 그랬죠. 하지만 그 쇼의 진짜 스타는" 텐진이 내 쪽으로 고개를 돌렸다. "우리의 린포체죠."

달라이 라마가 큰 웃음을 터뜨렸다. 하지만 곧 웃음을 참으며 말했다. "웃으면 안 될지도 몰라요. 그 순간 누가 더 놀랐을지 모르겠네요. 우리 린포체가 더 놀랐을지, 기자들이 더 놀랐을지."

내가 앉아 있는 곳으로 다가와 달라이 라마는 나를 안아 들어올린 후 천천히 쓰다듬어 주었다. "오늘 아침에 일어날 때까지만 해도 우리 중에 아무도 네가, 그 뭐라더라? 맞아! 국제적 센세이션의 주인공이 될 줄은 몰랐구나. 하지만 네 덕분에 하루 만에 많은 사람이 숲에 닥친 문제를 알게 됐구나. 어떤 사람들은 평생을 두고 해야 하는 일이기도 하지."

나는 가르랑거리기 시작했다.

"아주 흥미로운 카르마로구나."

6

모구毛球(고양이가 털갈이나 몸단장 중 몸의 털을 핥다가 삼켜서 위 속에 생긴 털 뭉치. 대개 토해서 뱉어낸다―옮긴이), 이것만큼 짜증나는 게 있을까? 독자 여러분도 공감하죠? 아니라고요? 뭐, 내 앞에서 굳이 시치미 뗄 필요는 없다고요!

인간도 꼭 외모나 자기에 대한 집착에서 자유로운 건 아닐 테니까. 그대는 때로 다른 존재에게 어떻게 비칠지 지나치게 걱정하지는 않는가? 그래서 옷차림이나 신발에 과도하게 신경을 쓰면서 열심히 치장하고 단장하지 않나? 단순히 몸을 보호하기 위해서가 아니라 세상에 내보이고 싶은 '나'의 이미지 때문에 말이다.

다들 선호하는 "무슨 브랜드의 어떤 제품을 샀다"고, "누구누구가 나를 좋아하는 것 같다"고, "이제 어려운 요가 동작이 된다"고 별거 아니란 듯 말할 때 특별하다는 인상을 주고 싶은 것 아닌가 말이다.

그리고 제발 말해주시라. 아침에 일어나는 순간부터 밤에 잠들 때까지 그대는 누구 생각을 가장 많이 하는가? 따져보면 정확하게 누구 때문에 그 대단한 불안을 느끼고 스트레스를 받는가? 때로 바닥으로 치닫는 자기 집착의 소용돌이에 빠져들게 하는 그 사람은 누구인가? 그 사람은 지금 그대가 들어가 살고 있는 그 거죽 안에서 그리 멀지 않은 곳에 있을지도 모른다. 그럴 때는 기분 좀 낫게 한답시고 아무리 미친 듯이 핥고 긁고 빗어주며 애를 써도 돌아오는 거라곤 자존심이 낮은 거대한 쓰레기더미를 삼킨 뒤 아파하는 일뿐이다. 나로 말할 것 같으면 그 털 뭉치 때문에 진짜로 아프다.

방금 내가 쓴 몇 줄의 문단을 읽는 것만으로도 목에 뭐가 걸린 듯 불편하다면 그대는 털 뭉치가 얼마나 짜증나는 일인지 누구보다도 정확하게 알고 있는 것이다. 별로 불편하지 않다면 그대는 '난사람' 임에 틀림없다. 그렇다면 그대의 인격에 의문을 제기한 점에 대해 사과하겠다. 그리고 그대는 이 장을 읽을 필요가 전혀 없으니 즉시 다음 장으로 넘어가기를 권하는 바이다.

어린 나이에 엄마를 포함하여 가족과 생이별을 한 고양이라면 특정한 행동 패턴을 보일 수 있다고 한다. 나는 그 사실을 전혀 몰랐기 때문에 처음 털 뭉치 경험을 했을 때 불쾌하기도 했지만 그만큼 깜짝 놀라기도 했다. 고가의 벨기에 프랄린Praline 초콜릿 포장에 모델로 출연하기도 하는 화려하고 아름다운 고양이 품종으로 사는 일이 때로는 참 힘들기도 하다. 아주 강박적으로 치장에 몰두하게 되기 때문이다. 그 여파는 안중에도 없이 여기저기 핥고 빨아대는 일의 악순환에 너무 쉽게 빠져드는 것이다.

그날 아침도 서류 캐비닛 위에서 나는 바로 그 행동 양식에 격렬하게 빠져 있었다. 텐진이 몇 번이고 내 상태를 예의주시했고 초갈은 심지어 나에게로 다가와 신경을 분산시키려고까지 해봤으나 아무 보람도 없었다. 처음에는 약간 따끔한 느낌이 들더니 그 느낌이 점점 온몸으로 퍼져나가면서 점점 더 강렬해졌기 때문에 나는 도저히 핥기를 멈출 수가 없었다!

그러다 일이 터졌다. 갑자기 나는 본능적으로 바닥으로 내려가야 한다고 느꼈다. 사무실을 가로질러 카이카이의 바구니를 빠르게 지나친 다음 매우 재빠르게 복도에 도착했다. 그리고 그곳에서 속이 뒤집어졌다. 뱃속에 있는 것들이 죄다 튀어나오려고 했다. 나는 카펫에 웅크리고 앉았고, 온몸이 뒤틀리며 호흡이 가빠왔다. 경련의 리듬이 급속도로 거칠어지고 빨라지면서 결국엔…… 여기까지만! 아무래도 더 상세히 말하지 않는 게 독자들을 위해서 좋을 것 같다.

초갈이 벌떡 일어서더니 그 날짜 신문을 집어 들었다. 그리고 여성 패션 기사가 실린 면으로 내가 쏟아놓은 엄청난 양의 털 뭉치를 닦아내며 카펫을 청소했다. 목도 씻을 겸 슬그머니 주방으로 들어갔다가 다시 돌아와 보니 복도는 예의 그 조용한 안식처로 돌아가 있었다. 나를 덮쳤던 그 공포의 흔적은 이미 깨끗이 사라진 뒤였다.

나는 다시 서류 캐비닛 위 내 자리로 돌아가 깊은 잠에 빠졌다. 불쾌한 일을 과거로 흘려보내는 데 깊은 잠보다 더 좋은 것은 없으니까.

그런데 그날은 그렇지 못했다. 아주 강력하면서 혼란스러운 향기에 곧 깨어나고 만 것이다. 그 냄새는 프랭크가 몇 미터 이내에 출현할 때 풍기던 바로 그 쿠로스 애프터셰이브 크림 냄새가 아닌가? 하지만 여기는 카페 프랭크가 아니다! 하지만 몇 분 뒤 절대 다른 사람과 혼동될 수 없는 프랭크의 샌프란시스코 억양이 들려오면서 모든 것이 확실해졌다.

사무실에는 초갈도 텐진도 없었지만 문에는 이미 마르셀의 둥근 귀 그림자가 들어와 있었다. 다시 몇 분 후 초갈이 개줄 하나를 들고 나타났다. 초갈은 카이카이를 흔들어 잠을 깨운 다음 녀석의 목덜미에 개줄을 둘렀다. 그러자 마르셀이 다가올 운명을 예감한 듯 미친 듯이 꼬리를 흔들어대며 스스로 자신의 목줄을 죄고 있는 곳으로 카이카이를 데려갔다.

프랭크와 초갈이 복도에서 대화를 나누는 동안 그 두 녀석은 서로의 똥구멍을 킁킁거리고 있었다. 카이카이를 데려가는 일에 집중한 나머지 프랭크는 내가 나만의 전망대에서 그 모든 일을 지켜보고 있음을 알아채지 못했다. 몇 주 전에 텐진이 뜻밖에 카페 프랭크에 출현했던 것에 좀 어리둥절했는데 지금 보니 왜 그랬는지 알 것 같았다.

프랭크는 더할 수 없이 깍듯했다. 짙은 색 재킷에 잘 닦은 브로그 슈즈(여러 가지 장식으로 만든 중후한 옥스퍼드 스타일 구두―옮긴이)를 신은 정중한 차림이었고, 더없이 고귀한 VIP들이 카페에 나타났을 때만큼이나 세심하고 조심스레 행동했다. 그 반면 초갈은 평소의 모습 그대로 카이카이가 조캉에 오게 된 이야기를 전해주었다.

프랭크와 초갈은 두 녀석을 데리고 사원 마당을 산책했다. 나는 그들의 움직임을 더 잘 보려고 창문을 옮겨 앉은 다음 계속 주시했다. 목줄에서 풀려난 마르셀과 카이카이는 서로 쫓아다니며 옥신각신했다. 서로 친구 되기가 그렇게 힘들어 보이지는 않았다.

사무실로 돌아온 초갈과 프랭크는 카이카이의 식습관과 수면 습관에 대해 이야기했다. 그리고 초갈이 "성하님을 포함해 우리 모두 프랭크 씨가 이 일을 고려해 주신다면 매우 기쁠 겁니다"라고 말했다.

"고려할 것도 없습니다." 프랭크가 잘라 말했다. "둘이 잘 지낼 텐데요 뭘. 카이카이를 데려갈 수 있어서 오히려 영광입니다."

초갈은 웃으며 카이카이를 내려다보았다. "여기 별로 오래 있지는 않았지만 다들 카이카이를 그리워할 겁니다."

"언제든 데리고 놀러 오겠습니다." 프랭크가 말했다.

그때 달라이 라마가 집무실 문을 열고 나왔다.

프랭크가 공손하게 예의를 차리며 고개를 숙이자 달라이 라마는 웃으며 두 손을 모아 이마로 올렸다.

"성하님, 이분이 프랭크 씨입니다. 얼마나 친절한지 카이카이를 돌보시겠답니다."

"그것 참 잘됐군요." 달라이 라마는 두 손으로 프랭크의 손을 모아 잡았다. "정말 자비로우신 분입니다." 그때 달라이 라마가 프랭크의 손목에 둘러져 있던 수많은 축복의 염줄 팔찌들을 보게 되었다. "축복을 많이 받으셨네요?"

프랭크는 지난 10년 동안 명망 높은 고승 라마들에게서 받았던 관정들에 대해 늘 하던 대로 쭉 나열했다. 달라이 라마는 프랭크가 말을 마치기를 참을성 있게 기다린 후 물었다. "스승이 누구신가요?"

"저에게 관정을 내려주신 라마들이 다 저의 스승입니다." 프랭크가 무슨 신조라도 되는 양 대답했다.

"그래도" 달라이 라마가 말했다. "정기적으로 만나고 설법도 들을 수 있는 스승을 모시면 좋습니다. 관정과 경전도 도움이 됩니다만, 믿을 만한 스승의 안내를 받으며 수행하는 것이 더 좋지요. 피아노를 배우고 싶다면 좋은 피아노 선생을 찾을 것이고, 찾았으면 다 배울 때까지 잘 따르겠지요? 다르마도 똑같은 것입니다."

뭔가 암시적이던 그 조언을 프랭크는 잠시 깊이 생각했다. 그리고 몇 분 뒤 물었다. "저에게 추천해 줄 스승이 있으신지요?"

"프랭크 씨에게요?" 달라이 라마는 잠시 고심하는 듯 보였고, 프랭크의 왼쪽 귀에서 달랑거리던 옴 모양의 금귀고리에 넋이 빠진 듯도 했다. 마침내 달라이 라마가 말했다. "여기 남걀 사원에 계시는 게쉐 왕포 스님께 한번 여쭈어보세요. 왕포 스님이 좋을 것 같습니다."

잠시 후 프랭크는 카이카이를 데리고 돌아갔다. 나는 프랭크가 그날의 이벤트를 자기 카페의 경쾌한 파라솔 아래에서 어떻게 떠들어 댈지 궁금했다. 그리고 내가 계속해서 카페 프랭크에서 《보그》 잡지와 《베니티 페어》 잡지 최근호 사이에 앉아 나만의 왕좌를 지킬 수 있을지도 걱정되었다. 이제 프랭크가 '달라이 라마의 개'로 알려질 게 뻔한 녀석을 보살피기로 했으니, 과연 앞으로도 내가 가장 높은 숭배의 대상으로 남을 수 있을까? 나는 또 그 후 며칠 동안 초갈과 텐진이 왜 서로 눈이 마주칠 때면 틈틈이 '게쉐 왕포'라고 중얼거린 다음 콧구멍을 벌름거리며 웃는지도 궁금했다.

그 모든 궁금증의 답은 곧 분명해졌다. 게쉐 왕포 스님부터 보자. 일주일 정도 지난 뒤 남걀 사원에서 내가 제일 좋아하는 창문턱에 누워 쉬고 있을 바로 그때였다. 그때도 역시 나는 프랭크에게서 풍기는 쿠로스 애프터셰이브 크림의 익숙한 냄새에 잠을 깼다. 프랭크는 참 멀리 있었지만 그 냄새는 공기 중에 떠 있는 리본처럼 구불거리며 아래쪽 사원 마당에서부터 몸뚱이가 뒤집힌 도마뱀같이 누워 있던 나에게로 흘러 들어왔다. 눈을 떠보니 프랭크가 조캉의 문에서 나와 사원 쪽으로 걸어오고 있었다.

호기심에 못 이겨 나는 곧장 아래층으로 내려갔고, 프랭크가 들어왔을 때는 사원의 계단에서 마치 그곳에서 아침 내내 한가롭고 호사스럽게 햇볕이라도 쬐고 있었던 양 길게 기지개를 켰다. 프랭크는 중요한 방문에 마침 익숙한 존재가 등장해서 안심이라도 한 듯 다가와 나를 몇 번 쓰다듬었다.

얼마 지나지 않아 게쉐 왕포가 사원에서 나왔다. 왕포 스님은 쉰 살 정도로 보이는 둥근 얼굴에 키는 작지만 다부진 체격의 소유자였다. 그런데 왕포 스님이 내뿜는 권위가 어찌나 대단한지 그에 비하면 프랭크의 외모가 풍기는 대단한, 심지어 노기등등하기까지 한 힘은 아무것도 아닌 것 같았다. 왕포 스님이 나타나자마자 나는 달라이 라마가 왕포 스님을 프랭크의 스승으로 추천한 것에 왜 그렇게 초갈과 텐진이 재미있어했는지 금방 알 수 있었다. 왕포 스님보다 더 엄격한 스님은 찾기 힘들 것 같았다.

하지만 왕포 스님은 자기 소개를 하는 프랭크를 웃으며 맞이했다.

"혹시 저를 제자로 맞아주실 수 있을까 해서 찾아왔습니다." 프랭크가 말했다. 쿠로스 향기와 옴 금귀고리, 딱 달라붙은 검정색 옷차림이 그 순간에는 참으로 어울리지 않아 보였다.

"화요일 밤에 있는 저의 경전 강독 시간에 한번 참석해 보세요." 왕포 스님이 말했다. "스승을 맞이할 때는 먼저 잘 알아봐야 하니까요."

"달라이 라마께서 스님을 추천하셨습니다." 프랭크가 의문을 제기했다.

"그렇다고 하더라도 저의 접근법을 싫어하실 수도 있습니다. 우리는 모두 서로 다른 스타일과 성향을 갖고 있으니까요." 게쉐 왕포는 프랭크가 포기하기를 바라는 듯도 했다. "결정하시기 전에 천천히 시간을 갖고 숙고해 보시는 게 좋을 겁니다. 일단 누군가를 조언자로 받아들이면" 왕포 스님은 손가락 하나를 흔들어 보이며 말했다. "조언을 항상, 기꺼이 따라야 할 겁니다."

그래도 프랭크는 주저하지 않았다. "성하님께서 스님을 추천하셨다면" 프랭크는 존경심 넘치는 말투로 말했다. "그것만으로도 이유는 넘치고도 남습니다."

"좋습니다. 좋아요." 왕포 스님은 동의했다. 그리고 고개를 끄덕이다가 새 제자의 손목을 바라보며 말했다. "이미 관정을 많이 받았군요. 맹세들을 지키느라 매일 아주 바쁘겠어요."

"맹세요?"

"관정을 받을 때 맹세한 것들 말입니다."

"제가 그랬다고요?"

게쉐 왕포는 이맛살을 찡그렸다. "수행을 하지 않는다면 왜 수행을 시작하겠다는 입문식을 한답니까?"

"몰랐습니다……" 처음으로 프랭크는 진짜로 당황했다.

"어떤 관정을 받았습니까?"

프랭크는 늘 떠벌리던 라마들의 이름과 밀교 관정식의 종류, 그리고 날짜들을 다시 읊기 시작했다. 하지만 말투는 이미 예전의 말투가 아니었다. 이번에는 입문식을 하나씩 열거하는 것이 허풍 쇼라기보다는 무지와 태만을 인정하는 것처럼 들렸다.

프랭크가 힘들게 다 열거하고 나자 게쉐 왕포는 근엄한 표정으로 프랭크를 쳐다보는가 싶더니 금방 웃음을 터트렸다.

"왜 그러십니까?" 프랭크가 물었다. 자신이 라마의 웃음거리가 되고 있는 것이 너무도 분명했다.

"당신들 서양 사람들은……" 한참 웃고 나서야 왕포 스님은 말을 마칠 수 있었다. "정말 웃긴다니까요!"

"무슨 말씀이신지 모르겠습니다." 프랭크의 등이 둥글게 굽었다.

"다르마는 내면의 여행입니다." 게쉐 왕포가 자신의 가슴을 가리키면서 말했다. "다르마는 불교도라고 말하는 것이나 불교도처럼 입고 다니는 그런 것이 아닙니다. 또 스스로 불교도라도 믿는 것도 아니고요. 불교도란 무엇이겠습니까?" 왕포 스님은 아무것도 없다는 듯 손을 양쪽으로 넓게 펼쳐보였다. "그냥 하나의 말, 하나의 상표일 뿐이지요. 상자 속에 있는 제품이 짝퉁 롤렉스처럼 진짜가 아니라면 상표에 무슨 가치가 있겠습니까?" 왕포 스님은 장난스럽게 웃어 보였다.

프랭크는 마음이 편치 않은 듯 몸을 이리저리 움직였다.

게쉐 왕포는 손가락 하나를 흔들면서 말했다. "여기 남걀 사원의 우리는 짝퉁 롤렉스는 되기 싫습니다. 반드시 진짜여야만 하죠."

"이 축복의 염줄들은 어떻게 해야 하죠?" 프랭크가 슬픈 듯 물었다.

"알아서 하세요." 왕포 스님이 말했다. "그런 일은 자신만이 알 수 있습니다. 다른 사람이 이래라 저래라 할 일이 아니지요." 새롭게 맞이한 제자가 수심 어린 표정을 짓자 왕포 스님이 제자의 팔을 끌어당기며 말했다. "자, 자, 사원 주변을 좀 걸읍시다. 다리 운동도 할 겸."

두 남자는 사원을 시계 방향으로 돌기 시작했다. 나도 가까이 붙어 따라갔다. 왕포 스님은 프랭크에게 어디서 왔는지 물었다. 프랭크는 캘리포니아에서 자랐고 여행을 많이 했으며, 그 모든 여행이 결국에는 그를 다람살라로 데리고 왔으며, 정말 의도치 않게 다람살라에 카페 프랭크를 열게 되었다고 말했다.

"저는 늘 불교에 끌렸답니다." 프랭크가 스님에게 말했다. "입문식을 하고 고승들로부터 관정을 받아야 한다고 생각했어요. 물론 명상도 해야 한다고 생각했지만 하루하루가 너무 바빠요. 스승이 필요하다는 것도, 정기적으로 강독에 나가야 한다는 것도 생각 못했어요."

프랭크가 그렇게 고백을 마치자 왕포 스님은 손을 뻗쳐 프랭크의 손을 한번 꽉 잡아주었다. "오늘부터 다시 시작하기로 합시다." 왕포 스님이 제안했다. "사성제四聖諦(苦·集·滅·道를 말함—옮긴이)는 아시나요?"

프랭크는 주저했다. "들어보기는 했습니다만……"

"부처님이 깨달음을 얻고 나서 가장 먼저 가르치신 것이 사성제입니다. 불교 공부에 아주 좋은 시작점이죠. 당신도 알다시피 부처님은 당신이 아플 때 찾아가는 의사 같은 사람입니다. 의사는 먼저 증세(사성제의 苦에 해당—옮긴이)를 묻죠. 다음엔 진단(集에 해당—옮긴이)을 하고, 치료가 가능한 병이라면 예후(滅에 해당—옮긴이)를 말하죠. 그리고 마지막으로 처방전(道에 해당—옮긴이)을 써줍니다. 인생의 경험을 살펴본 부처님도 정확하게 똑같은 네 단계를 말했습니다."

프랭크는 집중해서 라마의 말을 따라갔다. "부처님은 어떤 증세를 발견했을까요?"

"대체로" 게쉐 왕포가 말했다. "불만족이 팽배하다는 것, 산스크리트에서 말하는 두카dukkha(苦)를 발견했습니다. 두카는 사소한 불편에서부터 육체적·정신적으로 심각한 문제까지 모든 종류의 고통을 뜻합니다. 부처님은 일상에서의 우리의 경험이 대부분 힘들다는 것을 이해했습니다. 스트레스로 가득하죠. 원래의 고유한 모습을 유지하기가 좀처럼 쉽지 않아요."

프랭크는 동의한다는 듯 고개를 끄덕였다.

"그 불만족의 원인은 많습니다. 태어났기 때문에 우리는 반드시 죽게 되어 있습니다. 대체로 늙고 병들어 가며 고통스럽게 죽게 되지요. 무상하기 때문에 불행하기도 합니다. 원하던 것을 얻을 수 있지만" 라마는 손가락 두 개로 딱 소리를 냈다. "금방 다 변해버리죠."

게쉐 왕포가 계속 말했다. "하지만 그런 불만족의 뿌리가 되는 근본적인 이유는 만물이 존재하는 방식을 우리가 오해하고 있기 때문입니다. 우리는 사물과 사람 들을 나와 분리된 독립된 존재로 봅니다. 그것들이 특정 성질과 성격을 갖고 있다고 믿고 좋아하거나 혐오하지요. 모든 일이 내 밖에서 벌어지고 있다고 믿고, 나는 다만 그 일에 반응하는 것뿐이라고 생각합니다. 마치 모든 것이 바깥에서 나에게로 오는 것처럼요."

두 남자는 몇 걸음 침묵 속에 걷는가 싶더니 곧 프랭크가 물었다. "세상을 그렇게 보는 것이 왜 잘못된 건가요?"

"제대로 자세히 보면 다른 사람이나 물건, 그리고 나 자신의 본질이란 없다는 것을 알게 되기 때문입니다. 나의 마음에서 벗어나 따로 존재하는 것은 아무것도 없다는 것을 말입니다."

"그 말씀은" 프랭크가 빠른 말로 물었다. "바깥에는 아무것도 없는데 우리가 모든 것을 만들고 있다는 것입니까?"

"아닙니다. 사람들이 가장 흔히 하는 오해가 바로 그것이지요. 저는 '연기법'이라는 매우 섬세한 진리를 말하고 있는 것입니다. 연기법을 이해하려면 공부와 명상을 많이 해야 합니다. 연기법은 세상에서 가장 놀랍고도 강력한 개념입니다. 이해하기 시작하면 인생이 송두리째 바뀔 수도 있지요. 양자역학을 연구하는 과학자들이 이미 확인시켜 준 것처럼 부처님이 가르치신 것도 물질이 존재하는 방식이 부분적으로 우리 자신의 마음에 따라 달라진다는 것입니다. 그렇기 때문에 사성제의 세 번째 진리, 즉 예후가 긍정적인 것입니다."

"우리가 마음을 다스릴 수 있으니까요?" 프랭크가 대범히 물었다.

"바로 그렇죠!" 왕포 스님이 힘차게 머리를 끄덕였다. "그 모든 불만족, 그 모든 두카가 바깥에서 온다면 우리가 할 일은 별로 없을 것입니다. 하지만 그것이 우리 마음 자체에서 나오는 것이라면 아무래도 희망이 더 많겠죠. 그러므로 치료법이 사성제의 네 번째 진리가 됩니다. 우리의 정신적 문제를 치료하는 법 말입니다." 왕포 스님은 또다시 보란 듯이 근엄하게 웃으며 프랭크를 쳐다보았다.

하지만 프랭크는 그 라마가 하는 말에 너무 깊이 빠져 있었기 때문에 불쾌할 새가 없었다. "그러면 치료법이 무엇입니까?" 프랭크는 알고 싶었다.

"모두 합쳐보면" 게쉐 왕포가 대답했다. "부처님은 8만 4천 개의 치료법을 주었다고 말해집니다."

"다르마 말인가요?"

"그렇습니다. 다르마가 무슨 뜻인지 아십니까?"

프랭크는 어깨를 으쓱해 보였다. "부처님의 철학이 아닙니까?"

게쉐 왕포는 고개를 약간 기울이며 말했다. "넓은 의미에서 보면 그렇게 말할 수도 있습니다. 하지만 우리는 불교에서 다르마가 '종식'(滅)을 뜻한다고 해석하기도 합니다. 모든 불만족의 끝, 그 모든 두카의 끝 말입니다. 그것이 불교의 목적입니다."

스님은 잠시 말을 멈추었다. 그들은 커다란 나무가 길 위에 우산처럼 그늘을 드리운 사원 뒤쪽에 다다랐다. 양 옆으로 나뭇잎들이 많이 흩어져 있었다.

"부처님은 우주에 대한 불가사의한 의문들에 대답해 달라는 요청을 받은 적이 있습니다. 그 대답이 매우 흥미롭습니다." 게쉐 왕포는 허리를 숙여 나뭇잎을 한 손 가득 모았다. "부처님은 제자들에게 '내 손에 나뭇잎이 더 많으냐? 숲 속 땅 위에 나뭇잎이 더 많으냐?'라고 물었고 제자들은 대답했습니다. '숲 속 땅 위에 더 많습니다.' 그러자 부처님이 말했습니다. '내 손에 있는 나뭇잎들은 그대들을 고통의 끝으로 이끌 대표 지식들이다.' 그런 식으로" 게쉐 왕포는 손을 풀어 나뭇잎들이 다시 땅 위로 흩어지게 했다. "부처님은 자신의 가르침의 목적을 매우 분명히 했습니다."

"8만 4천 개의 가르침이 있다면 무엇부터 시작해야 하나요?" 다시 사원을 돌기 시작할 때 프랭크가 물었다.

"깨달음으로 이끄는 단계적 수행법인 람림 Lam Rim 으로 시작하면 좋을 겁니다. 람림은 우리의 정신적 활동을 더 많이 알아채 생각의 부정적인 패턴을 좀 더 긍정적인 것들로 바꾸는 법입니다.”

“심리 치료와 비슷한 것 같네요.”

“바로 그렇습니다! 티베트 불교를 서구 세상에 최초로 알린 라마 중에 한 명인 예쉐 라마가 정확하게 그렇게 말하곤 했지요. ‘당신의 심리 치료사가 되어라’라고 하면서요. 같은 제목의 책을 쓰기도 했죠.”

둘은 침묵 속에서 한동안 계속 걸어가는가 싶더니 프랭크가 물었다. “신통력을 갖고 있는 라마들이 있다던데 사실인가요?”

게쉐 왕포가 프랭크를 날카롭게 쏘아보며 물었다. “그건 왜 물으십니까?”

“그냥…… 제가 어떤 부정적인 생각의 패턴을 갖고 있는지 알고 싶어서……”

“그 때문에 신통력까지 쓸 필요는 없어요.” 라마는 엄중히 말했다.

“그런가요?”

“사람들은 모두 기본적으로 똑같은 문제를 갖고 있습니다. 서로 다른 방식으로 드러나지만요. 우리의 큰 문제는 우리가 모두 ‘아이’[I] 전문가라는 것입니다.”

프랭크는 이해하지 못하고 물었다. “저는 ‘아이eye’에 대해서 아는 것이 아무것도 없는데요?”

“눈을 가리키는 ‘아이’가 아니라, ‘나’, ‘나를’, ‘나 자신’, ‘내가’ 할 때의 그 ‘아이’ 말입니다.”

"아! 네에!"

"우리는 자신에 대한 생각을 멈추지 않습니다. 그것이 우리를 불행하게 하고 긴장시키는 데도 말이죠. 자신에게 너무 집중하면 아프게 마련입니다. 우리는 아침부터 밤늦게까지 그 내면의 수다를 끝없이 떱니다. 내면의 독백 말이에요. 하지만 역설적이게도 다른 사람을 행복하게 하는 일을 더 많이 생각할수록 우리는 더 행복해집니다."

생각에 빠진 프랭크는 낙담한 듯 보였다. "저 같은 사람에게는 별로 희망적인 말이 아닌데요?"

"왜 그런가요?"

"레스토랑 운영을 하다 보면 정신이 하나도 없습니다. 저는 매일 매주 거기서 하루 종일 일하고요. 다른 사람을 행복하게 할 방법 같은 걸 생각할 시간이 없습니다."

"하지만 저는 오히려 그게 더 좋다고 생각합니다!" 게쉐 왕포가 맞받아쳤다. "다른 사람의 행복은 추상적인 생각이 아닙니다. 산 속으로 들어가 그것에 대해 명상할 필요는 없습니다. 살면서 집에서, 일터에서 만나는 사람들을 행복하게 만드는 일부터 시작해 보세요. 손님이 왔다면 한 명 한 명을 사랑과 자비를 연습할 기회로 삼으세요. 그들에게 커피만 접대할 수도 있지만 그들에게 커피와 미소를 접대할 수도 있을 거예요. 당신과 함께 있는 그 순간에 그들이 더 행복해질 수 있는 일을 생각해 보세요. 부리는 직원이 있다면, 음, 그들의 삶에서 그대는 매우 중요한 사람일 겁니다. 그들을 행복하게 하거나 비참하게 할 대단한 힘을 갖고 있죠."

"저는" 프랭크가 말했다. "사업체를 운영하거나 돈을 벌면서 동시에 불교도로 살 수 있다고는 생각지 못했어요."

"왜 안 되겠습니까? 다르마는 모든 곳에서 볼 수 있습니다. 그대의 일, 그대의 가족을 포함해서 모든 것에서요. 처음 다르마 수행을 시작할 때 그것은 마치 높은 산꼭대기에 있는 한 방울의 물이 일으키는 간지러움 같을 겁니다. 그 물이 땅 위로 흐를 때 그 간지러움이 푸르게 만들 땅은 1~2센티미터 정도밖에 안 되겠지만, 다르마를 점점 더 많이 연습하면 그 물방울의 흐름도 더욱더 강해져 다른 물길과 합쳐지게 될 것입니다. 때로 폭포수처럼 떨어지고 땅 밑으로 사라지기도 하겠지만 점점 세지면서 계속 나아갈 것입니다. 그리고 마침내는 매우 넓고 깊고 힘이 넘치는 강이 되어 그대 삶의 모든 것에서 중심이 될 것입니다. 앞으로 해나갈 다르마 수행을 그렇게 생각해 보세요. 매일매일 조금씩 더 자라난다고요. 다른 사람을 매일 조금씩 더 행복하게 할 때 그대도 매일 조금씩 더 행복해질 것입니다."

머칠 후, 행정 비서관 사무실 서류 캐비닛 위에 앉아 있던 나는 예의 그 간지러움을 느꼈다. 핥고 싶어 미칠 지경이었다. 결국 나는 몸을 핥기 시작했다. 하지만 그러면서도 털 뭉치 때문에 토했던 경험과 게쉐 왕포의 말을 기억했다. "자신에게 너무 집중하다 보면 아프게 됩니다." 그리고 다른 사람에게 더 집중하라는 라마의 조언도 기억해 냈다. 몇 분 뒤 나는 내 몸 핥는 일을 억지로 그만두고 캐비닛 아래로 뛰어내려 갔다.

텐진은 안경을 쓴 채 달라이 라마가 영국의 수상에게 보낼 중요한 이메일을 집중해서 작성하고 있었다. 초갈은 곧 다가올 달라이 라마의 동아시아 국가 방문 일정을 확정하는 중이었다.

나는 부드럽게 야옹하고 울며 초갈에게 살그머니 걸어간 다음 키보드 위에 올려져 있던 그의 손을 살짝 밀었다.

두 명의 비서관이 서로 시선을 교환했다. 초갈이 어떻게 할까 생각하고 있는 사이에 나는 그의 손등을 고맙다는 듯 핥았다.

"어쩐 일이니? 귀여운 스노우 라이언?" 갑작스러운 나의 애정 표현에 초갈이 놀란 듯 물었다.

"정말 이상한데요?" 텐진이 그렇게 말하고는 곧 덧붙여 말했다. "아까 다시 자기 몸을 핥고 있던데…… 봤어요? 아마도 털갈이를 하고 있나 봐요."

"저는 못 봤어요." 초갈이 의자를 뒤로 빼더니 책상 서랍 하나를 열었다. "그래도 제가 도움은 줄 수 있을 것 같네요."

책상 서랍에서 초갈은 빗과 브러시가 들어 있는 작은 가방을 하나

꺼냈다. 그런 다음 나를 복도로 데리고 나와 내 털을 빗겨주기 시작했다. 한 번 쓸어내릴 때마다 내 두꺼운 털 사이에서 두툼한 털 뭉치들이 떨어져 나왔다.

나는 만족감에 가르랑거리기 시작했다. 그는 내 등 양쪽과 허옇고 북실북실하고 튼실한 배 쪽도 빗어주었다. 그러는 10분 내내 나는 가르랑댔다. 그렇게 초갈은 나의 털들이 실크처럼 빛날 때까지 모든 털 뭉치들을 제거해 주었다. 그렇게 행복할 수가 없었다. 머리를 뒤로 젖히고 눈을 감은 채 나는 생각했다. 이것이 다른 사람이 행복하기를 바란 대가라면 나는 결단코 더 자주 다른 사람의 행복을 바라겠다고!

프랭크가 카이카이를 입양하고 게쉐 왕포를 처음 만난 그날부터 몇 주 동안 나는 카페 프랭크 안에서 힘의 역학 관계가 행여나 변하지 않을까 싶어 신경을 곤두세웠다. 마르셀과 카이카이는 금방 누가 봐도 한 몸같이 움직였다. 카운터 밑에 놓여 있는 바구니를 공유했고 산책도 프랭크와 함께 늘 같이 나갔다. 삐죽삐죽 볼품없던 카이카이의 머리털과 여윈 몸뚱어리는 온데간데없고 녀석은 연신 장난기 가득한 눈동자를 번뜩였다.

나는 나에 대한 대우가 크게 달라지지 않았음에 안도했다. 나는 여전히 그 집의 가장 아늑한 선반을 차지하고 가장 맛있는 오늘의 특별 요리 조각을 제공받는 린포체였고 달라이 라마의 고양이였다.

그런데 프랭크가 변하기 시작했다는 점은 아무래도 눈치 채지 않을 수 없었다. 왕포 스님과 사원을 돌았던 그날 이후 처음 그를 보았을 때 나는 즉시 옴 금귀고리가 사라졌음을 알아챘다. 팔목을 보니 축복의 염줄들도 사라지고 없었다. 왕포 스님의 짝퉁 롤렉스 이야기를 가슴에 새겼고 진짜가 되겠다고 결심한 것이 분명했다.

매일 아침 새벽 명상에 참석한 탓에 프랭크는 예전보다 30분 정도 늦게 레스토랑에 도착했다. 그리고 야구 모자를 하루 종일 쓰기 시작했다. 처음에는 왜 야구 모자를 쓰는지 알 수 없었지만 그가 머리를 긁기 위해 잠깐 모자를 벗었을 때 머리털이 무성해진 것을 볼 수 있었다. 머리카락이 점점 길어짐에 따라 프랭크의 예전 캐리커처도 사라지기 시작했다. 불교가 어떻고 다르마가 어떻고 하는 말들도 줄어들었다. 내가 달라이 라마의 고양이라는 것도 거의 말하지 않았고, 카페 프랭크의 새 식구가 된 카이카이를 어디서 데려왔는지에 대해서는 한 마디 언급이 없었다.

카르마가 작동하는 방식이 어찌나 신기한지, 그의 그러한 변태가 그보다 더 적절한 타이밍일 수 없음을 알려주는 일이 곧 일어났다.

어느 날 점심 시간, 진지해 보이는 커플이 카페로 들어와 런치 메뉴를 꼼꼼히 살폈다. 회갈색의 소박하고 금욕적인 옷차림의 둘은 인도 여행중인 어느 서양의 지식인들과 그리 달라 보이지 않았다. 남자는 아마 미국의 한 대학에서 불교 팔리 경전을 가르치는 교수일 것 같고, 여자는 아스탕가 요가를 가르치거나 대안적 건강 센터 같은 곳에서 채식 요리를 하는 요리사 같았다. 음식에 집중해서 씹는 모습을 보니 카페 프랭크에서의 경험을 매우 소중하게 생각하는 듯했다.

한 시간 반 정도가 흐른 뒤 그들의 디저트 접시가 다 치워지고 커피마저 거의 비었을 때가 되어서야 그 커플 중에 남자가 의외의 확신에 찬 모습으로 오른손 집게손가락을 힘차게 흔들며 프랭크를 불렀다. 두 남자가 대화를 나눈 것이 그때가 처음은 아니었다. 커플은 메인 코스 요리를 고를 때에도 프랭크에게 음식에 대해 과도하다 싶을 정도로 많은 질문을 퍼부었고 프랭크는 최근에 연마한 친절함으로 잘 대답한 바 있었다.

"그게, 저를 정식으로 소개하고 싶어서 말입니다." 남자가 세련된 뉴잉글랜드 억양으로 말했다. "저는 《헤이더 음식 가이드》의 찰스 헤이더입니다."

프랭크는 놀랐다, 라는 표현만으로는 많이 부족하다. 그는 놀라 자빠질 것 같았다! 《헤이더 음식 가이드》의 추천은 세계에서 가장 명망 높기 때문이다. 전 세계에 출판되는, 대단한 인정을 받는 《헤이더 음식 가이드》가 레스토랑 하나쯤 열고 닫게 하는 것은 일도 아니었다.

프랭크는 무심결에 영광이라는 말을 했다.

"뉴델리에 있는 친구로부터 카페 프랭크에 대해 들었어요. 그래서 한번 가보자고 생각했지요.” 밝게 웃고 있는 아내를 바라보고 고개를 끄덕이며 헤이더가 말했다. “오늘 저희가 먹은 요리는 정말 괜찮았다고 말해야겠어요. 어느 것 하나 부족하지 않았어요! 이 지역에서 최고라고 말할 수 있을 것 같아요.《뉴욕 타임즈》에 인도 편을 다룰 때 추천할 예정입니다.”

무척 감동한 프랭크는 아마 평생 처음으로 할 말을 잃은 것 같았다.

“그런데 딱 한 가지 의아했던 게 있는데” 헤이더가 계속 말했다. “이곳 주인이 대단한 불교도 동경인憧憬人이라는 얘기를 들었는데 제가 잘못 들은 건가요?”

프랭크는 잠시 생각하다가 자신의 아무것도 없는 손목을 보고는 대답했다. “아니 잘못 들으신 것이 아닙니다. 예전에 그랬죠.”

“아하, 그러니까 카페 프랭크의 새 단장 같은 건가요?”

“그보다 좀 더 깊이 들어가야 할 것 같습니다.” 프랭크가 말했다.

“물론 그렇겠죠!” 헤이더가 맞장구를 쳤다. “그런 변화가 곳곳에서 느껴지는군요.” 헤이더가 재미있다는 듯 웃어보였다. “이 카페가 주류에서 벗어나 있는 한은 제가 매우 호의적인 리뷰를 계속 써야 할 것 같군요.”

❈

독자 여러분, 인간이나 고양이나 고승으로부터 가르침 한 번 받았

135

다고 해서 자기애적인 모습이 영원히 치유되지는 않을 것입니다. 내가 그렇다고 말한다면 나는 그만큼 어리석은 것이리라. 모든 망상 중에 자기에 대한 집착이, 늘 변장을 하고 나타난다는 점에서 아마도 가장 교활할 망상일 것이다. 자기에 대한 집착은 완전히 시야에서 사라진 것 같다가도 꼭 다시 변형된 형태로, 매우 무시무시한 차원에서 그 모습을 드러낸다.

나는 아직 나의 마지막 털 뭉치를 털어내지 못했다.

프랭크도 마찬가지다.

하지만 변화는 시작됐고 우리는 새로운 방향을 추구할 터였다. 그리고 그 후 몇 달 동안 나는 카페 프랭크에서 가능한 모든 종류의 흥미로운 발전이 거듭되는 것을 볼 수 있었다.

7

그대는 습관의 동물인가? 커피를 마실 때 어떤 컵이든 상관없는데도 특정 머그잔만 애용하는가? 개인적인 의식ritual은 없나? 아침에 신문을 읽는 방식이라든지, 저녁에 와인 한 잔을 즐기는 방식이라든지, 그것도 아니면 몸을 씻는 그대만의 방식은 없는가? 모든 것이 제자리에 있음을 확인시켜 주는 방식 말이다.

다분히 탐색적인 위의 질문들에 한 가지라도 그렇다고 대답했다면, 친애하는 독자님, 그대는 아마도 전생에 고양이였을 가능성이 크다고 보겠습니다. 고양이인 저로서는 인간과 고양이를 구분하는 데 이보다 더 좋은 기준을 도저히 찾을 수 없기 때문입니다!

우리 고양이들은 습관에 따라 살아가는 동물 중에서도 으뜸이라고 할 만하다. 따뜻한 햇볕 아래에서 한가롭게 놀기, 밥 먹기, 은신처에 숨어들기, 기둥에 긁어대기 등이 우리가 하루를 만족스럽게 보내기 위해 가져봄직한 습관들이다. 그리고 우리가 인간들로 하여금 시중들기를 허락하는 것은 물론이고 심지어 한 집에서 사는 것까지도 고려하는 이유도 따지고 보면 인간들이 대체로 그런 우리의 습관을 잘 수용하기 때문이다.

우리는 물론 파격도 즐긴다. 예를 들어 가끔 새로운 요리를 맛보는 일이 없다면 인생이 얼마나 지루하겠는가? 모두를 위해 가지 구이 라자냐 쟁반을 들고 트린치 아줌마가 당당하게 조캉으로 들어오는 날이 그렇다. 카페 프랭크에서 재미있게 관전할 수 있는 모닝쇼가 없다면 또 얼마나 지루하겠는가? 아시아에서 온 어떤 신사분이 아침 토스트 빵을 힘들게 조각조각 부서뜨린 다음 따로따로 버터와 잼을 바르고는 젓가락질로 하나씩 먹은 적도 있다.

그런 일들은 반가운 파격이다. 하지만 어떤 큰 사건이 안락한 일상을 위협한다면 그것은 완전히 다른 문제가 아닐 수 없다. 나는 지금 변화에 대해서 말하고 있는 것이다. 달라이 라마가 제일 좋아하는 주제이자 부처님 자신이 말했듯이 인생에서 유일하게 지속되는, 바로 그것 말이다.

대부분의 고양이와 인간에게 변화란 우리 자신이 되기보다 '어쩌다 어떤 존재가 되어버리는 그 어떤 것'이라고 말하는 것이 아마도 더 정확할 것 같다. 하지만 아아! 그런 변화를 피할 수는 없어 보인다. 거기 그대는 모든 것이 제자리에 있다고 말해주는 그 모든 의식과 습관이 있는 그 익숙한 삶이 영원히 지속될 거라고 생각한다. 그런데 갑자기 목줄이 풀린 채 침을 질질 흘리고 있는 핏불 테리어 혹은 그와 유사한 악마의 원형 같은 존재가 그대 앞에 떡 버티고 서 있고 다음 순간 모든 것이 엉망진창이 되기도 한다.

아니나 다를까, 나만의 그런 갑작스런 변화도 다분히 평온한 어느 날 아침 갑자기 찾아왔다. 나는 달라이 라마와 아침 명상을 마치고 행정 비서실로 아무런 의심 없이 한가롭게 걸어 들어갔다. 사전 통보 따위는 없었다. 그 특별한 근무일은 다른 날과 마찬가지로 울려대는 전화벨 소리와 회의로 시작됐다. 그리고 운전수가 나타나 달라이 라마를 태우고 공항으로 떠났다. 달라이 라마가 2주 동안 유럽 7개국을 방문할 예정임은 나도 잘 알고 있었다. 조캉에서 여덟 달 넘게 사는 동안 자주 해외에 나가는 달라이 라마를 보아왔기 때문에 그런 상황이 특별할 건 없었다. 그가 집을 비울 때는 항상 그의 직원들이 나를 잘 돌봐주었다.

보통은 그랬다.

하지만 그날도 말하자면 알고 보니 전혀 보통스럽지 않았다. 아침나절이 되자 여기저기 페인트 자국이 묻은 작업복의 남자 둘이 사무실로 들어왔다. 초갈이 그들을 달라이 라마와 내가 함께 쓰는 내실로 데려가자 그들은 곧 사다리를 설치했고 바닥에 비닐을 깔기 시작했다.

그리고 우리 방의 모든 것이 순식간에 볼썽사납고 끔찍하게 변해갔다. 벽에 걸려 있던 사진과 탕카가 내려지고 창문의 커튼도 벗겨졌으며, 가구 위에는 캔버스 천을 덮었다. 단 몇 분 만에 나만의 특별한 성소가 몰라볼 정도로 혼돈 그 자체로 변해버렸다.

초갈이 나를 들어올렸다. 나를 안심시키려는 줄 알았다. 그는 그런 대혼란에 대해 사과를 하고, 칠장이들이 금방 일을 끝낼 것이라고, 내가 나만의 집을 곧 다시 찾게 될 거라고 말해야만 했다. 하지만 사과는커녕 그날의 이벤트는 갈수록 더 괴롭기만 할 뿐이었다.

초갈은 나를 자신의 사무실로 데려가더니 어느새 그의 책상 위에 떡 하니 자리를 차지하고 있던 해괴한 나무 상자 안에 넣었다. 대충 잘라 만든 나무 상자였는데 너무 작아서 나는 그 안에서 꼼짝도 할 수 없었다. 항의할 틈도 주지 않고 초갈은 석쇠 같은 뚜껑을 채우더니 나를 넣은 그 나무 상자를 들고 아래층으로 내려갔다.

내가 느끼던 그 강렬한 감정은 격분 쪽에 가까운 것 같기도 했고 공포 쪽에 가까운 것 같기도 했다.

처음에는 격분 쪽이 우세했다.

'이건 납치다! 아무렇지도 않게 이런 짓을 저지르다니 감히! 이 남자는 내가 누군지 잊어버렸나?! 달라이 라마가 돌아오면 대체 어쩌려고! 그 누구보다도 마음씨 따뜻하던 초갈이 아니던가! 도대체 어떤 사악한 인간이 초갈을 이렇게 망쳐놓았나? 달라이 라마가 지금 무슨 일이 벌어지고 있는지 안다면 당장 중단시킬 텐데.'

초갈은 내가 잘 알고 있는 남걀 사원 구역을 관통해 내가 한 번도 가본 적 없는 길을 계속 걸어갔다. 걸어가는 동안 초갈은 마치 아무 일도 없다는 듯 기분 좋게 평소대로 나지막이 만트라를 읊조렸다. 그리고 아는 사람을 만나 잠깐씩 안부를 나누기도 했다. 내가 들어 있는 나무통을 여전히 들고 있어서 사람들은 나를 마치 동물원 원숭이 보듯 쳐다봤다. 극도로 화가 나서 나무 두 쪽 사이의 틈새로 아무리 노려봐도 보이는 것이라곤 붉은 승복과 샌들을 신은 발뿐이었다. 할 수만 있었다면 나무통을 차고 발톱으로 긁었을 것이다.

초갈은 계속 걸어갔다. 그러다 갑자기 전에도 이런 일이 있었다는 생각이 들었다. 내가 그 일을 겪었다는 것이 아니라(최소한 이 생에서는 아니다) 역사에 이런 일이 있었다. 혈통 좋고 교육도 잘 받은 사람들이 갑자기 자신의 저택에서 끌려나와 억지로 암울한 미래 속으로 운반된 적이 분명 있었다. 유럽의 역사를 공부했다면 알겠지만 프랑스 혁명 때 말이다.

그것과 지금 나에게 벌어지고 있는 일이 과연 무엇이 다를까? 온순했던 초갈이 티베트의 로베스피에르(프랑스 혁명가, '흡혈귀' '독재자' 등의 악명과 함께 '자유와 인민의 벗' 같은 찬사도 붙어 다닌다—옮긴이)로 변신한 건 아닐까?

그 길에서 우리가 만난 사람들에게 초갈이 나를 보여준 방식이 파리의 거리에서 그 소름 끼치는 단두대로 운반되던 그 불운한 귀족들의 경우와 정확히 같지 않나?(일주일 전 텐진이 점심 샌드위치를 먹으며 그 끔찍한 단두대 의식에 대해 말해주었다.)

나는 갑자기 무서웠다. 초갈이 그 알 수 없는 땅으로 한 걸음씩 내디딜 때마다 공포도 그만큼 커졌다. 이 여행의 끝에 단두대는 없을지 몰라도 그날 처음으로 나는 그 모든 일이 오해에서 비롯된 실수가 아닐지도 모른다는 생각이 들었다.

'달라이 라마의 승낙 아래 내가 모르는 무슨 계획이 있었던 걸까? 어쩌면 달라이 라마가 간접적으로 어떤 표현을 했는데 비서관들이 그것을 나를 더 이상 주변에 두고 싶지 않다는 뜻으로 해석한 건 아닐까? 달라이 라마의 고양이에서 맥레오드 간지 어느 집의 고양이로 좌천되는 거라면 어떻게 하지?'

그때 즈음 우리는 어느 초라한 동네에 다다랐다. 나무 틈새로 더러운 도로와 함께 아무것도 없는 마당이 보였고, 불쾌한 냄새가 났으며, 아이들의 울음소리도 들렸다. 초갈은 큰길에서 벗어나 더럽고 좁은 길을 따라가다가 어떤 보기 흉한 콘크리트 건물로 들어섰다. 좀 더 걸어가자 열린 복도 같은 곳이 나왔다. 복도의 양쪽에는 작은 방 문들이 여럿 있었다. 약간 열려 있는 방문도 있었는데 그 틈새로 가족 모두가 바닥에 음식 접시를 놓고 모여앉아 있는 모습이 보였다.

나를 억류해 온 자가 승복에서 열쇠를 꺼내 그 문들 중 하나를 열었다. 그리고 방으로 들어가더니 내가 들어가 있는 나무통을 바닥에 내려놓았다.

"'즐거운 나의 집'에 온 것을 환영한다."

초갈이 석쇠 모양 뚜껑을 벗겨내고 나를 안아 올리며 기분 좋게 말했다. 그리고 덜덜 떨고 있는 나의 작은 몸을 그의 것이 분명한 이불 위에 내려놓았다. "HHC, 칠장이들이 일을 끝낼 때까지 여기서 며칠 나와 함께 지내야 할 것 같구나." 초갈은 그렇게 설명하며 내 몸을 쓰다듬었다. 그때 비로소 나는 그가 내 인생에서 가장 참혹한 시련을 안겨줬다는 생각에서 벗어날 수 있었다. 나아가 그것이 단지 20분 정도의 산책이었을 뿐이라는 생각도 들었다.

"칠하는 데 일주일이면 충분할 거야."

'일주일씩이나!'

"벽하고 천장하고 창문틀, 문까지 칠해야 하거든. 다 끝나고 나면 완전히 새 집 같을 거야. 그동안 너는 나와 함께 휴가를 보내자꾸나. 내 조카 라스야가 너를 돌봐줄 거야."

찢어진 눈에 손이 더러운 열 살 정도 되는 여자애가 방 안으로 들어와 바닥에 무릎을 꿇고 앉았다. 그리고 나를 보더니 내가 멍청이에다가 귀머거리라도 된다고 생각하는지 쇳소리로 호들갑을 떨었다.

나는 도망치듯 침대 위로 올라가 이불 속으로 파고들었다. 귀는 뒤로 납작하게 붙고 꼬리는 축 늘어졌다. 최소한 이불 속에서 맡을 수 있는 초갈의 냄새만큼은 익숙했다.

나는 곧 어둠 속으로 피신했다.

✻

그곳에서의 처음 사흘 동안 나는 가능한 한 오랫동안 잠만 자면서 보냈다. 볼일 보는 일을 더 이상 미룰 수 없을 때만 일어났고 일을 끝내고 나면 곧장 다시 웅크리고 누워 비참한 털 덩어리로 되돌아갔다.

초갈은 일하느라 거의 하루 종일 집에 없었고 내가 아무 반응이 없자 라스야도 같이 놀기를 포기했는지 점점 더 뜸하게 찾아오고 더 빨리 가버렸다. 하지만 조금씩 주변 사람들의 일상을 살아가는 소리와 음식 냄새에 적응이 되는 듯했다. 그렇게 반은 자고 반은 깨어 있는 혼미한 상태에서 사흘을 보내고 나서야 마침내 나는 깨달았다. 심심하다는 사실을.

그래서 나흘째 되는 날 오후 늦게 라스야가 왔을 때 나는 이불 속에서 기어 나와 처음으로 바닥 위를 깡충거리며 뛰어보았다. 그러다 우리는 우연히 게임 하나를 발견하게 되었다. 내가 라스야의 오른발에 몸을 비벼댔는데 어쩌다 라스야의 엄지발가락이 내 왼쪽 귓속으로 들어왔다. 다른 발가락들은 바깥에 남아 있었다. 라스야는 즉흥적으로 발가락들을 꼼지락대며 귀 마사지를 해주었다. 기분이 그렇게

144

좋을 수가 없어서 나는 나도 모르게 기쁨에 떨며 가르랑거렸다. 달라이 라마도, 그곳 직원들 중 그 누구도 엄지발가락을 내 귀에 집어넣는 일은 생각지 못했는데 그때 보니 그 일은 더할 수 없이 기분 좋은 일이었다. 라스야의 발가락은 이내 내 오른쪽 귀도 마사지해 주었고 킥킥대는 라스야의 얼굴을 올려다보면서 나는 꼭 특정 환경에 있어야만 행복할 수 있는 것이 아님을 난생처음 이해할 수 있었다.

나는 문을 통과해 복도로 나가보았다. 라스야를 경호원삼아 시범적으로 건물의 뒤쪽으로 천천히 나가보려 했다. 그때 바로 옆방에서 한 여성이 세 명의 아이들과 바닥에 앉아 버너에 냄비를 올려놓고 속을 저으며 일종의 자장가 같은 노래를 부르고 있었다. 지난 사흘 동안 이런저런 음식 냄새와 함께 노랫소리가 들려와 대체 어디서 들려오는 소음인가 궁금했는데 마침내 그들의 모습을 보게 된 것이다. 왁자지껄하게 떠드는 악당들의 소굴을 상상했었는데 그들은 생각보다 작았고 평범해 보였다.

내가 나타나자 그들은 하던 일을 멈추고 일제히 고개를 돌려 나를 응시했다. 그 건물에서 복도를 사이에 두고 살고 있던 사람들이 내가 그곳에 와 있다는 소식을 못 들었을 리가 없었다. 그들은 달라이 라마의 고양이가 자신들의 집에 출현한 것에 위압당한 걸까? 나는 당연히 그래야 한다고 생각했다!

마침내 여덟 살쯤 되어 보이는 아이 한 명이 몸을 움직였다. 아이는 요리중이던 냄비에서 부드러운 고기 한 조각을 꺼내 들더니 호호 불어 식힌 다음 나에게 먹어보라고 주었다. 나는 주저하며 냄새부터 맡아보았다. 그것은 확실히 카페 프랭크의 필레미뇽은 아니었다. 하지만 나는 배가 고팠다. 냄새도 기묘하게 식욕을 자극했다. 그리고 아이의 손에 놓여 있던 그 고기를 음미하며 씹어본 뒤에는 정신이 번쩍 들 정도로 맛있다는 것을 인정하지 않을 수 없었다.

라스야와 나는 가던 길을 계속 가며 뒷마당을 가로질렀다. 뒷마당이라고 해봐야 흙이 그대로 노출된 채 건물에 붙어 있는, 아무것도 없는 땅덩이에 불과했다. 그 끝에 1미터 정도 되는 높이의 담이 있었다. 그 담 위로 뛰어올라 갔을 때 확 트인 경관 너머 멀리 보이는 축구 경기장 모습에 나는 놀라버렸다. 비닐봉지를 둘둘 만 뒤 노끈으로 단단히 묶어 만든 축구공을 놓고 십대 소년들이 먼지 속에서 경기를 하고 있었다. 그제야 나는 이불 속에서 들었던 그 모든 흥분 속 외침의 출처를 알게 되었다.

라스야도 담벼락 위 내 옆에 앉아 다리를 흔들며 경기를 구경했다. 아는 소년들도 있는지 때때로 응원을 하기도 했다. 라스야 옆에 자리를 잡고 앉아 나는 경기가 어떻게 진행되는지 관찰했다. 처음 보는 축구 경기였고, 조캉에서의 정적인 일상만 보던 나로서는 눈을 뗄 수 없는 흥미로운 광경이었다.

나는 해가 지고 있다는 것도 몰랐다. 눈을 들어보니 어느덧 주변의 모든 집에 불이 밝혀져 있었다. 사방에서 접시 부딪치는 소리, 웃고 떠드는 소리, 텔레비전 소리, 물 흐르는 소리와 함께 다양한 음식 냄새가 퍼져왔다. 달라이 라마의 집무실 안에서 내가 제일 좋아하는 전망대 창문턱에서 보던 장면들과 이곳은 얼마나 다른가? 하지만 모두가 터놓고 지내는 이곳에서 에너지가 살아 넘친다는 점은 부인할 수 없었다.

태양이 지평선 아래로 떨어졌고 하늘은 점점 어두워졌다. 라스야는 나를 담벼락에 남겨두고 벌써 한참 전에 집으로 돌아갔다. 나는 다리를 단정하게 꼬고 앉아 있었다.

그때 건물 옆쪽으로 약간의 움직임이 느껴졌다. 흔들거리던 그림자 하나가 40갤런(약 150리터)짜리 커다란 드럼통 옆으로 자연스럽게 미끄러져 내려갔다.

'고양이닷!'

그것도 보통 고양이가 아니라 특이할 정도로 크고 근육질에 검은 줄무늬가 생생한 그 고양이, 언젠가 시장의 초록 불빛이 반사되던 사원의 마당에서 보았던 그 멋진 범고양이가 틀림없었다. 그가 저 드럼통에 앉아 얼마나 오랫동안 나를 바라보고 있었던 걸까? 나는 알 수 없었다. 하지만 그의 행동으로 보아 나에게 흥미를 갖고 있음이 확실했다.

그 아무것도 없이 휑한 뒷마당 이쪽에서 저쪽으로 그는 곧장 걸어

나갔고, 나를 완전히 없는 고양이 취급했다. 그러니 그가 나에게 관심 있다는 게 그보다 더 뻔할 수가 있겠는가?

갑자기 나는 설레는 마음을 진정시킬 수 없었다. 누군가 그때의 내 모습을 봤다면 그저 담벼락 위에 조용히 앉아 있는 고양이라고만 생각했을지 모르겠다. 하지만 내 속은 흥분의 도가니로, 온갖 생각과 감정에 싸여 정신이 하나도 없었다. 뒷마당 한쪽에서 다른 쪽으로 어슬렁거리며 걸어가던 그의 모습에서 볼 수 있듯이 그 마당은 당연히 그의 영역이었다. 그렇게 먼 조캉까지도 왔던 적이 있으니 그는 힘 있는 고양이임에 분명하다. 고등어 등 같은 푸른색 줄무늬는 확실히 그가 별 신통찮은 혈통임을 보여준다. 하지만 대단한 영역의 소유자임에는 틀림없다.

그리고 그가 나와 게임을 하려 한다!

나는 그가 다시 나타날 것을 확신했다. 오늘 밤은 물론 아닐 것이다. 그건 너무 쉽지 않나? 어쩌면 내일……?

잠시 후, 초갈이 일을 마치고 복도에 들어섰을 때 라스야가 그의 손을 잡고 내가 앉아 있는 곳으로 데려왔다.

"HHC! 드디어 밖에 나왔구나." 초갈은 나를 들어올리더니 내 턱 밑을 간질였다. "정상으로 돌아왔어."

그때의 나는 알 수 없는 많은 감정에 휩싸인 상태였다. 하지만 결코 정상은 아니었다.

이튿날, 라스야가 찾아올 오후까지 기다리기가 정말 힘들었다. 물론 오전 내내 단장하느라 정신이 하나도 없긴 했다. 덕분에 내 하얗고 두꺼운 털가죽은 멋지게 반짝였다. 귀도 깨끗이 씻었고 수염도 다듬었다. 기운이 뻗쳐서는 첼로도 연주했다. 드보르작의 그 유명한 '콘체르토concerto'를 아신다면 말씀드리는데 아다지오(음악에서 '천천히'를 뜻하는 빠르기말—옮긴이)보다는 알레그로(빠르게—옮긴이)에 훨씬 더 가까운 연주였다.

그리고 라스야가 문을 여는 순간 나는 이미 밖으로 튀어나가 있었다. 나는 다시 그 담벼락으로 가서 앉았다. 늘 그곳에 앉아 있으므로 별일 아니라는 척하면서. 아니, 어쩌면 그곳에 우연히 앉게 된 척 했는지도 모르겠다.

아래 운동장에서는 또다시 축구 경기가 한창이었다. 뒤로는 그즈음 이미 한참 익숙해진 일상의 소리들이 들려왔다. 라스야는 몇 분 정도 내 옆에 앉아 있다가 교과서를 펼쳐 읽는가 싶더니 얼마 못 가 집 안으로 들어갔다.

그때 나는 곁눈질로 보았다. 그 그림자가 40갤런 드럼통 위에 다시 나타났다는 것을. 나는 일어나서 먼저 앞발을, 그 다음 등을 한가롭고도 태평하게 쭉 펴보였다. 그리고 담벼락에서 폴짝 뛰어내려 집 안으로 들어가는 척했다.

내가 바라던 대로 나의 흠모자는 더 이상 참을 수 없는 듯했다.

그는 재빨리, 하지만 조용히 드럼통에서 미끄러져 내려와 나와 도저히 마주치지 않을 수 없는 방향으로 걸어왔다. 서로에게 적당한 거리가 됐을 때 우리는 멈추었다. 처음으로 나는 그의 빛나는 호박색 눈동자를 직시했다.

"우리 예전에 만난 적 있죠?" 역사상 가장 진부한 첫마디를 시작으로 그가 말을 걸어왔다.

"아닙니다." 나는 쉬워 보이지 않으면서도 그의 용기를 북돋아줄 만한 딱 그 정도의 톤으로 말했다.

"우리 분명히 전에 만난 적이 있습니다."

우리가 어디서 만났었는지는 내가 정확히 알고 있다. 그것을 말해줄 수는 있지만 그때 그의 눈길에 내가 얼마나 떨렸는지는 절대로 말하고 싶지 않았다.

적어도 지금은 아니다.

"여기에 히말라야 종 고양이가 저 혼자만은 아닐 테니까요." 나는 비록 족보는 없지만 흠잡을 데 없는 나의 출신을 밝혀주었다. "여기가 당신 영역인가요?"

"여기서부터 조캉까지가 전부 다 내 영역이오." 그가 말했다. "그리고 아래 큰길에서 가게들이 즐비한 시장까지도요."

가게들이 즐비한 시장까지라면 내가 자주 가는 목적지에서 겨우

한 블록 떨어진 곳이다.

"카페 프랭크는요?" 내가 물었다.

"미쳤소?! 거기 그 사람은 고양이라면 질색한다고요."

"헤이더의 음식 가이드가 추천한 히말라야 최고 요리를 선보이는 곳이라고요." 나는 쿨하게 응수했다.

그가 눈을 반짝였다. '이 남자는 업타운uptown(부자 동네라는 뜻—옮긴이) 고양이는 한 번도 만난 적이 없는 걸까?' 나는 궁금했다.

"그곳에는 어떻게……?"

"그건 어떤 사람을 아느냐에 달렸죠."

그가 고개를 끄덕였다.

"아니" 나는 신비스럽게 웃어보였다. "사실은 누가 '나'를 아느냐에 달렸죠."

그는 잠시 아무 말 없이 나를 응시했다. 그의 눈에서 호기심이 발동했다.

"엉뚱한 곳에서 영역만 확장하고 있는 어리석은 범고양이에게 충고해 주실 말씀은 없으신지요?" 그는 과감했다.

그리고 착하기까지 했다.

"황금 모자를 써라. 그것으로 그녀를 움직일 수 있다면." 나는 텐진이 미국이 낳은 최고의 소설이라 말하던 《위대한 개츠비》의 서문을 인용했다. "그녀를 위해 높이 뛰어라. 그녀가 '내 사랑, 황금 모자를 쓴, 높이 뛰어오르는 내 사랑이여. 내가 그대를 차지하리라!'라고 외칠 때까지."

그는 생각에 잠긴 듯 수염을 움찔거렸다. "어디에 나오는 말이오?"

"제가 아는 책에서요."

그는 걷기 시작했다.

"가시는 건가요?" 그의 근육질 자태에 다시 한 번 감탄하며 내가 물었다.

"모자를 찾으러 갑니다." 그가 대답했다.

✲

이튿날 아침 그는 나타나지 않았지만 나는 오후에 그가 다시 나타날 것을 확신했다. 망상에 가까운, 그토록 열렬한 사랑에 빠져본 적은 처음이었다. 갈망과 걱정과 불가해한 동물적 끌림의 감정이 마구 뒤섞인 극도로 흥분한 상태로 나는 현기증이 날 정도였다. 그런 나의 감정에 너무 푹 빠져 있었던 탓에 나는 그날 초갈이 저녁이 아니라 점심때 집에 왔다는 것도 알아채지 못했다. 그가 운반용 나무통을 침대 밑에서 다시 꺼낼 때도 거의 주의를 기울이지 않았다. 그가 나를 들어올려 그 안에 집어넣을 쯤 해서야 나는 무슨 일이 벌어지고 있는지 알아챘다.

"칠장이들이 생각보다 일을 빨리 끝냈단다." 내가 기뻐하기라도

152

해야 한다는 듯 초갈이 설명했다. "여기서 힘들었으니까 가능하면 빨리 돌아가고 싶겠지?"

그렇게 인정사정없이 나는 다시 나무통에 갇혀 조캉으로 운반되었다. 새롭게 단장한 달라이 라마의 집무실이 좋기는 했다. 익숙한 우리의 방이 새 페인트칠로 반짝였고, 붙박이 세간들도 번쩍번쩍할 정도로 광택이 나 있었다. 하지만 모든 것이 그대로였다. 단지 조금 더 깨끗하고 조금 더 빛날 뿐이었다. 나를 위해 유일하게 한 가지가 바뀌긴 했다. 네모난 쿠션들이 새 회갈색 털옷을 입고 창문턱에 놓여 있었다.

텐진은 내가 돌아왔다고 야단법석을 떨며 좋아했다. 방금 씻은 그의 손끝에서 느껴지는 톡 쏘는 석탄산 비누 냄새를 맡으니 나도 집에 돌아왔음을 실감할 수 있었다. 그리고 내가 제일 좋아하는 상표의 고양이 먹이도 제공되었다. 그날 늦은 오후, 초갈이 일을 마치고 혼자 돌아갈 즈음에는 맥레오드 간지 사람들로 붐비던 변두리에서 겪었던 트라우마가 끝나고 다시 평화로운 일상으로 돌아온 것에 행복해야 했을 것이다.

하지만 전혀 그렇지 못했다.

나는 간질히 그곳으로 다시 가고 싶었다! 범고양이가 못 견디게 그리웠다. 내가 조캉의 상아탑 속에서만 움직인다면 그와 내가 다시 만날 가능성은 과연 얼마나 되겠는가? 내가 자신에게 관심이 없어서 돌연 사라졌다고 생각하지 않을까? 그렇게 표범 같은 자태를 풍기는 고양이라면 따라다니는 고양이도 많을 것이다. 시작도 못해봤는데 나를 포기해 버리면 어떻게 하나?

마치 꿈만 같던 초갈의 집에서의 시간들을 생각해 보노라니 사흘이나 이불 속에서 시간을 허비했던 내가 얼마나 바보 같았는지 인정하지 않을 수 없었다. 그렇게 황금 같은 기회를 놓쳐버리다니! 아까운 것 같으니라고! 이제 내가 할 수 있는 일이라고는, 첫날부터 밖으로 나갔다면 어땠을까 상상해 보는 것뿐이었다. 그랬다면 어땠을까? 꿈에 그리던 그 고양이와의 관계는 어떻게 진전되었을까? 그러나 진전은커녕 자기 연민에 빠져 나는 그 기회를 스스로 박탈해 버렸다.

이튿날 달라이 라마가 돌아왔다. 그의 출현만으로 모든 것이 또다시 좋아졌다. 그는 단지 집무실 안으로 들어오기만 하면 되었다. 그가 여기 있는 지금 그 모든 고뇌와 자책과 트라우마는 죄다 부적절해 보였다. 그가 한 마디 말도 하지 않아도, 축복 그 자체인 그의 평온한 존재만으로도 이미 모든 부정적인 생각들이 사라지는 것 같았다. 모든 것이 잘되었다는 깊은 안도감만 느껴질 뿐이었다.

달라이 라마는 환하게 웃으며 텐진과 초갈로부터 새로 단장한 집무실을 안내받았다. 그는 비서관들이 문에 새로 단 청동 문고리와 안전 면에서 나아진 것들을 설명하는 동안 계속 "아주 좋아요. 정말 좋아요!"라고 말했다.

그들이 방을 나가자마자 달라이 라마는 나에게 와 내 몸을 쓰다듬었다. 그가 내 눈을 들여다보며 만트라 몇 개를 속삭일 때 예의 그 행복감이 밀려왔다.

"힘든 시간을 보냈더구나." 잠시 후 달라이 라마가 말했다. "네가 좋아하는 트린치 부인이 곧 점심 준비를 하러 오실 거란다. 너를 위해 특별히 맛있는 음식도 갖고 말이야."

그날 달라이 라마를 찾아올 손님이 있다는 말은 미처 듣지 못했지만 그 손님이 매우 특별한 사람임은 금방 알 수 있었다. 승복 속 그의 모습은 작고 나이 들어 언뜻 여리고 약한 듯 보였지만 그의 자태에는 확실히 힘이 느껴졌다. 프랑스 내 어떤 노동조합이 스트라이크 중이라 그의 여정에 차질이 생긴 것 같았다. 그를 편안한 안락의자로 안내하면서 달라이 라마가 여행의 힘든 점을 공감했다.

하지만 선불교의 대선사요 스승이요 존경받는 구루이며, 많은 책의 지자인 딕낫한 스님은 그런 고난 정도는 아무것도 아니라고 말했다. "일정이 늦어진 것 때문에 또 어떤 기회들이 생길지 누가 알겠습니까? 성하님도 선불교의 얘기 중에 농부와 말(馬) 얘기를 아실 겁니다."

달라이 라마는 틱낫한 스님에게 계속 말씀하시라는 듯 손짓을 해 보였다.

"일본에서 전해 내려오는 옛날 이야기입니다. 그 옛날에 말은 그냥 말이 아니라 부의 척도였지요."

달라이 라마가 고개를 끄덕였다. 나는 틱낫한 스님의 말씀에 온 정신을 기울였다.

"농부가 처음으로 말을 한 필 갖게 되었고, 마을 사람들이 다 와서 축하해 주었답니다. '저렇게 훌륭한 말을 갖게 되었으니 얼마나 자랑스럽겠소!' 모두가 그렇게 말했지요.

하지만 평정심의 중요성을 이해하고 있던 농부는 그냥 웃으며 말했답니다. '지켜보면 알게 되겠지요.'

얼마 지나지 않아 말이 농장 울타리를 부수고 숲으로 사라져버렸지요. 마을 사람들이 농부를 위로했습니다. '참 안되었소! 손실이 얼마나 크오! 회복할 수는 있겠소?'

다시 농부는 그저 웃으며 말했답니다. '지켜보면 알겠지요.'

며칠 뒤 농부가 일어나보니 말이 다른 두 필의 야생마를 데리고 돌아와 있었답니다. 농부는 더할 수 없이 즐거운 기분으로 말들을 안으로 들이고 문을 닫았답니다. 마을 사람들은 믿을 수 없는 일이라고 했습니다. '놀라운 행운이 아닌가! 크게 축하할 일이네! 그런 일이 생길 줄 누가 알았겠나?'라고 했지요.

물론 농부는 그저 웃으며 말했습니다. '지켜보면 알겠지요.'

농부의 아들이 야생마들을 길들이기 시작했습니다. 위험한 일이었는데 그만 말에서 떨어져 다리가 부러지고 말았어요. 수확 철 바로 전에 일어난 일이었고 아들의 도움 없이 농부는 혼자 힘들게 수확을 해야 했습니다. '고생이 얼마나 많소!' 마을 사람들이 말했답니다. '지금 같은 때에 아들이 일을 할 수 없다니, 참 이보다 불행한 일도 없을 것이오.'

농부는 '지켜보면 알겠지요'라고 말했을 뿐이지요.

며칠 후 군대가 마을마다 사람을 풀어 사지가 멀쩡한 남자라면 모두 징병해 갔지요. 왕이 전쟁을 선언하고 군대를 모으고 있었던 겁니다. 하지만 농부의 아들은 다리가 부러진 탓에 징병에서 제외되었지요."

틱낫한 스님은 웃으며 말했다. "그렇게 얘기는 계속됩니다."

달라이 라마가 스님을 바라보며 감탄의 웃음을 지었다. "아름다운 얘기입니다."

"그렇죠." 방문자도 동의했다. "자기 중심의 멜로드라마에 빠져, 롤러코스터처럼 올라갔다 내려갔다 변화에 끊임없이 감정적으로 반응하는 것보다 얼마나 더 좋은가요?"

"정말 그렇습니다." 달라이 라마가 말했다. "변화는 오직 시간 문제라는 것을 우리는 자주 잊어버립니다. 그리고 관점 또한 금방 바뀔 거라는 사실도 말입니다."

세계적으로 위대한 그 두 정신적 지도자들의 대화를 듣는 동안 나는 매우 힘들었지만 내가 자기 중심의 멜로드라마에 빠졌었음을 인정하지 않을 수 없었다. 하지만 나는 내가 최근에 있었던 내 환경의 변화에 대해 그렇게 감정적으로 반응하지 않을 수는 없었을 거란 생각도 꼭 그만큼 들었다. 단지 나를 돌봐주고 싶었을 뿐인 불쌍한 초갈에게 나는 얼마나 격분했던가? 심지어 초갈이 살인자 혁명가라고까지 상상하지 않았나!

게다가 사흘이나 침대에서 우울하게 지내기까지 했다. 얼마나 힘든 상황이면 그랬겠느냔 말이다. 더군다나 초갈의 이불 안에 스스로를 묻고 지내느라 중요한 기회마저 놓쳐버렸고 그 때문에 땅을 치고 후회도 했다.

자기 중심적인 멜로드라마. 나 자신을 철저하게, 정직하게, 하지만 동정적으로 바라볼 때 내가 살아온 날들의 대부분이 바로 그 '자기 중심적인 멜로드라마'가 아니었던가?

"아주 자주" 달라이 라마가 말했다. "제가 만나는 경제 지도자나 연예인 같은 사람들이 이렇게 말하기도 하지요. 최악의 일이라 생각했던 일이 나중에 보면 가장 좋았던 일이라고요."

"우리는 늘 다른 길을 구축하게 되어 있죠." 틱낫한 스님이 말했다. "우리가 허락한다면 위대한 정신적 성취와 조화로 이어지는 길을 구축할 겁니다."

"네, 네." 달라이 라마가 동의했다.

"상황이 최악인 것처럼 보여도" 방문자가 계속 말했다. "여전히 새로운 기회는 있게 마련이니까요."

잠시 생각에 잠긴 듯하더니 달라이 라마가 말했다. "제 인생에서 가장 어두웠던 순간은 티베트를 떠나야 하던 때였죠. 중국이 티베트를 침략하지 않았다면 저는 지금도 라싸에 있었을 겁니다. 하지만 바로 그 침략 때문에 저는 여기에 있고 다른 많은 쿠스라(비구)와 알니라(비구니)도 여기에 오게 됐죠. 그리고 지난 50년 동안 다르마가 전 세계로 퍼져나갔습니다. 저도 제 인생에서 가장 어두웠던 순간이 유용한 공헌을 했다고 생각한답니다."

"진정 동의합니다." 틱낫한 스님이 대답했다. "그 50년 전의 사건 때문에 우리가 오늘 여기서 만나게 된 것인지도 모릅니다."

그리고 바로 그 50년 전의 사건 때문에 나 HHC도 달라이 라마를 만났다. 그리고 그 50년 전의 사건 때문에 그대, 친애하는 독자 여러분도 이 책을 잡고 있는 것이고 말이다.

그날 저녁, 트린치 아줌마가 준 맛있는 닭의 간 요리로 배가 잔뜩 부른 상태로 나는 새 쿠션으로 단장한 창문턱에 앉아 사원 앞 광장을 내려다보고 있었다. 부드러운 산들바람이 스님들의 반복되는 염불 소리와 함께 무성한 진달래와 솔숲의 향기를 싣고 불어왔다.

나는 어느새 범고양이를 처음 봤던, 지금은 텅 빈 그 바위 위를 쳐다보고 있었다. 나의 범고양이. 내가 다시 만나기를 아주 많이……잠깐! 나는 나 자신을 점검했다. 이건 자기 중심적인 멜로드라마의 대표적인 케이스가 아닌가?

더 멀리 가기 전에 나 자신을 점검할 수 있어서 나는 조금 안도했다. 그리고 그때 나는 스스로에 대해 안도하는 것도 어쩌면 자기 중심적인 멜로드라마의 한 범주에 들어갈지도 모른다고 생각했다.

아! 이 마음 수행이란 정말! 우리는 절대 자신을 속여서는 안 되는 걸까? 아주 조금이라도?

나는 틱낫한 스님을 떠올렸다. 그의 자태, 그의 힘, 그의 명쾌함.

그리고 평온한 마음으로 광장의 다른 쪽에서 반사되어 오던 초록 불빛 속 어둠을 응시했다.

'지켜보면 알게 될 것이다.'

8

고양잇과 동물의 속성에 대해 잘 알고 있다면 그대는 어쩌면 지금쯤 나를 속속들이 다 파악하고 있을지도 모르겠다. 내가 보여주고 싶지 않은 부분까지도 말이다. 하지만 좋든 싫든 작가들은 부지불식간에 자신에 대해 많은 말을 하게 되어 있다. 글로 밝히지 않아도 미묘한 단서들을 남기는 것이다. 그것은 말하자면 심리적 흔적의 빵 부스러기 같은 것이다. 아니, 나로서는 더 정확하게 말하면 먹다 흘린 연어 조각 같은 것이다. 딜(허브의 일종―옮긴이)을 적당히 뿌리거나 가볍지만 톡 쏘는 디종 소스(겨자 소스―옮긴이)를 얹은 연어면 더 좋겠다.

물론 그대는 법의학자가 사체를 해부하듯 이 책을 읽지는 않았을 것이다. 그러므로 그냥 내가 솔직히 말해주려 한다.(이런 고백이 쉽진 않다.)

무엇이냐 하면, 내가 음식을 즐기는 고양이라는 것이다. 여기서 '즐 긴다'라는 말은 유감스럽게도 내가 미식가란 뜻은 아니다.

친애하는 독자 여러분, 저는 먹보입니다.

알아요! 안다고요. 믿기 힘들다는 거! 초콜릿 상자를 장식할 만큼 아름다운 자태에 세련된 푸른 눈을 가진 나를 보면 내가 먹보라는 것이 좀처럼 믿기 힘들 것이다. 하지만 나의 빛나는 털가죽이 꽉 차기에는 너무 큰(물론 지금은 그래도 꽉꽉 채우지만), 그래서 나를 자신의 노예로 만든 위장을 떡! 하니 하나 숨기고 있다.

음식 앞에서 굴복하는 나 자신이 결코 자랑스럽지는 않다. 탐욕스런 대식가나 끝을 모르는 쾌락주의자나 향락주의자를 흠모하는 문화가 지구상에 과연 하나라도 있던가? 하지만 성급하게 나를 심판하기 전에 하나만 대답해 주기 바란다. 그대는 고양이로서 매일을 살아가는 것이 어떨지 한 번이라도 생각해 본 적 있는가?

고양이는 매일 아침 모닝커피를 기대할 수 없다. 얼굴에 커피를 기대한다고 쓰인 사람들이 매일 아침 카페 프랭크를 찾아오니까 사람들이 어떤지 잘 안다. 고양이는 매일 저녁 쇼비뇽 블랑(화이트 와인—옮긴이)을 마시거나 눈을 감고 그 첫 모금을 즐길 수도 없다. 우리 고양이들은 인간들이 누리는, 그날그날 기분을 북돋아주는 것들을 아무것도 누릴 수 없다. 지루함, 우울함, 실존주의적 고민, 심지어 매일 두통에 시달려도 소박하기 그지없는 캐트닙(박하류에 속하는 허브. 고양이가 물어뜯는다고 해서 캐트닙이라고도 하고 캐트민트라고도 한다―옮긴이) 외에 의지할 악마저도 없다.

우리에게는 음식뿐이다.

문제는, 생명을 유지하는 데 필요한 자양물을 건강하게 즐기는 일이 도대체 어느 시점에서 생명을 위협하는 집착으로 바뀌느냐는 것이다.

나로 말할 것 같으면 그날이 언제였는지 정확하게 기억한다.

그 무렵 달라이 라마는 해외 일정 없이 6주 넘게 다람살라에 머물렀고 종일 VIP들을 만났으며 때가 되면 오찬도 대접했다. 트린치 아줌마가 계속 등장하며 조캉의 주방을 오페라 극장으로 만들었고, 매일매일의 공연을 더 완벽하게 치르기 위해 고군분투했다.

그 와중에도 트린치 아줌마는 '세상에서 가장 아름다운 창조물'을 잊지 않고 챙겨주었다. 끝없이 이어지던 것은 산해진미만이 아니었다. 아줌마는 매일 새 이름으로 나를 불렀다. 어느 날은 '돌체 미오'(나의 사탕 같으니라고!)라고 부르며 나를 어르다가 그녀의 너그러운 가슴에 안고 내 목에 키스를 하기도 했다. 또 어느 날은 내 앞에 접시 한가득 닭 간 요리를 내려놓으며 '테소리노'(내 귀여운 보물!)라고 부르면서 노래를 흥얼거렸다. 트린치 아줌마에게 음식은 사랑의 물리적 현현이었고, 아줌마는 음식도 사랑도 후하게 넘치는 사람이었다.

나는 하루 일과표를 작성했다. 아침은 달라이 라마 관저 내실에서 그가 차려주는 밥을 먹는다. 아침나절에 지그메와 나그왕 드라그파 형제가 점심 메뉴를 준비하는 카페 프랭크로 내려간다. 그리고 린포체를 위해 마련된 '오늘의 요리' 그 첫 요리의 제일 맛있는 부분을 맞이한다. 요리를 맛있게 음미하고 나면 선반 꼭대기에 앉아 한두 시간 졸며 소화시킨다. 트린치 아줌마가 주방 일을 다 마칠 오후 서너 시 사이 다시 조캉으로 올라간다. 그리고 부엌의 긴 의자에 뛰어오른 다음 한 번 야옹하고 울어준다. 다음 아줌마가 갖고 오는 음식을 맛있게 먹고 나의 아름답고 매력적이고 지적인 외모와 좋은 혈통에 대한, 혹은 그날 아줌마의 눈에 띈 무엇이 될지 모르는 나의 우수한 점에 대한 감탄 세례를 또 한 번 만끽한다.

이 정도라면 분별 있는 고양이의 미각을 만족시키기에 충분할 것이다.(어떤 사람들은 넘친다고 하겠지만.) 하지만 철학자와 투자 자문가 들이 모든 에너지를 쏟아 부어가며 열렬히 고민하는 그 질문을 우리도 한번 던져보자. "도대체 얼마가 되어야 충분할 것인가?"

충분함을 몰랐던 나는 결국 그날을 맞이할 수밖에 없었다. 한 순간에 미식가에서 대식가로 전락한 그날.

나는 카페 프랭크에서 나와 언덕 위로 올라가고 있었다. 카페 프랭크에서 이미 오렌지를 곁들인 오리 구이 요리를 그날따라 더더욱 듬뿍 탐하고 난 후였다. 아마도 그 때문에 언덕 올라가기가 평소보다 더 힘들었을 것이다. 나는 처음으로 싸구려 물건을 파는 시장통에서 잠시 숨을 고르게 되었다. 참 우연히도 바로 거기에 퍼텔 여행사의 소유주 퍼텔 부인이 문 옆 의자에 앉아 있었고, 즉시 나, 달라이 라마의 고양이의 존재를 알아채 버렸다. 매우 흥분한 퍼텔 부인이 딸을 가게 뒤쪽으로 보내 접시에 우유를 부어오게 했다. 그리고 나에게 다시 무릎을 펼 정도의 충분한 힘이 생길 때까지 움직이지 말 것을 충고했다. 그녀의 기분을 상하게 하지 않기 위해 나는 시키는 대로 했다.

그러고 있는 사이에 퍼텔 부인은 다시 딸을 옆의 식료품 가게에 보내 작은 참치 캔 하나를 사오게 했다. 그리고 우유에 더해 참치 덩어리까지 먹으라고 접시에 담아주었다. 나는 낯선 사람이 주는 음식은 보통 받아먹지 않는데 퍼텔 부인은 이미 전에도 몇 번 본 적이 있었다. 살집 좋고 생활력도 강해 보이지만 가게를 지나치는 손님들을 대하는 모습을 보면 마음이 따뜻하고 상냥한 사람 같았다. 그리고 부인이 접시를 내려놓았을 때 참치의 싸하게 짭조름하면서 맛있는 냄새에 내 수염이 번쩍 일어선 탓도 있었다.

'고맙다는 표시로 그냥 몇 입만 먹지 뭐.' 나는 그렇게 생각했다.

그날부터 언덕을 올라가는 오후 시간이 되면 시장통에 도착하기도 전에 퍼텔 부인이 접시에 우유와 참치를 담아놓고 나를 기다리고 있었다. 몇 입만 먹어보자고 시작한 일이 조금씩 일상으로 파고들었다.

더 최악의 일이 또 뒤따랐다.

그 후 며칠 되지도 않아 퍼텔 부인은 아침에 카페 프랭크로 내려가는 중이던 나를 심지어 낚아채 데리고 가기까지 한 것이다. 양념된 닭을 넣고 구운 인도 난을 먹다가 나를 위해 몇 조각을 덜어놓았던 것이다. 그 아침나절의 간식 시간도 곧 일상이 되었다.

"고양이는 자기한테 무엇이 좋고 나쁜지 다 알아요"라는 말을 가끔 듣는다. "고양이들은 배고플 때만 먹어요"라는 말도 듣는다. 슬프게도, 친애하는 독자 여러분, 사실이 아닙니다! 나는 당시 불행으로 치닫는 위험한 길에 막 들어서던 중이었다. 그때는 몰랐지만.

언덕 위 조캉에서는 방문자의 물결이 갈수록 거세지는 것 같았다. 지구의 네 끝에서 국제 전화가 걸려오는가 싶은 순간 급박하게 일정이 정해지고, 인디라 간디 국제공항에서 멕레오드 간지로 점점 더 많은 손님이 들어왔다. 늘 그렇듯 트린치 아줌마는 손님들의 기호를 고려해서 열심히 요리를 만들어냈다. 러시안 팬케이크 크라스느예 블리니든 아르헨티나 디저트 둘쎄 데 레체든 뭐든 척척 만들어냈고 달라이 라마의 방문자들은 늘 놀라워하고 즐거워했다.

하지만 캘리포니아에서 온 인도인 의사이자 대중 연설가이며 책을 많이 쓴, 전 세계가 다 아는 유명 인사 작가를 위해 트린치 아줌마가 계획했던 산딸기 셔벗을 잊어버릴 사람이 과연 있을까? 달라이 라마의 직원들 중에는 없다. 분명 트린치 아줌마도 그 산딸기 셔벗만큼은 시간이 아무리 지나도 잊어버릴 수 없을 것이다.

그 의사 손님은 그 주에만도 벌써 세 번째로 방문하는 유명 인사였다. 앞선 두 번의 손님치레가 이미 트린치 아줌마의 대단찮은 인내심을 지독하게 시험한 상태였다. 첫 손님 요리를 준비할 때는 큰 주방의 냉장고가 밤새도록 돌아가지 않았다. 타이밍이 그보다 더 정확할 수 없는 불가해한 재난이었다. 반쯤 조리를 해서 냉장고에 넣어둔 음식들이 다 상했고, 트린치 아줌마는 마지막 순간에 뭔가 대체할 것을 찾아 시장과 식료품점을 미친 듯이 뛰어다녔다. 그날 저녁 무렵의 트린치 아줌마는 거의 신경쇠약 상태였다고 해도 과언이 아니었다.

그 이틀 뒤에는 메인 요리를 가스 가열판에 올려놓자마자 가스가 끊기는 사태가 발생했다. 가스 탱크는 텅 비어 있었고 여분의 탱크도 없었다. 조수들이 남갈 사원 주방으로 뛰어가 전기 쿠커들을 있는 대로 다 챙겨왔지만 음식은 이미 가열해야 할 시간을 놓친 상태였고, 주방장이 봤을 때 그런 일은 도저히 용서가 안 되는 일이었다.

그런 불행한 일이 세 번 연속 일어날 수도 있을까? 트린치 아줌마는 그렇게 되지 않게 하기 위해 극도로 세심하게 주의를 기울였다. 가스 상태도 미리 점검했고 새 냉장고가 배달되는 동안 쓸 직원 냉장고의 상태도 확실히 섬검했다. 냉장고 속 재료들도 확인에 확인을 거듭했다. 주방에 있던 재료와 조리 도구도 모두 그 어떤 때보다 준엄한 트린치 아줌마의 시선을 견뎌내야 했다. 그날 오찬을 망칠 요소는 아무것도 없어 보였다.

사실이 그랬다.

음, 최소한 처음에는 그랬다. 트린치 아줌마는 전날 밤새 준비했던 초콜릿 주키니 케이크와 캐럽 너트볼 디저트를 예정보다 일찍 꺼냈다. 나쁜 일은 항상 세 번 연속해서 온다는 미신 때문에 어찌나 걱정하며 애를 태웠는지 아줌마는 밤새 얼굴이 핼쑥해진 모습으로, 달라이 라마가 사원에서의 아침 만남을 위해 나선 직후 이미 주방에 도착해 있었다. 그 어떤 불행한 일도 일어나서는 안 되었다.

접시에는 아스파라거스 니수아즈 샐러드가, 밥통에는 바스마티 쌀이, 그릴에는 야채들이 안전하게 들어앉았다. 이제 코코넛 그린 빈 요리를 시작할 차례다.

하지만 위층 직원 냉장고에서 꺼내온 그린 빈 봉지를 열어보니 상해 있었다. 주방의 냉장고에서 위층의 직원 냉장고로 옮겨질 때 제대로 보지 못한 모양이었다. 위쪽의 콩들은 괜찮아 보였지만 아래 쪽 녀석들은 힘이 없고 끈적끈적하기까지 했다. 그런 것들로 요리는 어림도 없었다.

트린치 아줌마의 낯빛은 순식간에 캉그라 계곡을 둥그렇게 에워싸고 있는 몬순 구름보다 더 불길해졌다. 아줌마는 그날 주방 보조 일을 맡은 불운한 스님 세 명을 쳐다보며 그 중 둘에게 당장 시장으로 달려가 신선한 콩을 사오라고 소리쳤고, 나머지 한 명에게는 남갈 사원에 가서 대체할 만한 주방 보조를 데려오라고 역시 또 소리쳤다. 아줌마의 불안과 분노를 그대로 드러내듯 팔을 흔들 때마다 그녀의 금팔찌들이 쨍그랑거리며 서로 부딪쳤다. 트린치 아줌마는 자신이 콩의 상태를 간과한 사실을 곧 다가올 더 나쁜 일들의 전조처럼 느끼는 듯했다.

확실히 그랬다.

두 명의 주방 보조 스님은 여전히 돌아오지 않았고 시간도 없었다. 세 번째 보조 스님도 남걀 사원에서 대체할 보조 스님을 한 명도 데려오지 못했다. 트린치 아줌마는 그 스님에게 그럼 위층에 올라가 누구라도 데려오라고 고래고래 소리를 질렀다. 그렇게 달라이 라마의 행정 비서관 초갈은, 트린치 아줌마의 주방 보조들이 완전히 복귀할 때까지 어울리지 않게 부주방장이 되었다.

초갈의 첫 번째 임무는 위층의 직원용 냉장고에서 산딸기를 가져오는 것이었다. 그것으로 트린치 아줌마는 아유르베다 산딸기 서벗을 만들 생각이었다.

"산딸기는 없던데요?" 몇 분 뒤 돌아온 초갈이 보고했다.

"그럴 리가? 어젯밤에 확인했다고요. 냉장고 안에 빨간 봉지 찾아보세요!" 트린치 아줌마는 초갈에게 다시 위층으로 가서 확인하라고 팔을 위로 쳐들며 쩌렁쩌렁한 목소리로 소리쳤다. "빨간 봉지라고욧! 사체토 로소(빨간 봉지)!"

하지만 아무 보람도 없었다.

"정말 없다니까요." 잠시 후 돌아온 초갈이 다시 똑같이 말했다. "빨간 봉지는 없어요."

"메르다(멍청하긴)!" 트린치 아줌마가 방금 열었던 서랍을 요란하게 닫자 식기들이 서로 부딪치며 시끄러운 소리를 냈다. 그리고 "그릴 위에 채소를 살펴요!"라고 말한 뒤 아줌마는 폭풍같이 위층으로 질주했다.

주방에 있던 사람들 중에 트린치 아줌마가 계단을 올라가는 발소리, 혹은 위층에서 직원 부엌을 가로지르는 그녀의 스타카토 구두 굽 소리, 혹은 끔찍한 사태를 확인했을 때 그녀가 터트린 분노의 울부짖음을 듣지 못한 사람은 아무도 없었다.

"대체 어떻게 된 거야?" 다시 돌아온 트린치 아줌마가 물었다. 얼굴이 거의 암갈색이 될 정도로 붉어졌고 눈은 불타올랐다. 지난 한 주간의 좌절들이 다 모여 바로 그 순간에 한꺼번에 폭발했다. 누군가 고의로 방해 공작을 펴고 있음이 분명했으므로 트린치 아줌마는 불신감에 치를 떨었다.

"어젯밤에는 거기에 있었다고. 내가 확실히 점검했는데. 지금 보니 눌라(없어). 깨끗이 사라졌다고! 어디에 있는 거지?"

"미안합니다." 초갈이 이해할 수 없다는 듯 머리를 흔들며 말했다. "저도 전혀 모르겠어요."

초갈이 아무리 아무 일 아니란 듯 어깨를 으쓱해 보여도 트린치 아줌마는 진정하지 못했다.

"여기서 일하잖아요. 당신은 분명히 알 거예요."

"직원용 냉장고는……"

"내가 엄격하게 지시를 내렸잖아요. 안의 내용물을 건드려서는 안 된다고요. 금방 구할 수 없으니까요. 델리에 특별히 주문해서 받은 거라고요. 지금 뭐하는 거예욧! 멍청하게!" 트린치 아줌마는 그릴에서 주키니를 너무 천천히 뒤집고 있는 초갈을 밀쳐낸 다음 그의 손에 들려 있던 부젓가락을 뺏어 들었다. "시간이 없다고욧!"

트린치 아줌마는 그릴 위의 채소들을 한꺼번에 잡고 휙 뒤집어 다시 그릴 위로 내리쳤다. "어떻게 해야 하지? 남걀 사원의 스님들을 내보내 산딸기를 찾아오라고 해야 하나?"

초갈은 조용히 있는 편이 현명하다고 판단했다.

"이 동네 식당이란 식당에 죄다 전화를 돌려야 하나?" 그녀는 멈추지 않았다. 그리고 분노는 더해만 갔다. "VIP 손님에게 델리에서 오는 길에 좀 사가지고 오라고 해야 하나?"

채소 요리를 끝낸 트린치 아줌마가 돌아서서 말했다. "지금 묻고 있잖아요!" 그리고 부젓가락을 초갈의 얼굴에 대고 위협하듯 휘저으며 말했다. "어떻게 하냐고욧?"

무슨 대답을 하든 틀린 대답이 될 것임을 초갈은 잘 알았다. 하지만 코너에 몰린 초갈은 어쩔 수 없이 당연한 대답을 했다. "산딸기 셔벗은 없어도 괜찮을 거예요."

"없어도 괜찮다고욧?!" 그것은 마치 뜨거운 불씨에 고급 휘발유를 들이붓는 것 같은 말이었다. "믿을 수가 없어! 내가 뭔가 특별한 것, 뭔가 좋은 것을 만들려고 할 때마다 당신네들은 방해 공작을 펼쳐."

트린치 아줌마의 등 뒤 문 쪽에서 무언가를 본 초갈의 표정에 갑자기 근심기가 묻어났다. 사라진 산딸기 정도는 아무것도 아닌 근심이었다. "트린치 부인" 초갈이 트린치 아줌마를 진정시키려고 했다.

하지만 아줌마는 이미 바그너의 오페라 중 그 절정을 달리고 있었다. "처음에는 도저히 믿을 수 없는 그놈의 냉장고가 문제였지. 다음에는 가스통이 문제였고, 스토브도 없이 내가 대체 어떻게 요리를 하냐고? 그러더니 이제, 포르카 미제리아(젠장할)! 식재료를 훔쳐가는 사람들까지 나타나다니."

"트린치 부인, 제발요!" 초갈이 걱정과 미소가 반반씩 섞인 표정으로 사정했다. "너무 심한 말이에요!"

"나한테 지금 심한 말이라고 했어요?" 바그너의 〈발퀴리의 기행〉조차 트린치 아줌마의 완벽한 비약에 비하면 아무것도 아니었다. "얼마나 멍청하면 조킹에서 딱 하나뿐인 산딸기 봉지를 VIP 오찬 바로 전날에 먹어버릴 수가 있죠?" 트린치 아줌마는 입가에 흰 거품을 물고 소리쳤다. "얼마나 천치 얼간이 바보면 그런 짓을 할 수 있냐고욧?!"

불쌍한 초갈에게 그렇게 퍼부어대던 트린치 아줌마가 대답을 기대한 것은 아니었다. 하지만 그 엄청난 격분을 뚫고 대답이 들려오긴 했다.

"제가 그랬습니다." 그녀의 뒤에서 부드러운 목소리가 들려왔다.

트린치 아줌마는 홱 돌아섰고 그곳에 달라이 라마가 무한한 자비심으로 그녀를 바라보고 있었다.

"미안합니다. 먹으면 안 되는 줄 몰랐어요." 달라이 라마가 사과했다. "산딸기는 없이 진행해야겠군요. 오찬 후에 와서 저를 잠깐만 보고 가세요."

주방 한가운데에 서 있던 트린치 아줌마의 얼굴에 불타오르던 그 모든 암갈색 색조들이 순식간에 빠져나갔다. 아줌마는 마치 물고기처럼 입을 옴죽거렸다. 입은 움직였지만 소리를 내지는 못했다.

달라이 라마는 손바닥을 모아 가슴에 가져가는 동시에 간단히 고개를 숙여 인사를 한 다음 주방을 빠져나갔다. 트린치 아줌마가 주방에서 어쩔 줄 몰라 하는 동안 함께 있던 텐진에게 몸을 돌리며 달라이 라마가 물었다.

"그거…… 셔벗이라는 거, 그게 정확히 무엇입니까?"

"보통 디저트로 먹는 것이랍니다." 텐진이 말했다.

"산딸기로 만드나요?"

"다른 맛으로도 만들 수는 있습니다." 텐진이 설명했다. 그리고 조금 더 걸어간 다음 텐진이 덧붙였다. "제 생각에 트린치 부인은 그걸 코스 요리 중간에 입가심용으로 준비했던 것 같아요."

"입가심?" 입가심 개념에 대해 생각하던 달라이 라마의 눈빛이 재미있다는 듯 한 번 반짝였던가? "화를 내는 마음만큼 이상한 게 있을까요? 그렇지 않아요, 텐진?"

⁂

그날 늦은 오후 트린치 아줌마가 달라이 라마의 방으로 들어왔다. 편한 쿠션이 있는 나의 창문턱에서, 나는 그녀가 죄송함에 어쩔 줄 몰라 하며 달라이 라마를 본 순간부터 눈물이 그렁그렁해져 들어오는 모습을 지켜보았다.

달라이 라마는 오찬이 최고였다고, 손님이 크게 칭찬했음을 다시 한 번 확인시켜 주며 얘기를 시작했다. 특히 캐럽 너트볼은 그 VIP에게 어릴 적 집에서 먹던 디저트를 생각나게 했다고 말했다.

하지만 트린치 아줌마는 달라이 라마가 캐럽 너트볼 얘기나 하자고 자신을 부른 것이 아님을 잘 알았다. 그녀의 호박색 눈에서 눈물이 나와 마스카라를 타고 흘러내렸다. 그녀는 자신이 성질을 부렸으며 용서받을 수 없는 말들을 했고 초갈을 비롯해 당시 그곳에 있던 사람들에게 막 대했음을 고백했다. 트린치 아줌마가 거기 서서 흐느끼는 동안 달라이 라마는 오래 그녀의 손을 잡고 서 있다가 말했다.

“이런! 울 일이 아니란 걸 잘 아시잖아요. 트린치 부인.”

향기 나는 손수건을 꺼내 얼굴에 대려던 트린치 부인은 그 말에 깜짝 놀랐다.

“화를 낸 게 문제라는 걸 알아차렸으니 얼마나 좋아요. 아주 좋습니다.” 그가 말했다.

“저는 일생 동안 신경질적이었어요.” 그녀가 말했다.

“달라져야 한다는 것을 머리로 알아도 반드시 달라져야 한다고 깨달으려면 때론 일종의 충격이 필요하기도 합니다. 지금부터 노력해 보세요.”

“씨.(네.)” 트린치 아줌마는 또 한 번 쏟아질 뻔한 눈물을 삼키며 물었다. “하지만 어떻게요?”

“인내심을 연습할 때 생기는 좋은 점과 연습하지 않을 때 생기는 나쁜 점을 생각해 보는 걸로 시작해 보세요.” 달라이 라마가 말했다. “내가 화를 낼 때 제일 먼저 고통받는 사람은 나 자신입니다. 화를 내면서 마음이 평화롭고 행복할 수는 없으니까요.”

트린치 아줌마는 벌게진 눈으로 달라이 라마를 뚫어질 듯 쳐다보았다.

“다른 사람에게 주는 충격도 생각해 봐야 합니다. 상처 주는 말을 할 때 정말 상처 주려고 그런 것이 아님에도 치유될 수 없는 깊은 상처를 줄 수 있습니다. 단 한 번의 분노 표출로 친구 혹은 가족 간에 생긴 그 모든 균열들을 생각해 보세요. 그런 단절들이 관계를 완전히 부수기도 하잖아요."

"저도 알아요!" 트린치 아줌마가 울부짖듯 말했다.

"그 다음에 우리는 스스로에게 물어봅니다. 이 화는 어디서 오는 걸까? 고장 난 냉장고나 비어 있는 가스통이나 사라져버린 산딸기가 진정 이 화의 원인이라면 다른 사람들도 다 그것들에 화를 내야 하는 것 아닐까? 알다시피 화는 저 바깥에서 오는 것이 아닙니다. 우리 마음에서 오는 것입니다. 그리고 그건 좋은 일입니다. 이 세상에서 우리 밖의 모든 것을 통제할 수는 없지만 마음을 통제하는 일은 배울 수 있으니까요."

"하지만 저는 늘 화를 내는 사람이었어요." 트린치 아줌마가 고백했다.

"지금도 화가 납니까?" 달라이 라마가 물었다.

"아뇨."

"그렇다면 화내는 마음의 본성은 무엇이겠습니까?"

트린치 아줌마는 잠시 창문 밖 남걀 사원의 지붕 꼭대기를 바라봤다. 지붕 꼭대기에 걸쳐져 있던 지는 해가 다르마 차크라(法輪)와 사슴 상을 황금으로 물들이고 있었다. "화는 왔다가 가게 마련이라는 것 말이에요?"

"바로 그렇습니다. 화를 영원히 낼 수는 없어요. 영원하지 않는 화가 어떻게 부인의 부분이라도 될 수 있겠습니까? 부인은 '저는 늘 화를 내는 사람이었어요'라고 말할 수 없습니다. 부인의 화는 일어났다가 잠시 머물렀다가 사라지니까요. 딱 다른 사람들처럼요. 다른 사람들보다 더 자주 화를 낼지는 모르겠습니다. 하지만 한 번씩 화에 굴복할 때마다 부인은 화내는 습관을 너 강화해서 더 자주 그것을 느끼게 만드는 겁니다. 그 습관의 힘을 약화시키는 게 더 낫지 않을까요?”

“물론이에요. 하지만 화가 날 때는 멈출 수가 없어요. 화를 내겠다고 미리 계획하지는 않아요. 그냥 화가 나버려요.”

“그렇다면 부인에게 더 쉽게 화를 내게 하는 상황이나 장소가 있나요?”

트린치 부인은 즉시 대답했다. “주방요.” 그러면서 아래층을 가리켰다.

“아주 좋습니다.” 달라이 라마가 손뼉을 치며 웃으며 말했다. “그렇다면 이제부터 조캉의 주방은 부인에게 더 이상 일반적인 장소가 아닙니다. 보물 창고입니다.”

“생각해 보세요.” 달라이 라마가 계속 말했다. “다른 곳에서는 찾을 수 없는 많은 소중한 기회들을 발견하는 곳 말입니다.”

트린치 부인은 머리를 흔들며 말했다. “논 카피스코.(이해가 안 가요.)”

“부인이 경험하는 화가 최소한 부분적으로는 부인의 안에서 나온다는 것에는 동의하셨죠?”

"씨."

"그리고 그것을 조금씩 없앨 수 있다면 부인에게도, 다른 모든 사람에게도 매우 좋겠죠?"

"씨."

"그런 일이 일어나게 하고 싶다면 부인은 화와 정반대의 힘을 연습해야 합니다. 그것이 인내입니다. 부인의 친구분들이 인내를 연습할 기회를 자주 제공하지는 않을 겁니다. 하지만 여기 조캉에서는 그런 기회를 제공할 사람들이 많을 겁니다."

"씨, 씨!" 그녀는 씁쓸한 미소를 지으며 대답했다.

"그렇기 때문에 보물 창고라는 것입니다. 이 보물 창고는 부인에게 인내심을 기르고 화를 정복할 많은 기회를 제공할 거예요. 그 왜 이런 사고방식을 일컫는 단어가 하나 있지요?" 달라이 라마는 단어를 생각해 내려고 이맛살을 찌푸렸다. "리프레임reframe! 맞아요. 생각의 재구성. 그렇게 말입니다."

"하지만 실패하면 어떻게 하죠?" 트린치 아줌마는 떨리는 목소리로 말했다.

"그래도 계속 하세요. 오래된 습관이 하루아침에 고쳐지지는 않습니다. 하지만 인내해서 좋은 점을 본다면 확실히 진전이 있을 겁니다."

달라이 라마는 트린치 아줌마의 표정에서 걱정스러움이 묻어나는 것을 한동안 지켜보더니 곧 다시 말했다. "마음을 고요하게 유지하면 도움이 될 거예요. 마음을 고요하게 유지하는 데는 명상이 가장 도움이 될 테고요."

"하지만 저는 불교도가 아니에요."

달라이 라마는 빙그레 웃으며 말했다. "불교도만 명상을 하는 것은 아닙니다. 다양한 전통에서 나고 자란 사람들이 모두 명상을 합니다. 그리고 아무런 전통도 갖고 있지 않은 사람들도 명상에서 좋은 것을 많이 얻어갑니다. 부인은 가톨릭 신자시니까…… 베네딕트 회에서도 매우 유용한 명상을 가르칩니다. 그걸 한 번 시도해 보시렵니까?"

접견 시간이 다 끝나감에 따라 그들은 일어섰다.

"언젠가는" 달라이 라마가 트린치 아줌마의 손을 잡고 그녀의 눈동자를 깊숙이 들여다보며 말했다. "오늘이 부인 인생에 하나의 전환점이었음을 보시게 될 겁니다."

뭐라고 대답해야 할지 확신도 자신도 없던 트린치 아줌마는 손수건을 눈에 갖다 대며 고개만 끄덕였다.

"어떤 것에 대한 이해가 행동을 바꿀 정도로 깊어질 때 다르마에서는 그것을 '깨달음'이라고 부릅니다. 오늘 부인도 한 가지 깨닫지 않으셨나요?"

"씨, 씨! 성하님." 그녀의 입술을 타고 일련의 감정들이 한 차례 지나갔다. "확실히 그래요."

"부처님의 이 말씀을 기억하시기 바랍니다. '한 사람이 전쟁에서 천 명의 사람을 천 번 이길 수도 있지만 최고의 전사는 자신을 이기는 사람이다.'"

나의 깨달음은 그 몇 주 뒤에 찾아왔다.

나는 텐진이 던진 첫 번째 경고를 좀 더 주의해서 들었어야 했다. 어느 날 내가 사무실로 어슬렁어슬렁 들어갔을 때 텐진이 초갈을 보며 이런 말을 했었다.

"HHC가 두루뭉술한 것 같지 않아?" 텐진은 늘 그렇게 말한다. 논평이 참 완곡하기 때문에 나는 그가 진짜 무슨 생각을 하고 있는지 늘 두루뭉술하게 알아챌 뿐이다. 그러니 화를 낼 수도 없다.

산딸기 소동 그 다음 주부터 트린치 아줌마의 디너 서비스를 받기 위해 조캉의 주방으로 들어가도 더 이상 사교적 유혹의 몸짓 따위는 필요 없었다.

주방 전체에 낯선 고요함이 팽배했다. 그날 오후에는 고요함의 팽배에도 모자라 트린치 아줌마가 갖고 온 시디플레이어에서 포레의 레퀴엠 성가곡 코러스까지 거룩하게 울려 퍼지고 있었다.

주방으로 들어가면서 나는 그녀에게 다정하게 야옹하며 인사했다. 조리대 위로 뛰어올라 가지는 않았다.

뛰어올라 갈 수 없다는 사실을 알고 있었기 때문이다. 그 대신 그저 조리대를 쳐다보기만 했다.

늘 그렇듯 눈치 빠른 트린치 아줌마가 나를 안아 올려주었다.

"아! 내 불쌍한 돌체 미오, 이제는 뛰어오를 수가 없구나!" 트린치 아줌마는 여봐란듯이 나를 껴안고 키스하며 그렇게 소리쳤다. "살이 너무 많이 쪘으니까 그렇지."

'뭐? 뭐? 살이 어쨌다고……?'

"너, 너무 먹고 있구나."

'농담이겠지! 세상에서 가장 아름다운 창조물에게 그게 할 말인가? 테소리노(내 귀여운 보물)와 카라 미아(사랑하는 내 아가)한테는 또 어떻고?'

"피글리-위글리(미국 슈퍼마켓 체인 업체 피글리 위글리 사의 상징으로, 주방장 모자를 쓴 돼지의 모양을 하고 있다─옮긴이)처럼 아주 뚱땡이가 됐구나."

나는 내 귀를 의심했다. '당치도 않는 소리 같으니.'

'누구? 피글리-위글리? 내가?'

때마침 걸쭉한 소스에 육즙이 줄줄 흐르는 그 놀라운 어린 양고기 다리 요리를 내어놓지 않았다면 나는 트린치 아줌마의 엄지와 집게 손가락 사이 연약한 부분을 꽉 깨물어버렸을지도 모른다. 하지만 톡 쏘는 맛이 일품인 소스를 샅샅이 핥아먹을 정도로 나는 곧장 풍미 넘치는 그 끈적끈적한 음식에 빠져들었다. 트린치 아줌마의 괴상망 측하고 잔인했던 그 말은 이미 완전히 잊은 뒤였다.

점점 커져만 가던 나의 문제를 직시하는 데 나는 그보다 더 심한 모욕이 필요했었나 보다. 달라이 라마와 아침 사원 방문을 끝내고 돌아오던 길, 나는 우리의 내실로 통하는 계단을 오르기 시작했다. 뒷다리가 상당히 불안했기 때문에 한 번에 빠르게 올라가는 수밖에 없었다. 하지만 그 즈음에는 그러기 위해 필요한 속도를 내기가 점점 더 힘들어졌다.

그날 아침은 특히 더 힘들었다.

아래 계단 겨우 서너 개를 뛰어올라 갔을 뿐인데 나는 벌써 힘이 다 빠져버렸다. 어찌어찌해서 계단 두세 개를 더 올라갔지만 가속도를 내기는커녕 뭔가가 나를 도로 끌어내리는 것 같았다. 가속도가 전혀 붙지 않았다.

그리고 계단의 중간 지점에 막 도착하려던 그 결정적인 순간, 우아함은 이미 밥 말아먹은지라, 다만 안전하게 도착해 주저앉으려 했건만 아뿔싸! 나는 허공에 붕 떠버렸다. 무언가 발에 닿기를 필사적으로 바라며 네 다리를 허우적거리다 결국 비현실적인 슬로 모션으로 뒤로 굴러 떨어졌고, 옆구리를 쿵! 하고 심하게 부딪히며 계단 하나에 절반쯤 몸을 걸쳤다. 거기서 또 균형을 못 잡고 휘청대다가 끔찍하고 창피한 꼴로 다시 아래로 굴러 떨어졌고, 달라이 라마의 발에 부딪쳐서야 멈출 수 있었다.

달라이 라마는 급히 나를 안고 방으로 들어갔다. 곧 수의사 가이

윌킨슨 박사가 달려왔다. 그는 달라이 라마의 책상에 수건을 펼친 다음 나를 위에 눕히고 철저하게 진찰을 해나갔다. 하지만 진단을 내리는 데는 그리 오랜 시간이 걸리지 않았다. 그는 그 일로 내가 다친 데는 한 군데도 없다고, 모든 면에서 아주 건강한 고양이의 표본이라고 할 만하지만 딱 한 가지 점에서 건강이 아주 나빠질 수 있다고 했다.─나는 너무 무거운 몸을 끌고 다녔다.

박사는 내가 매일 얼마나 먹는지 알고 싶어 했다.

달라이 라마의 보좌관 중에 그 질문에 정확하게 대답할 수 있는 사람은 아무도 없었다. 내가 유일하게 직접 고백하고 싶던 달라이 라마도 알 수는 없는 노릇이었다. 너무 창피를 당한 나는 이미 선을 넘어도 한참 넘어버린 나의 식욕에 대해 다 드러내는 것으로 한 번 더 창피를 당하고 싶지는 않았다.

하지만 진실은 밝혀지게 마련이다.

텐진이 눈치 빠르게 몇 군데 전화를 걸었고 그날 밤 늦게 달라이 라마에게 내가 조캉에서 주는 두 끼 외에 다른 세 곳에서 더 먹고 다닌다는 사실을 보고했다.

곧 새로운 섭생 계획이 세워졌다. 텐진은 트린치 아줌마와 카페 프랑크의 사람들에게 평소 내가 먹는 양의 절반만 줄 것을 지시했다. 그리고 퍼텔 부인에게는 아무 음식도 주지 말라고 부탁했다. 몇 시간 만에 내 하루 허용 섭취량이 극적으로 그리고 영원히 변해버렸다.

그 모든 일을 내가 어떻게 받아들였냐고? 그들이 나에게 내 식습
관을 어떻게 했으면 좋겠냐고 물었다면 나도 개선의 여지가 있다는
점을 인정했을 것이다. 하루에 다섯 끼는 나처럼 작은(하지만 이미 커버린)
고양이에게는 너무 과도한 양이었음을 쉽게 시인했을 것이다. 덜 먹
어야 한다는 것을 나도 다 알고 있었다. 하지만 그냥 머리로만 알고
있었다. 그 모욕적인 추락이 있기 전까지는. 그런 창피를 당하고 나
서야 머리로만 알고 있던 것이 행동으로 바뀌는 '깨달음'이 되었다.

추락 이후 내 인생은 결코 예전 같을 수 없었다.

그날 밤, 침대 안의 아늑한 어둠 속에서 나는 달라이 라마의 손이
나를 찾는 것을 느꼈다. 필요한 것은 오직 그의 감촉뿐이었다. 나는
만족감에 가르랑거렸다.

"귀여운 스노우 라이언, 오늘 힘들었겠구나. 문제를 알면 훨씬 쉽
게 바꿀 수 있단다."

정말 그랬다. 처음에는 밥이 절반이나 줄어들고 시장에서 아무 음
식도 얻어먹지 못하게 돼 좀 충격을 받기는 했지만 금방 몸이 조금
씩 가벼워졌다. 그리고 비틀대던 다리도 몇 주 안 가 다시 도약할 수
있게 되었다.

주방의 조리대 위로도 다시 뛰어올라 갈 수 있었다. 그리고 조캉에
서 내실로 가는 계단에서 다시는 굴러 떨어지지 않았다.

어느 금요일 아침, 우체부가 네모난 폴리스티렌 상자 하나를 배달했다. 상자는 곧장 트린치 아줌마가 안드레아 보첼리, 그리고 인도수상을 위해 음식을 준비하던 주방으로 옮겨졌다. 예기치 않은 배달에 놀란 아줌마는 그날의 부주방장에게 소리쳤다. "이것 좀 열게 칼좀 가져다주겠어요, 보배 스님?"

그 즈음 트린치 아줌마는 보배 스님이란 말을 자주 썼다. 아주 가끔씩만 이를 앙 다물고 그렇게 부르곤 했다. 감정의 분출은 예전과 별다를 것 없이 화려했지만, 분노의 표출은 예전이 화산 폭발 같았다면 이제는 번갯불 같은 짜증 정도에 그쳤다.

하지만 흥미롭게도 트린치 아줌마는 그 정도의 자기 억제에 대한 보상을 이미 충분히 받고 있는 것 같았다. 유럽에서 일하고 있던 딸 세레나가 당분간 유럽을 떠나 있고 싶다고 말했다고 한다. 세레나는 이탈리아에서 요리사 수업을 받고 미슐렝이 추천하는 여러 레스토랑에서 몇 년 동안 일을 했다고 들었다. 몇 주만 기다리면 딸이, 자신이 자란 고향 다람살라로 돌아온다는 생각에 트린치 아줌마는 말로 다할 수 없이 기뻐했다.

손에 칼을 쥐고 트린치 아줌마는 그 미스터리 소포 상자를 감싼 테이프와 냉동 포장을 풀어냈다. 그러자 밝은 빨간색 액체가 담긴, 알맞게 언 플라스틱 용기와 트린치 아줌마의 이름이 적혀 있는 편지

봉투가 그 모습을 드러냈다.

"친애하는 트린치 부인" 아줌마가 짧은 편지를 읽었다. "최근에 성하님과 즐긴 그 멋진 아유르베다 요리에 감사를 표합니다. 성하님께 부인이 산딸기 셔벗을 계획했는데 만들지 못했다는 애기를 듣고 안타까운 마음이 들었습니다. 동봉된 셔벗을 맛있게 드시기 바랍니다. 제가 좋아하는 아유르베다 레시피로 만들었습니다. 부인과 부인의 손님들의 건강과 행복을 기원합니다."

"맘마 미아!" 트린치 아줌마가 편지를 뚫어져라 쳐다보면서 소리쳤다. "정말 멋져요! 자상하시기도 해라!"

잠시 후 트린치 아줌마는 플라스틱 용기의 뚜껑을 열고 내용물을 조금 먹어보았다.

"아! 정말 맛있어요!" 아줌마는 눈을 감고 셔벗의 배합을 한 입 가득 골고루 음미한 후 말했다. "내가 만들었어도 이런 맛은 절대 못 냈을 거예요."

트린치 아줌마는 용기를 들어 양이 얼마나 되는지 확인했다. "오늘 손님을 위한 입가심으로 그만이겠어요."

❦

나중에 나는 그날의 오찬에 대해 텐진과 초갈이 하는 말을 들었다. 굉장한 정치적 협약이 맺어졌고, 거기에는 맛있는 음식도 큰 활약을 했다는 이야기였다. 아유르베다 요리를 그렇게 잘하는 달라이 라마의 요리사가 인도인이 아니라는 것을 믿을 수 없었던 인도 수상이 트린치 아줌마를 위층으로 불러 직접 대면했고 감사의 인사도 잊지 않았다. 그가 산딸기 셔벗을 황홀해하며 먹어치운 것은 두말하면 잔소리다.

"일이 참 재미있게 풀리지 않아요?" 텐진이 초갈에게 말했다. "요즘 트린치 부인은 예전보다 훨씬 더 안정되고 아주 편안해 보여요."

"네, 정말 그래요!" 초갈은 진심으로 동의했다.

"게다가 언제든 산딸기 셔벗을 낼 수도 있었겠지만 오늘 특히 절묘했어요."

"네, 정말 절묘했어요."

9

"애가 뭘 먹는다고?" 전화중이던 텐진의 목소리가 격앙된 듯했다. 텐진의 뒤 서류 캐비닛 위에서 졸고 있던 나는 고개를 들어보았다. 노련한 외교관 텐진에게는 어울리지 않게 강한 반응이었다.

맞은편에 앉아 있던 초갈의 얼굴에도 놀란 빛이 스쳐 지나갔다.

"그럼, 당연하지." 텐진은 책상에 놓여 있던 은빛 액자 속 사진으로 손을 뻗쳤다. 대형 오케스트라를 등지고 바이올린을 연주하는 검은 드레스의 젊은 여자 사진이었다. 텐진이 아내 수잔을 옥스퍼드 대학에서 오래 전 처음 만났을 때 그녀는 이미 성공한 음악가였다. 텐진이 달라이 라마의 외교 고문으로 일생 동안 헌신하겠다고 결심하기 훨씬 전의 일이었다. 그리고 그들의 아들 피터와 딸 로렌이 태어나기도 한참 전의 일이었다. 로렌은 이제 열네 살이 되었다. 텐진이 언젠가 초갈에게 한탄했던 것처럼 부모의 인내심을 시험하는 나이인 것이다. 나는 그 통화가 로렌에 대한 것임을 확신했다.

"나중에 다시 얘기합시다." 텐진이 전화를 끊었다. 텐진에게는 그즈음 힘든 일이 널려 있었다. 촌각을 다투는 사무에 더해, 일주일 안에 달라이 라마의 기록 보관소도 이전할 계획이었다.

비서관 사무실 가까운 곳에 60년 넘게 작성된 중요한 서류들이 쌓여 있었다. 스캔해서 컴퓨터에 보관한 서류도 많지만, 중요한 외교 조약이나 재정 기록, 허가증 같은 서류들은 여전히 종이로 보관했다. 텐진은 남걀 사원 안에 서류 대부분을 안전하게 보관할 만한 장소를 한곳 물색했고, 그것들을 사흘 동안 집중적으로 나를 수 있도록 만전을 기해 준비했다. 그 사흘 동안에는 이례적으로 손님 방문이 없을 예정이라 작업이 중단되는 사태를 최소한으로 줄일 수 있었다.

보통의 기관이라면 그런 종류의 일은 '단조로운 관리 업무' 범주에 속할 것이다. 하지만 조캉에서는 종종 아주 일상적인 일이라도 그것을 하는 중에 예상치 못한 소중한 일이 벌어지기도 한다. 마치 가장 재미없는 일 속에도 눈에 보이는 것보다 훨씬 더 많은 일이 내재해 있음을 말해주는 듯.

그에 딱 들어맞는 사례가 달라이 라마의 기록 보관소 이전 작업이었다. 텐진은 달라이 라마와 여느 때처럼 차를 마시며 오후 회의를 하면서 대략적인 계획을 보고했다. 보통의 경우 달라이 라마는 계획대로 하라고 하는데, 이번엔 뜻밖에도 이전 작업을 도울 스님들을 직접 지목하고 싶다고 했다.

이튿날 아침, 사원 일정을 마친 달라이 라마가 젊고 건장한 스님 두 명을 데리고 돌아왔다. 그리고 텐진에게 할 일을 지시해 주라고 일렀다. 또 눈이 크고 어린 행자승 형제 두 명, 따시와 사시도 데리고 왔다. 아직 열 살도 채 못 되었을 것 같은 따시와 사시는 달라이 라마가 자신들 쪽을 바라볼 때마다 이마가 바닥에 닿을 정도로 열렬히 절을 해댔다.

"이전 작업을 돕겠다고 자원한 스님들입니다." 달라이 라마가 두 명의 젊은 스님을 가리키며 말했다. "그리고 그동안 HHC를 돌볼 사람도 두 명 데리고 왔습니다."

달라이 라마의 그런 조치에 텐진은 조금 놀란 것도 같았지만 표정에 큰 변화는 없었다. 기록 보관소 이전 작업에 고양이 관리가 포함되어서 안 될 것도 없지. 행정 비서관들 사무실에서 서류들을 나르는 동안 고요한 내 일상이 방해받을 것이 틀림없었다. 게다가 내 전망대도 치워야 한다고 했다. 그 때문에 나는 사흘 동안 방문객을 위해 늘 비어 있는 옆방에서 지내야 했다. 그 방은 넓고 곳곳에 조명이 배치되어 있었다. 안락의자와 커피 테이블이 있고, 그 위에는 일간 신문들이 놓여 있었다. 구석에는 컴퓨터 책상도 하나 있었다. 손님들이 달라이 라마를 접견하기 전에 기다리는 방이었다.

달라이 라마는 따시와 사시가 해야 할 일까지 일일이 설명했다. 일단 나를 손님방으로 조심스럽게 옮긴다. 다음, 나를 위해 털 담요를 잘 접어서 창문턱 구석에 깔아준다. 물과 비스킷을 담는 사발 두 개는 꼭 깨끗해야 하고 항상 가득 채워져 있어야 한다. 내가 아래층으로 가려 할 때는 반드시 같이 가서 내가 어디에 깔리거나 밟히지 않게 살핀다. 내가 자고 있을 때는 내 옆에서 '옴 마니 반메 훔'을 암송하며 명상한다.

"무엇보다도" 달라이 라마는 엄한 목소리로 말했다. "이 아이를 너희가 제일 좋아하는 라마처럼 모셔야 한다."

"하지만 저희가 제일 좋아하는 라마는 성하님입니다!" 어린 쪽인 사시가 손을 가슴에 모으며 성급하게 외쳤다.

"그렇다면" 달라이 라마는 웃으며 말했다. "나를 모시듯 이 아이를 모셔야 한다."

확실히 그랬다. 따시와 사시는 내가 카페 프랭크에서나 받을 수 있었던 진심 어린 존경심을 보여주었다. 첫날 아침나절, 행정 비서관 사무실로 돌아왔을 때 내 전망대인 서류 캐비닛은 이미 방의 구석으로 옮겨져 있었다. 하지만 다른 고양이들처럼 나도 늘 앉던 곳을 제일 좋아하고, 약간씩 다른 광경을 보는 것도 좋아하기 때문에 나는 새로운 관점으로 그 방을 보기 위해 즉시 서류 캐비닛 위로 폴짝 뛰어올라 갔다.

그즈음 나는 일주일 전 텐진이 전화기에다 대고 목소리를 높였던 그 일을 이미 다 잊고 있었는데, 그날 오후 그가 자기 아내와 통화를 마쳤을 때 뭔가 문제가 생긴 게 분명해 보였다.

초갈이 걱정스럽다는 듯 쳐다보았다.

"로렌 문제예요." 텐진이 확인해 주었다. "지난주에 수잔이 로렌의 방에 들어갔다가 침대에 앉아 있는 로렌을 봤는데 뭔가 뒤에 숨기는 것 같고 표정도 불안해 보였답니다. 아무 일 없다고는 하는데, 수잔은 뭔가 이상하다고 느꼈답니다.

로렌이 최근 좀 이상했거든요. 쉽게 피곤하고 어지럽다고 했어요. 평소의 로렌 같지 않았고 말예요. 그러다 어느 날 아침, 수잔이 로렌의 방에서 청소기를 돌리다가 침대 밑에서 크기가 제각각인 돌멩이들을 발견했답니다. 수잔은 영문을 몰랐지요. 그 돌멩이들을 로렌이 감췄던 건가 싶었지만, 대체 왜 돌멩이를? 수잔이 돌멩이에 대해 물어보니까 로렌이 울음을 터뜨렸다고 해요. 창피하다고 생각했는지 털어놓는 데 한참이 걸렸다네요. 그동안 로렌이 돌멩이를 먹고 있었다지 뭡니까."

초갈은 너무 놀라 할 말을 잃은 듯했다.

"돌멩이를요……?"

"이상하게 꼭 마당에 나가 돌멩이를 찾아서 먹어야 할 것 같더랍니다."

"저런!"

"수잔이 로렌을 의사한테 데려갔지요. 이상한 일이긴 하지만 그런 사례가 없지는 않다더군요. 가끔 영양 불균형 때문에 백묵, 샴푸 같은 것을 먹고 싶어 하는 십대 소녀들이 있대요. 로렌의 경우 철鐵이 부족한 거였어요."

"아!" 초갈은 쏜살같이 되물었다. "채식하나요?"

텐진이 고개를 끄덕였다. "애 엄마도 그렇고요."

"의사가 철분 보조제를 처방해 줬나요?"

"일시적으로 그렇게 해주긴 했는데, 의사는 장기적으로 봤을 때 음식을 통해 정기적으로 철분을 섭취하는 것이 낫다고 하더군요. 살코기, 특히 쇠고기를 추천했고요. 그런데 로렌이 받아들이질 않아요."

"뭐라면서요?"

"'동물 살인에 일조하긴 싫어! 그냥 철분제를 먹으면 왜 안 돼요?' 라고 하더군요. 수잔과 난 걱정이 되네요."

"청소년기 딸을 설득하기는 쉽지 않죠."

"그 나이 때 아이들은 부모 말을 듣지 않아요." 텐진이 머리를 흔들며 말했다. "다른 해결책을 찾아야겠어요."

이틀 뒤 나는 텐진이 찾은 해결책이 무엇인지 알게 되었다. 기록 보관소 이전 작업 셋째 날이자 마지막 날이었다. 나는 손님방에서 꾸벅꾸벅 졸고 두 행자승은 내 옆에서 조용히 만트라를 읊고 있을 때 텐진이 로렌의 책가방을 들고 들어왔다. 로렌도 곧장 뒤따라 들어왔다. 수잔이 바쁜 일이 있어서 학교 수업을 마치고 숙제도 할 겸 조캉에 온 것이다. 자주 있는 일이었다. 보통 로렌은 텐진, 초갈과 함께 사무실에 앉아 숙제를 하지만, 보관소 이전 작업으로 사무실이 엉망이었기 때문에 텐진은 로렌을 손님방 구석에 있는 책상으로 데려갔다.

최소한 겉으로 보이는 상황은 그랬다.

책을 꺼내더니 로렌은 영어 숙제를 하기 시작했다. 그렇게 30분쯤 독해 문제에 몰두했을까? 로렌의 얼굴이 갑자기 환해졌다. 달라이 라마의 집무실 문이 열리고 그가 밖으로 나왔기 때문이었다.

"로렌이구나! 반갑다!" 달라이 라마는 두 손을 모아 가슴에 대고 로렌에게 고개 숙여 인사했다.

이미 의자에서 벌떡 일어나 있던 로렌도 고개 숙여 인사를 하고 잠시 부끄러워하는 듯하더니 금세 달라이 라마를 안고 반겼다. 달라이 라마는 로렌이 태어날 때부터 봐왔고 그 둘 사이에는 늘 진정으로 따뜻한 기운이 넘쳤다.

"아가야, 요즘은 어떻게 지내니?"

그런 질문을 받으면 우리는 대부분 틀에 박힌 대답을 공손하게 하고 말 것이다. 하지만 아마도 달라이 라마가 한 질문이어서인지, 아니면 그가 그 순간 그녀에게 준 특별한 느낌 때문이었는지, 로렌은 그런 일상적인 대답 대신 "성하님, 제가 철분 부족이래요"라고 대답했다.

"오! 그것 정말 안됐구나." 로렌의 손을 끌어당기며 달라이 라마는 소파에 앉았고 로렌도 옆에 앉게 했다. "의사가 그러든?"

로렌은 고개를 끄덕였다.

"치유는 될 수 있고?"

"그게 문제예요." 로렌은 금세 눈물을 글썽이며 말했다. "의사가 저더러 고기를 먹어야 한대요."

"아아. 그렇지. 너는 채식만 하지." 달라이 라마는 로렌의 손을 부드럽게 쓰다듬었다. "채식을 하는 것이 이상적이지."

"그러니까요." 로렌이 울적한 표정으로 동조했다.

"생명을 가진 존재의 살을 먹는 걸 자비심을 가지고 완전히 끊을 수만 있다면 그것만큼 좋은 일은 없단다. 그럴 수 있는 사람들은 꼭 한 번 생각해 봐야 할 문제지. 하지만 의학적인 이유로 '대부분의 시긴민' 육식을 절제해야 한다면 그렇게 해야 할지도 몰라."

"대부분의 시간요?"

달라이 라마가 고개를 끄덕였다. "의사가 나에게도 영양학적인 이유로 가끔 고기를 먹어야 한다고 했단다."

"그건 몰랐어요." 로렌은 달라이 라마의 안색을 자세히 살폈다.

"그렇단다. 그래서 늘 채식주의자로 살 수 없다고 해도 최대한 채식을 하며 문제를 좀 온건하게 보겠다고 결심했지. 흑백을 가리듯 꼭 채식주의자와 육식주의자로 구분할 필요는 없단다. 중도中道를 걸을 수도 있어. 때로 영양이 부족해서 고기를 먹을 수는 있단다. 하지만 늘 고기를 먹는 건 불필요한 일이지. 내 마음 같아서는 모든 사람이 가끔씩만 고기를 먹는 방식을 고려해 봤으면 한단다."

로렌은 그런 방식이 가능하다고는 전혀 생각 못해본 것 같았다.

"하지만 저 때문에 어떤 동물도 죽기를 원치 않는다면요?" 로렌이 물었다.

"로렌, 너는 마음이 참 곱구나! 하지만 그런 일은 불가능하단다."

"채식주의자로 살면 가능해요."

"그렇지 않단다." 달라이 라마는 머리를 흔들었다. "채식주의자라도 그렇단다."

로렌은 눈썹을 찡그렸다.

"채식을 위해서도 생명체들이 죽어간단다. 농작물 경작을 위해 땅을 갈 때 자연 서식지가 파괴되고 작은 생물들이 많이 죽게 되지. 그런 식으로 곡물들이 심어지고. 그리고 살충제가 뿌려지면 또 더 많은 곤충들이 죽어나가. 너도 알다시피 다른 존재를 해치지 않고 살아가

기란 정말 어렵단다. 특히 음식과 관련해서는 더 그렇지."

채식만 하면 아무 생명체도 해치지 않는다고 생각했던 로렌에게는 받아들이기 힘든 발견이었다. 로렌의 확고했던 생각은 흔들리는 듯했다.

"의사가 저더러 쇠고기 같은 살코기를 먹어야 한다고 했어요. 하지만 심정적으로 봤을 때 동물의 살을 먹어야 한다면 차라리 생선을 먹는 게 낫지 않을까요?"

달라이 라마는 고개를 끄덕이며 말했다. "무슨 뜻인지 이해한단다. 하지만 소를 먹는 것이 더 낫다는 사람도 있단다. 소 한 마리가 훨씬 많은 사람을 먹일 수 있기 때문이지. 생선은 한 끼밖에 못 먹지 않니? 새우같이 한 끼에 더 많은 수의 생명을 먹게 되는 것도 있지."

로렌은 달라이 라마를 한참 동안 바라봤다. 그리고 마침내 말했다. "그렇게 복잡한 문제인 줄 몰랐어요."

"정말 큰 문제란다." 달라이 라마가 동의했다. "여기 딱 이 길밖에 없으니 모든 사람이 그 방식을 따라야 한다고 말하는 사람들이 있지. 그 방식이란 그저 어쩌다 그들이 생각하게 된 방식인데 말이야. 진실로 모든 것이 개인적인 선택이란다. 중요한 것은 반드시 자비심을 갖고 지혜롭게 선택하고 결정해야 한다는 점이지."

로렌이 진심으로 알았다는 듯 고개를 끄덕였다.

"밥을 먹을 때는 채식이든 육식이든 우리를 위해 죽어간 모든 존재를 항상 기억해야 한단다. 우리의 생명이 중요한 만큼 그들에게도 그들의 생명이 중요하지. 감사하는 마음을 갖고 생명들이 그렇게 희생한 대가로 좀 더 좋은 세상에 태어나기를 기도하렴. 그리고 네가 더 건강해져서 빨리 완전하게 깨달을 수 있게 해달라고도 기도하렴. 그럼 네가 다른 존재들도 너처럼 깨닫게 할 수 있으니까 말이야.”

“네, 성하님.” 로렌이 달라이 라마에게 기대며 말했다.

잠시 동안 그 방 전체가 따뜻한 빛으로 넘쳤다. 내가 졸고 있던 곳 근처 구석에서는 두 명의 행자승이 계속 속삭이듯 만트라를 읊으며 달라이 라마와 로렌의 대화를 듣고 있었다.

소파에서 일어나 손님방을 가로질러 나가려던 달라이 라마가 행자승들 쪽을 보며 말했다. “모든 존재는 나와 똑같다고, 최대한 자주 생각하는 것이 도움이 된다. 모든 살아있는 존재들은 행복해지고 싶어 하고, 모든 존재들은 모든 종류의 고통을 피하고 싶어 하지. 그들은 우리의 이익을 위해 이용되어야 할 대상이나 물건이 아니란다. 마하트마 간디가 이런 말을 했지. ‘한 국가의 위대함과 도덕적 진보는 그 국가에서 동물들이 어떻게 대우받고 있는지를 보고 판단할 수 있다.’ 흥미롭지 않나?”

그날 늦은 오후, 나는 늘 그렇듯 창문턱에 앉은 채 달라이 라마와 함께 있었다. 조심스런 노크 소리가 들려왔고 두 행자승이 나타났다.

"부르셨습니까, 성하님?" 형 따시가 다소 긴장한 듯 물었다.

"그래, 그랬다." 달라이 라마는 책상 서랍을 열더니 기도 염주로 쓰는 백단유 말라mala 두 개를 꺼냈다. "HHC를 보살펴줘서 고맙다는 의미의 작은 선물이란다." 달라이 라마가 말했다.

소년들은 말라를 받아 들고는 감사의 표시로 엄숙하게 고개를 숙였다. 달라이 라마는 명상을 할 때는 집중하는 것이 중요하다는 말을 짧게 언급한 뒤 자비로운 미소를 지어보였다.

그렇게 짧은 접견이 끝나는 듯싶더니, 두 행자승이 거기에 그대로 선 채 서로 어색한 눈짓을 주고받았다.

달라이 라마가 "이제 나가봐도 된다"라고 말을 하고 나서야 따시가 새된 목소리로 물었다. "한 가지 여쭤봐도 되나요, 성하님?"

"물론이지." 달라이 라마가 눈을 반짝이며 대답했다.

"오늘 낮에 성하님이 살아있는 존재에 대해 하시는 말씀을 들었습니다. 그들을 이용 대상으로 삼아서는 안 된다는……"

"아! 그래."

"저희는 끔찍한 일을 저지른 적이 있습니다. 고백해야 할 것 같아서요."

"네, 그렇습니다. 성하님." 사시가 말을 가로챘다. "하지만 행자승이 되기 전의 일입니다."

"델리의 저희 가족은 매우 가난했습니다." 따시가 말하기 시작했다. "한번은 뒷골목에서 네 마리 새끼 고양이를 발견해서 60루피에다 팔아버렸습니다……"

"60루피하고 2달러요." 사시가 덧붙였다.

"새끼 고양이들을 사간 사람들에게는 아무것도 묻지 않았어요." 따시가 말했다.

"어쩌면 털코트가 되어버렸을지도 몰라요." 사시가 대담하게 말했다.

창문턱에 있던 나는 벌떡 일어나 두 행자승을 보았다. '내가 방금 무슨 말을 들은 거야? 이 두 행자승이 정말 그 양심도 없던 작은 악마들이었단 말이야? 내 가족들이 살고 있는 안전하고 따뜻한 집에서 잔인하게 우리를 훔쳐갔던? 젖도 떼기 전에 나와 내 형제들을 엄마로부터 무참하게 떼어놓았던? 우리를 상품 취급했던? 내가 그들을 어떻게 용서할 수 있을까? 나를 진흙 웅덩이로 밀어 넣고 모욕한 것도 모자라 잘 팔리지 않을 것 같으니 아무렇지도 않게 버리려 했던 그들을 내가 어떻게 용서할 수 있을까?'

충격과 함께 마음속에 분노가 솟구쳤다.

하지만 바로 그때 이런 생각이 들었다. '저들이 나를 팔지 않았다면 나는 이미 죽었거나 델리의 슬럼 구역에서 여전히 어려운 삶을 살고 있었을지도 몰라. 그러나 난 그렇지 않고, 이곳 조캉에서 스노

우 라이언으로 살고 있지 않나?'

"네." 따시가 계속 말했다. "제일 작고 지저분한 새끼는 마지막까지 팔리지도 않았고 잘 걷지도 못했어요."

"우리는 그냥 버릴 생각이었어요." 사시가 덧붙였다.

"저는 이미 신문지에 싸던 중이었고요." 따시가 말했다. "거의 죽은 것 같았거든요."

"그때" 사시가 말했다. "돈 많은 관료가 나타나서 2달러를 줬어요. 흥정도 없었는데요." 사시는 그 당시의 흥분했던 마음이 여전히 생생한 듯했다.

나도 그랬다.

하지만 유충이 변태하듯 그날의 사건에 대해 그들은 이제 완전히 다르게 느끼고 있었다.

"저희가 아주 나쁜 짓을 했음을 깨달았습니다." 둘은 후회하는 것 같았다. "우리의 이익을 위해 그 작은 고양이들을 이용했습니다."

"그렇구나." 달라이 라마가 고개를 끄덕였다.

"특히 그 제일 작은 고양이에게 미안합니다." 따시가 말했다. "아주 연약했거든요."

사시는 머리를 절레절레 흔들었다. "우리는 돈을 다 받았지만 그 고양이는 아마 죽었을 겁니다."

형제는 불안한 듯 달라이 라마를 쳐다보았다. 그런 이기적인 행동에 대해 불같은 비난을 한다 해도 감수하겠다는 표정이었다.

하지만 비난은 없었다. 그 대신에 달라이 라마는 진지하게 말했다. "다르마에 죄책감은 필요 없단다. 죄책감은 쓸모가 없어. 이제 바꿀 수 없는 과거의 일에 대해 마음 아파할 필요는 없어. 하지만 후회라면? 그래, 후회라면 조금 유용하긴 하지. 너희 둘은 너희가 한 일에 대해 진심으로 후회하는가?"

"네, 성하님." 둘이 합창하듯 대답했다.

"다시는 그렇게 살아있는 존재를 해치지 않겠다고 약속할 수 있나?"

"네, 성하님!"

"명상하면서 자비심을 연습할 때 그 새끼 고양이들은 물론이고 다른 보호와 사랑이 필요한, 셀 수도 없이 많은 약하고 상처받기 쉬운 존재들을 떠올리도록 해라."

달라이 라마의 표정이 밝아졌다. "제일 약했던 고양이가 죽었을 거라고 했지? 그 아이가 아름다운 암고양이로 성장했음을 곧 알게 될 것 같구나." 달라이 라마는 내가 앉아 있는 창문턱을 가리켰다.

그들이 내 쪽으로 고개를 돌리는가 싶더니 따시가 소리쳤다. "성하님의 고양이요?"

"너희에게 2달러를 준 사람은 내 수행원이었지. 우리는 미국에서 막 돌아오던 길이어서 루피가 없었거든."

나에게 다가와 둘은 내 목덜미와 등을 쓰다듬었다.

"이제 우리 모두 여기 이 남걀 사원이라는 좋은 집에서 잘살게 되었으니 얼마나 다행이냐." 달라이 라마가 말했다.

"네." 사시가 동의했다. "그런데 정말 기묘한 카르마네요. 지난 사흘 동안 과거 우리가 팔았던 고양이를 돌봤다니요."

그 부분은 그다지 이상하지 않았다. 사람들은 달라이 라마가 대단한 통찰력의 소유자라고 하니까 말이다. 그가 그 두 행자승을 선택해 그런 특별한 일을 시킨 것은 정확하게 그 둘이 과거에 한 짓 때문이었을 것이다. 달라이 라마는 그들에게 과거의 행동을 수정할 기회를 준 것이다.

"정말 그렇단다. 카르마는 우리를 모든 종류의 예측하지 못한 상황으로 던져 넣지." 달라이 라마가 말했다. "그것이 우리가 모든 존재에게 사랑과 자비로 행동해야 하는 또 다른 이유이기도 하단다. 어떤 상황에서 다시 그들을 만나게 될지 절대 알 수 없으니까. 때로는 바로 이생에서 만나게 되기도 하고 말이다."

10

독자 여러분은 우유부단해서 아무 일도 못하는 경우 없나요? 이런 상황 말입니다. 한편으로는 이 일 저 일 혹은 내 눈앞에 있는 일을 하면 확실한 결과가 보장된다고 생각하면서, 다른 한편으로는 뭔가 다른 일을 하면 더 나은 결과가 나올 수도 있지 않을까 생각하는. 그런데 그런 일이 일어날 가능성이 적다는 게 문제라서 그냥 확실한 결과가 나올 행동만 하는 것이 낫겠다고 생각하는 상태 말입니다.

인간들은 우리 고양이가 그런 복잡한 생각에 사로잡혀 산다고는 상상도 못할지도 모른다. 실존주의적 부담은 호모 사피엔스만의 특권이라고 믿으면서 말이다.

하지만 그것은 전혀 사실이 아니다. 우리 펠리스 카투스(집고양이)들은 직업적 경력을 쌓거나 생산 활동을 하지는 않지만, 또 하루하루가 인간들이 살아가듯 컨베이어 벨트처럼 바쁘게 돌아가지도 않지만, 놀랍게도 인간과 유사한 점을 하나 갖고 있다.

물론 나는 지금 마음의 문제를 말하고 있는 것이다.

인간들은 때로 이메일, 문자, 전화 같은 걸 집착적으로 기다리기도 한다. 우리 고양이들은 그런 것들과는 좀 다른 방식으로 소통한다. 어떤 방식이냐는 별로 중요하지 않다. 중요한 건 인간이나 우리나 모두 결사적으로 뭔가를 확인받고 싶어 한다는 점이다.

내 범고양이 친구만 생각하면 나도 그런 상태에 빠져들곤 한다. 초록 불빛 아래에 선 그를 처음 본 순간부터 그에 대한 나의 끌림은 거침이 없었다. 초갈의 집에 머무는 동안 그를 실제로 만났을 때 감정의 전율을 서로 교환했음을 추호도 의심하지 않았다. 하지만 나는 이제 초갈의 집에서 나왔고, 그는 내가 어디에 사는지 모른다. 좀 더 노력해 봐야 할까? 밤에 사원 마당 너머 지하 세계 같은 그곳을 탐험해야 할까? 아니면 쿨하게 신비주의를 고수하며 미스터리 고양이로 남은 채 그가 찾아오기를 기다려야 할까?

내가 처한 상황이 그러했던 만큼 당시 나에게는 마음의 확신이 절실하게 필요했다. 그리고 그 확신을 가져다준 사람은 달라이 라마의 통역가 롭상이었다. 이런 문제가 늘 그렇듯 일은 전혀 예상치 못했던 방식으로 진행되었다. 삼십대 중반의 키가 크고 호리호리한 티베트 불교 스님인 롭상은 원래 부탄 출신으로 부탄 왕가의 먼 친척뻘 된다고 했다. 미국의 예일 대학에서 언어 철학과 기호학을 공부하는 등 서양 교육도 완벽하게 받은 사람이다. 훤칠한 키에 지성을 뿜어내는 외모도 외모지만 롭상이 사무실로 들어오는 순간 우리는 곧 그에게 뭔가 특별한 것이 있음을 알게 된다. 그는 남다르게 뛰어난 평화로운 기운의 소유자로 깊은 고요와 평온을 온 사방에 퍼뜨렸다. 마치 주위의 모든 사람에게 전염이라도 시키려는 듯 온몸의 세포에서 그런 기운이 퍼져나오는 것 같았다.

롭상은 통번역 업무의 공식 책임자이자 조캉의 IT 관련 비공식 책임자이기도 했다. 컴퓨터가 파업하거나 프린터가 툴툴대거나 위성 방송 수신기가 수동 공격성 인격 장애의 모습을 보일 때면 언제나 롭상이 조용히 나타나 예리한 눈으로 문제를 해결하곤 했다.

그러다 보니 어느 날 오후, 조캉의 메인 모뎀이 죽어버렸을 때도 텐진은 5분도 안 되어 복도 건너편 사무실에 있던 롭상을 불러들였다. 몇 가지 간단한 점검을 한 롭상은 선이 상한 게 문제라는 결론을 내렸다. 텐진은 곧 전화 회사에 연락했다.

그렇게 해서 다람살라 텔레콤 기술자 대표 라지 고엘이 그날 오후 조캉에 들어오게 된 것이다. 작지만 다부진 체격에 더벅머리를 한 라지는 소비자에게 기술적 서비스를 제공하는 것이 아주 불만스러운 듯했다. 어찌나 뻔뻔하고 대담하던지!

노려보는 듯한 표정에 퉁명스런 태도로 라지는 조캉으로 들어오는 모뎀과 전화선을 보여달라고 했다. 그 선들은 복도 건너 작은 방에 있었다. 자신의 금속 공구 가방을 화가 난 듯 꽝하고 선반 위로 내려치더니 잠금쇠를 열고 손전등과 드라이버를 꺼낸 후 케이블이 엉켜 있는 곳을 이리저리 쑤셔댔다. 라지가 그러는 동안 롭상은 몇 걸음 물러선 채 조용히 지켜보고 있었다.

"아주 엉망진창이군." 라지는 뭐라도 잡아먹을 듯이 으르렁댔다.

롭상은 아무 말도 못 들은 체했다.

무릎을 꿇으며 여전히 툴툴거리다가 케이블 하나를 따라 모뎀 뒤까지 가보더니 전체 시스템의 손상 상태와 다른 뭔 말인지 모를 문제에 대해 들으란 듯 위협적인 어조로 중얼거렸다. 그런 다음 화풀이하듯 모뎀을 잡고 뒤쪽의 케이블들을 한 움큼 끌어 잡더니 손 안에서 주물럭댔다.

라지 고엘이 그렇게 울분을 터뜨리는 동안 텐진이 그들을 지나쳤다. 텐진의 눈이 롭상의 무미건조한 듯 재미가 서린 눈과 마주쳤다.

"이 박스를 열 거예요." 기술자가 롭상에게 비난하듯 말했다.

달라이 라마의 통역가는 고개를 끄덕이며 말했다. "오케이."

가방을 뒤적여 작은 드라이버를 찾은 뒤 라지 고엘은 모뎀 박스를 열기 시작했다.

"종교에 바칠 시간이 어디에 있어."

그걸 혼잣말이라고 하고 있는 걸까? 그러기에는 너무 대담한 목소리였다.

"미신 같은 난센스나 믿고 말이야." 몇 분 뒤 심지어 더 큰 목소리로 불평했다.

롭상은 그런 말에 흔들리지 않았다. 오히려 입가에 미소를 띠는 쪽이었다.

하지만 라지 고엘은 싸움을 갈망하는 것 같았다. 모뎀 쪽으로 몸을 기울인 채 말을 듣지 않는 나사와 싸우면서 이번에는 당당하게 대답을 요구하며 말했다. "그런 어리석은 믿음으로 사람들의 머리를 채우는 이유가 뭐요?"

"동의합니다." 롭상이 대답했다. "그럴 필요는 없죠."

"으흠!" 몇 분 뒤 완고하게 버티던 나사를 겨우 돌려 열며 라지는 또 주장했다. "하지만 당신네는 종교적이지 않소?" 이번에는 롭상을 냉엄한 눈초리로 쳐다보며 말했다. "당신네들은 늘 믿는다고 말하지."

"저는 그렇게는 생각하지 않습니다." 롭상이 예의 그 심원한 평정심을 내뿜으며 말했다. 그리고 잠시 멈춘 뒤 말했다. "부처님께서 제자들에게 절대로 해서는 안 된다고 한 것 중 하나가 그가 한 말을 믿는 일이었습니다. 그가 한 말 하나라도 믿는 사람이 있다면 그 사람은 바보라고 했죠. 믿기 전에 경험하며 시험해 보라고 하셨답니다."

기술자의 폴리에스터 셔츠에 땀이 조금 맺히기 시작했다. 라지는 롭상이 그렇게 반응할 줄은 몰랐다. "교묘하게 피하시기는……" 라지가 불평했다. "여기 사원에서 사람들이 부처님 상에 절을 하는데도요? 기도하고 염불하는 건 또 어떻고요. 그게 맹목적 신념이 아니면 뭐랍니까?"

"그 질문에 대답하기 전에 제가 질문 하나 해도 되겠습니까?"

롭상은 방문 틀에 기대어 섰다. "기사님은 다람살라 텔레콤에서 일하지요? 아침에 두 통의 전화를 받는다고 칩시다. 한 통은 사고로 서류 캐비닛이 모뎀 위로 쓰러졌다고 걸려온 전화이고, 다른 한 통은 아내가 온라인 쇼핑으로 돈을 쓴 것 때문에 화가 나서 망치로 모뎀을 쳐서 깨버린 고객이 걸어온 전화입니다. 둘 다 모뎀이 깨졌기 때문에 수리하거나 대체해야 하는 상황인 거죠. 기사님은 그 두 고객을 똑같이 대우하겠습니까?"

"물론 아닙니다!" 라지 고엘은 얼굴을 찌푸리며 말했다. "그거랑 부처님 앞에서 굽실거리는 것과 무슨 상관이에요?"

"상관이 많지요." 롭상의 편안한 자세와 라지 고엘의 가시가 박힌 태도가 그보다 더 선명하게 비교될 수는 없었다. "왜 그런지 설명해 드리죠. 그 두 고객은……"

"한 명은 사고였고요." 라지 고엘이 목소리를 드높이며 끼어들었다. "다른 한 명은 고의로 기물을 파손한 거죠."

"왜 기사님은 행동 그 자체보다 의도가 더 중요하다고 생각하십니까?"

"그거야 당연히 그래야 하니까요."

"그렇다면 사람들이 부처님 상을 보고 절을 하는 것에도 의도가 더 중요할까요? 아니면 절하는 행위 그 자체가 더 중요할까요?"

그 순간 텔레콤 기술자 대표 라지 고엘은 자신이 코너에 몰리기 시작했음을 깨닫는 것 같았다. 그렇다고 금방 포기하지는 않았다. "여기서 의도는 명백하니까요." 라지가 논박했다.

롭상이 어깨를 으쓱하며 말했다. "계속 말씀해 보시죠."

"부처님한테 용서를 구하는 거잖아요. 아니면 구원해 달라고 빌거나요."

롭상은 웃음을 터뜨렸다. 하지만 매우 신사적인 웃음이었기 때문에 라지 고엘은 처음으로 분노가 조금 수그러드는 것 같았다.

"제 생각에 기사님은 뭔가 잘못 생각하고 계신 것 같습니다." 잠시 뒤 롭상은 다시 말했다. "깨달은 사람이라고 해서 그렇지 못한 사람의 고통을 가져가거나 행복을 가져다줄 수는 없습니다. 그렇게 할 수 있다면 벌써 훨씬 전에 그렇게 하지 않았겠습니까?"

"그럼 왜 그런답니까?" 모뎀을 만지작거리면서 머리를 흔들며 라지가 물었다.

"기사님이 이미 말했듯이 의도가 중요합니다. 부처님 상은 깨달음의 상태를 상징합니다. 깨달은 사람들은 그렇지 못한 사람들이 자신에게 고개를 숙이게 만들 필요가 없습니다. 그런데 그런 일에 신경 쓰겠습니까? 절을 할 때 우리는 깨달을 수 있는 잠재적 본성을 스스로에게 상기시키는 것입니다.”

그때쯤 라지 고엘은 모뎀 커버를 벗기고 내부 회로로 연결되는 부분을 만지작거리고 있었다. “부처를 숭배하는 것이 아니라면” 라지는 여전히 날카롭게 질문하려 했지만 이미 많이 무뎌져 있었다. “그럼 불교는 무엇이랍니까?”

이미 방문자의 성향을 충분히 파악한 롭상은 방문자가 잘 이해할 수 있는 대답을 제공했다. “불교는 마음을 다스리는 과학이지요.”

“과학이요?”

“인간 의식의 본성에 대한 진실을 발견하기 위해 어떤 사람이 수천, 수만 시간을 열심히 조사했다면 어떨까요? 그리고 또 다른 사람들이 그 연구를 수백 년 동안 되풀이했다면요? 인간 정신의 잠재성에 대해 머리로만 이해하는 것이 아니라 그것을 깨닫기 위한 가장 빠르고 직접적인 방법을 수립해 냈다면 얼마나 멋진 일이겠습니까? 그것이 불교 과학입니다.”

모뎀 내부 장치를 이리저리 만진 후 라지 고엘은 다시 뚜껑을 덮었다. 잠시 후 라지는 “양자 과학에는 관심이 있습니다만”이라고 하더니 잠시 후 다음과 같이 선언했다. “모뎀은 고쳤습니다. 하지만 확실히 하기 위해 먼저 작동시켜 봐야 합니다. 손상된 선은 이미 등록을 해놨습니다. 열두 시간 안에 다시 연결될 겁니다."

롭상의 더할 수 없이 평온한 모습이 라지에게 영향을 주기 시작했던가? 아니면 불교에 대한 그 통역관의 설명이 라지로 하여금 그 정도에서 멈추게 했던 걸까? 어쨌든 일을 마치고 자신의 도구를 챙기는 동안 라지는 더 이상 투덜대지도 불평하지도 않았다.

복도를 돌아 나가는 길에 그들은 롭상의 사무실을 지나게 되었는데 그곳에서 롭상이 말했다. "어쩌면 기사님이 흥미를 가질 만한 것이 있을지도 모르겠네요." 롭상은 훌쩍 사무실로 들어갔다가 벽을 따라 늘어서 있던 책장에서 책 한 권을 꺼내왔다.

"양자와 연꽃?" 라지 고엘은 제목을 읽고 곧 몇 장을 훑어보았다.

"원한다면 빌려 가셔도 좋습니다."

속표지에는 책의 저자들 가운데 한 명인 '마티외 리카르'의 서명이 있었다.

"서명이 있네요." 라지가 서명에 주목하며 말했다.

"마티외는 저의 친구입니다."

"조캉에 왔었나요?"

"미국에서 처음 만났습니다." 롭상이 말했다. "미국에서 10년 살았거든요."

처음으로 라지 고엘이 롭상을 면밀히 살폈다. 롭상이 미국에 살았다는 사실이 롭상이 말한 그 어떤 것들보다 더 대단한 흥미를 끄는 것 같았다. '흠, 내면의 잠재력을 보라. 깨달아라…… 어쩌고저쩌고…… 앗! 뭐라고? 미국에서 10년이나 살았다고?!'

"고맙습니다." 라지는 책을 자신의 가방에 집어넣으며 말했다. "다 읽고 돌려드리겠습니다."

한 주 지난 월요일 오후, 복도에서 라지 고엘의 목소리가 들려왔다. 조캉을 방문하는 사람 중에 그렇게 무례한 사람은 아주 드물기 때문에 나는 호기심으로 오후의 시에스타(오후에 낮잠 자는 시간—옮긴이)까지 포기하고 롭상의 사무실로 건너갔다.

'또 싸우려는 건 아니겠지?'

하지만 그날의 라지 고엘은 더 이상 일주일 전의 툴툴대고 으르렁대던 A/S 기술자가 아니었다. 그 뜨거웠던 모든 적대감은 온데간데 없고 빛바랜 셔츠에 낡은 가방을 든 그는 오히려 좀 쓸쓸해 보였다.

"전화선이 또 문제를 일으키진 않았습니까?" 내가 라지의 뒤쪽을 지나 롭상의 사무실로 조용히 들어갔을 때 라지가 확인 차 물었다.

"아무 문제 없었습니다. 감사합니다." 롭상은 자신의 책상에 앉아 있었다.

라지는 가방에서 빌려갔던 책을 꺼내며 말했다. "관점이 아주 흥미룝더군요.” 사실 그 말을 통해 그가 진짜로 하고자 했던 말은 “지난번에 제가 무례하게 굴었던 것 죄송합니다”였다.

기호학을 전공한 롭상은 방문자의 진심을 잘 이해했고 “다행이군요”라며 고개를 끄덕였다. 그러고는 “이 책이 많은 영감을 주었기 바랍니다”라고 덧붙였지만 그 역시 속으로는 “사과는 받아들이겠습니다. 어쩔 수 없이 화가 나는 날도 있으니까요”라고 말하고 있었다.

잠시 침묵이 흘렀다. 라지 고엘은 롭상의 책상에 책을 내려놓고 한 발자국 뒤로 물러섰다. 롭상의 시선을 피하며 마치 적당한 말을 찾아내려는 듯 잠시 사무실 주변을 둘러봤다.

“그러니까…… 미국에서 지내셨다고요?” 마침내 라지가 질문했다.

“네.”

“10년이나요?”

“그렇습니다.”

또 잠시 침묵이 흐른 뒤 라지가 물었다. “어땠습니까?”

롭상은 의자를 뒤로 빼고 방문자가 마침내 자신의 눈을 직시할 때까지 기다린 다음 물었다. “그건 왜 물으시나요?”

“왜냐하면 저도 미국에 가서 한동안 살고 싶은데, 집에서는 제가 결혼하기를 바라거든요.” 라지가 말하기 시작했다.

롭상의 질문이 막힌 곳을 뚫은 것 같았다. 일단 말하기 시작한 라지는 멈출 줄을 몰랐다. “뉴욕에 친구들이 있는데 계속 저더러 뉴욕에 와서 같이 지내자고 합니다. 저도 몹시 가고 싶고요. 늘 뉴욕에 가서 진짜 달러를 벌고 싶다는 생각을 했었거든요. 운이 좋으면 무비 스타도 만날 수 있을 테고. 그런데 부모님이 어떤 아가씨를 물색해놓고…… 아시잖아요. 그쪽 부모님도 우리가 결혼하기를 원하세요. 미국은 언제고 갈 수 있다면서요. 그리고 제 상사도 저를 개발 관리 훈련 팀으로 보내려고 해요. 그렇게 되면 지금 일하고 있는 회사에서 6년은 꼬박 썩어야 해요. 어떻게 해야 할지 모르겠어요. 현재 상황으로는 업무량도 너무 버겁고요."

그 갑작스러운 토로 후, 롭상의 사무실에는 손에 잡힐 듯 선명한 고요함이 찾아왔다. 잠시 후 롭상이 구석에 있던 의자 두 개를 가리키며 물었다. "차 한 잔 하시겠습니까?"

두 남자는 나란히 앉았다. 롭상이 차를 마시는 동안 라지 고엘은 자신에게 가해진 압력들을 조금도 숨기려 들지 않았다. 그 압력들이 지난주 그가 보여준 납득할 수 없는 행동의 진짜 원인이었음이 분명했다. 라지는 친구들이 미국 곳곳을 여행하며 페이스북이나 유튜브에 올려놓은 사진과 동영상을 볼 때면 너무 괴롭다고 말했다. 어떻게 부모님은, 고작 다람살라 텔레콤에서 중간 간부직으로 사는 것을 아들이 최고로 열망하는 일이라고 생각할 수 있는지 이해가 안 가고, 자신에게는 사업적인 아이디어가 더 많이 있다고 했다. 그는 날개를 펴고 날아가야 한다는 거의 본능에 가까운 강한 충동이 들지만 한편으로는 많은 희생을 감수하며 자신을 이렇게까지 교육시킨 부모님에 대한 강한 책임감도 느낀다며, 그래서 그 두 가지 생각이 늘 충돌하며 서로 싸우고 있다고 했다.

특히 지난 몇 주 동안은 엄청난 걱정과 불안으로 불면의 밤을 보냈다고 했다. 두 가지 가능성을 놓고 좋은 점과 나쁜 점을 합리적으로 생각해 보려고 얼마나 애를 썼는지 모른다고도 했다.

바로 그 시점에, 내 일상적인 호기심의 대상이기만 했던 그들의 대화가 갑자기 나에게도 매우 중요한 일이 되었다. 두 가지 가능성을 놓고 무게를 재는 행위는 절대 남의 얘기처럼 들리지 않았다! 라지 고엘과 나는 그 점에서 똑같았다.

마침내 방문자는 그날 자신이 온 진짜 목적을 드러냈다. "어쩌면 스님께 조언을 들으면 잘 결정할 수 있을 것 같은 생각이 들었습니다."

비어 있던 안락의자 위로 폴짝 뛰어오른 뒤 파란 눈을 동그랗게 뜨고 나는 롭상을 뚫어져라 쳐다보았다. 그가 무슨 말을 할지 몹시 궁금했다.

"저는 지혜가 대단한 사람이 아닙니다." 롭상은 현명한 수행자답게 말했다. "깨달은 사람도 아니고 특별한 능력도 없어요. 왜 저한테 조언을 받겠다고 생각하셨는지 모르겠군요."

"하지만 미국에서 10년이나 사시지 않았습니까?" 라지 고엘은 다급했다. "그리고……" 롭상은 그가 말을 끝내기를 기다렸다. "뭐든 잘 아시잖아요."

불과 일주일 전에 부처님을 맹신한다고 공격하면서 정신적 능력까지 의심했던 남자에게 그렇게 말하고 있는 자신이 창피한 듯 라지고엘은 시선을 떨어뜨렸다.

다음 순간, 롭상이 라지에게 던진 질문은 의외로 매우 간단했다. "그 여자 분을 사랑합니까?"

라지는 그런 질문을 받을 거라고는 상상도 못했다는 듯 놀랐다. 그러고는 어깨를 으쓱하더니 대답했다. "사진만 한 번 봤을 뿐인데요."

그 대답은 한 줄기 떠오른 연기처럼 허공에서 잠시 제 갈 길을 못 찾고 헤맸다. "아기를 갖고 싶어 한다고 들었어요. 제 부모님도 우리가 빨리 아기를 갖기 원하시고요."

"미국에 있다는 친구 분들은 미국에 얼마나 있을 예정인가요?"

"2년짜리 비자를 갖고 있습니다. 동쪽 해안에서 서쪽 해안까지 여행을 계획하고 있고요."

"그들에게 가려면……"

"빨리 가야죠."

롭상은 고개를 끄덕였다. "무엇 때문에 주저하는 거죠?"

"부모님 때문에요." 라지는 롭상이 지금까지 자신이 한 말을 제대로 들었는지 의심스럽다는 듯 다소 날카롭게 대꾸했다. "그리고 부모들끼리 말해놓은 결혼도 그렇고 또 제 상사가……"

“네, 네, 상사는 관리자 훈련을 받기 원하고요.” 롭상의 말투는 회의적이었다.

“왜 그렇게 말씀하세요?”

“어떻게요?”

“저를 믿지 못하겠다는 듯 말씀하시잖아요.”

“사실 믿지 못하니까요.” 롭상이 애정을 듬뿍 담아 상냥하게 웃었기 때문에 라지는 도저히 화를 낼 수가 없었다.

“서류들을 보여드릴 수도 있습니다.” 방문자가 말했다. “관리자 훈련을 받으려면 제가 서류를 제출해야 하니까요.”

“아, 지금까지 말씀하신, 관리자 훈련, 부모님 얘기, 결혼 얘기는 물론 다 믿습니다. 저는 그저 그런 것들이 진짜 이유라고는 믿지 못하겠다는 뜻이었습니다.”

라지 고엘은 다시 한 번 이마에 깊은 주름을 만들었다. 하지만 이번에는 화가 났다기보다는 당황했기 때문이었다.

“스님도 이런 문제들이 꼭 책임져야 할 중요한 문제라고 말씀하실 줄 알았어요.”

“왜요? 제가 스님이라서요?” 롭상은 책망하듯 말했다. “제가 종교인이고 종교인들은 현재의 상황을 유지하는 쪽을 선호해서요? 그래서 저한테 조언을 구하고 싶었던 건가요?”

라지 고엘은 당황했다.

"라지, 당신은 젊고 지적이고 탐구심이 강합니다. 일생에 단 한 번 있을까 말까 한 기회가 지금 눈앞에 펼쳐져 있어요. 세상으로 나갈 수 있는 기회죠. 미국뿐만 아니라 그대 자신에 대해서도 많이 알고 이해할 수 있는 기회이기도 하고요. 그런 기회를 왜 놓치려 합니까?"

롭상은 심각한 문제를 제기했고, 방문자는 잠시 후 이렇게 대답했다. "제가 겁을 먹었기 때문인가요?"

"두려운 거죠." 롭상이 말했다. "본능적인 두려움 때문에 행동하지 못하는 사람이 많아요. 마음속으로는 사실 행동을 개시해야 더 자유로울 수 있다는 걸 잘 알면서도 말입니다. 문이 열려 있는 새장 속 새처럼 우리는 자유롭게 밖으로 나가 원하는 것을 성취할 수 있습니다. 하지만 두렵기 때문에 밖에 나가지 않아도 되는 온갖 이유들을 만들어내죠."

라지 고엘은 한참 바닥을 응시하다가 마침내 롭상의 눈을 바라봤다. "맞는 말씀입니다." 라지가 인정했다.

"인도의 불교 구루인 샨티데바는 바로 이 문제에 대해 아주 현명한 말을 했답니다." 롭상이 샨티데바의 말을 인용하기 시작했다. "'죽어가는 뱀을 보면 까마귀도 독수리가 된다. 마찬가지로 내가 무기력해지면 작은 난관도 큰 장애가 될 것이다.' 라지, 지금은 약해지거나 두려움에 휩싸일 때가 아닙니다. 그대의 두려움을 곧장 직시한다면 생각보다 상황이 나쁘지 않다는 걸 알게 될 겁니다. 부모님을 잘 설득하면 그렇게 실망하지 않으실 거예요. 결혼은 나중에 할 수도 있고요. 2년 안에 다른 상대가 나타날지도 모릅니다. 그러는 동안 많은 일이 생길 겁니다. 충분히 기대하셔도 좋아요. 저는 라지 당신에게 미국이 멋진 곳이 될 거라고 확신합니다.”

“저도 그렇게 생각합니다.” 라지 고엘이 말했다. 이번에는 확신에 찬 듯했다. 몸을 앞으로 구부리며 자신의 가방을 든 라지는 새롭게 발견한 목표 덕에 실제로도 훌쩍 뛰어오르는 것 같았다. “맞는 말씀입니다! 좋은 조언 정말 감사합니다!”

두 남자는 서로 따뜻하게 악수했다.

“무비 스타를 만날 수도 있고요.” 롭상이 말했다.

“하하, 그거 겁나네요. 그래도 갈 겁니다!” 라지가 힘차게 선언했다.

❋

참 흥미롭다. 일단 다른 방식으로 해보기로 결심을 하고 나면 종종 세상이 그런 나를 돕기 시작한다. 늘 확실하게 혹은 즉각적으로 그런 건 아니지만, 또 때로는 전혀 생각지 못했던 방식으로 도움을 받기도 하지만 말이다.

그날 밤, 라지에게 한 롭상의 조언에 감명을 받은 나는 사원 마당을 벗어나 퍼텔 씨의 가게 끝, 그 반짝이는 초록 불빛이 있는 곳까지 가보기로 결심했다. 창문턱에 붙박이장처럼 붙어 있기 위해서 더 이상 어리석은 변명은 늘어놓지 않기로 했다. 실패 혹은 거부에 대한 두려움 따위는 던져버리기로 했다. 나는 더 이상 문이 열려 있는 새장 속에 앉아 있는 겁쟁이 앵무새가 아니다.

원정은 성공하지 못했다. 나의 범고양이가 나타나지 않은 것은 말할 것도 없고 돌아오는 길은 이상하게 걷고 또 걸어도 미로처럼 도무지 출구를 찾을 수가 없었다. 나를 알아본 남걀 사원 스님이 아니었더라면 완전 대소동이 벌어질 뻔했다.

하지만 다음날 오후, 시에스타를 즐긴 뒤 카페 프랭크 밖을 지나갈 때 나의 흠모자, 등푸른 고등어색 줄무늬 고양이가 돌연 내 옆에 등장했다.

내가 아무렇지도 않게 고양이 혐오자로 알려진 사람의 가게로 들어갔다 나온 것을 보고 그가 말했다. "믿을 수가 없군요!"

"아하!" 나는 어깨를 으쓱하며 말했다. "그런 거지요." 나는 그가 나타났다는 것에 흥분하기도 했지만 거의 불가능에 가까운 내 사교 능력을 과시할 수 있는 순간에 그가 나타났다는 사실에 더 흥분했다.

"어디로 가세요?" 그는 알고 싶어 했다.

"조캉에 갑니다." 내가 대답했다.

"거기서 사나요?"

"그런 셈이죠." 나는 적절한 때를 찾아 나의 고귀한 위상을 드러낼 것이다. "공교롭게도 20분 안에 중요한 분의 무릎에 앉아야 하거든요."

"누구의 무릎 말입니까?"

"말씀드릴 수 없어요. 달라이 라마와 접견하는 분들이 누군지는 절대 비밀이니까요."

범고양이의 눈이 눈에 띄게 커졌다. "최소한의 힌트라도 주세요!" 그가 간청했다.

"저는 일에 있어서는 직업 의식이 투철한 편이랍니다." 내가 말했다. 그리고 함께 조금 걸은 뒤 다시 덧붙였다. "그냥 미국에서 토크쇼 사회를 보는 금발 머리 여자라고만 해두죠."

"그런 사람은 너무 많아요."

"그 왜 있잖아요, 방청객을 늘 일으켜세우고 춤추게 만드는 그분 말이에요. 그분도 춤을 꽤 잘 추고요."

하지만 범고양이는 도무지 알 수 없다는 표정이었다.

"길고양이 보호자를 자청한, 놀랄 정도로 아름다운 여배우와 결혼한 그 사람 말이에요."

"놀랄 정도로 아름다운 여배우가 길고양이의 보호자라고요?"

나는 섬세함이 내 흠모자의 두드러진 장기長技는 아님을 알게 되었다.

"별로 중요한 얘기는 아닌 것 같네요." 나는 여전히 직업상 신중함을 보이며 말했다. 동시에 나는 쌀쌀맞아 보이고 싶지는 않았다. "말해주세요. 이름이 뭐예요?”

“맘보입니다.” 그가 대답했다. “그대는요?”

“저는 이름이 많아요.” 내가 말했다.

“귀족들은 원래 그렇죠.”

나는 굳이 해명하지 않는 대신 미소만 지어보였다. 내 흠잡을 데 없는 혈통이 공식적으로 기록되지 않은 것은 어쩌다 상황이 그랬기 때문이니까 말이다.

“그래도 보통 불리는 이름이 있을 테지요?”

“그렇다면……” 내가 대답했다. “사람들은 이니셜로 불러요. HHC 라고.”

“HHC?”

“그래요.” 우리는 막 조캉의 문에 다다랐다.

“무슨 글자의 이니셜인가요?”

“그건 숙제예요, 맘보 씨. 세상 물정에 밝은 분이잖아요?” 그의 가슴 근육이 자부심에 부풀어 올랐다. “문제를 잘 푸실 거예요.”

나는 조캉 입구 방향으로 돌아섰다.

“다시 만날 수 있겠소?” 그가 소리쳤다.

“밤이 새도록 빛나는 초록 불빛 밑에서 저를 찾으세요.”

“그곳이 어딘지 압니다.”

“그리고 황금 모자를 쓰고 오세요.”

바로 다음날 그는 그곳에 있었다. 나는 창문턱에 앉아 그를 못 본 척했다. 그렇게 쉬워서는 안 되니까. 나는 그가 얼마나 진심인지 시험해 보고 싶었다.

이틀 뒤 그가 야옹하고 울었을 때 나는 마침내 아래층으로 내려갔다.

"알아냈습니다." 그는 자신이 앉아 있는 바위까지 내가 다가가기를 기다리지 못하고 말했다. 내가 처음 그를 봤던 그 바위였다.

"뭘 알아냈다는 거죠?"

"성하님의 고양이, 그것이 그대의 이름이죠?"

온 세상이 잠시 숨을 멈추고 정지한 채 내 정체성의 대단한 미스터리가 풀리기를 기다리는 듯했다.

"그래요. 맘보 씨." 나는 내 크고 파란 눈으로 그를 직시하며 마침내 확답해 주었다. "하지만 대단하게 생각지는 말아주세요."

그는 속삭이듯 말했다. "믿을 수가 없어요. 다람살라의 슬럼 출신인 저와 그런 이니셜을 갖고 있는 그대가…… 제 말씀은 그러니까 그대는 실제로 왕족이나 다름없잖아요!"

"저는……" 구제불능 허영덩어리로 보이지 않으려면 대체 내 이름을 뭐라고 밝혀야 하나? 성하님의 보디카트바? 카페 프랭크의 린포체? 트린치 아줌마의 세상에서 제일 아름다운 창조물? 초갈과 텐진의 스노우 라이언?(아니면 운전수의 당치도 않은 마우지둥?) "저는 HHC일지 모르지만” 나는 마침내 이렇게 말했다. “여전히 저는…… 여자이고…… 아주 많이…… 고양이예요.”

“무슨 뜻인지 알 것 같소.”

그럴 리가! 나도 내가 무슨 말을 하는지 몰랐다. “그래서, 오늘 밤은 계획이 어떻게 되나요?”

친애하는 독자 여러분, 그날 밤 그리고 뒤이은 밤들에 벌어졌던 일에 대해서는 상세하게 밝히지 않겠습니다. 저는 그런 종류의 고양이가 아니고, 이 책은 그런 종류의 책이 아니니까요. 그리고 그대도 확실히 그런 종류의 독자가 아니니까요!

지혜를 나눠준 롭상에게 온 마음을 다해 감사하지 않은 날이 하루도 없었다고 밝혀두는 것만으로 충분할 것 같다. 샨티데바에게도 감사했다. 그리고 불만투성이 A/S 기사 대표를 조캉에 보내준 다람살라 텔레콤에게도 감사했다.

라지 고엘이 방문한 지 약 두 달 뒤, 내가 행정 비서관 사무실 서류 캐비닛 위 늘 있던 곳에 있을 때 롭상이 나타났다.

“오늘 그대에게 온 우편물이 있길래 빼놨지요.” 텐진이 그렇게 말하며 자기 책상 위에 있던 몇몇 봉투를 획획 넘겨보더니 화려한 여자 연예인의 번쩍이는 사진이 찍혀 있는 엽서를 하나 뽑아 들었다.

"라지 고엘?" 롭상이 엽서를 재빨리 훑어본 뒤 서명을 보더니 잠시 기억을 더듬었다. "아! 그 라지!"

"친구?" 텐진이 물었다.

"몇 달 전, 손상된 전화선을 보러 다람살라 텔레콤에서 왔던 그 사람 기억나세요? 지금은 미국에서 가장 큰 전화 회사에서 일한다고 하네요."

텐진은 순간적으로 눈썹을 치켜떴다. "지금쯤은 태도를 좀 고쳤기 바랍니다. 안 그러면 거기서 그리 오래 일하지는 못할 테니까요."

"분명 많이 좋아졌을 거예요." 롭상이 말했다. "이제는 실패에 대한 두려움에서 벗어났을 테니까요."

계속 엽서를 읽어가던 롭상이 만면에 미소를 지었다. "바로 지난주에 이분의 집 전화를 고쳤답니다." 엽서의 사진을 보여주며 롭상이 말했다.

"누군데요?" 초갈이 물었다.

"미국에서 매우 유명한 여배우예요. 길고양이의 수호 성인이라고도 하더라고요." 롭상은 다 알고 있다는 듯 나를 쳐다봤다. 그의 평정함이 특별한 능력이 아니라던 그의 말이 사실이 아님을 알 수 있는 순간이었다.

"이 엽서로, 그날 우리가 라지와 나눴던 대화가 아주 멋진 원을 하나 완성하는구나. HHC, 너도 그렇게 생각하지?"

11

'달라이 라마의 고양이라서 안 좋은 점은 무엇일까?'

이런 질문 자체가 너무 터무니없어서 독자 여러분은 그 즉시 나를 얼음처럼 차갑고 배은망덕하며, 오만방자하기 짝이 없고 거만함이 하늘을 찔러 그 어떤 것을 갖다주어도 성에 차지 않아 하는, 넓적한 얼굴에 긴 머리털을 가진 가련한 고양이쯤으로 취급할지도 모르겠다.

하지만 좀 기다려보시라. 이야기는 끝까지 들어봐야 하는 것 아닌가? 그렇다. 역사상 나처럼 독보적인 조건에서 온갖 혜택을 누리고 사는 고양이는 별로 찾아볼 수 없을 것이다. 물질적으로 풍족하고 정서적으로 충족되는 것(충족될 필요성을 못 느낄 때조차)은 물론이고 놀랍고도 다양한 방문자들과 지루할 틈 없이 돌아가는 이런저런 행사들로 인해 지적으로도 온갖 영감과 자극을 듬뿍 받고 있다. 이보다 더 사랑받고 존중받고 예쁨받을 수는 없을 것이다. 그렇게 나를 보살피는 사람들에게 내가 보답하는 길이라고는 오직 진심을 다하는 것뿐이다.

영적으로 말하자면, 독자 여러분도 이미 다 아시듯, 달라이 라마가 우리 방으로 들어오기만 하면 된다. 그럼 일상의 문제와 생각은 다 녹아버리고 마음 깊숙한 곳에서부터 모든 것이 좋다고만 느껴질 뿐이다. 하루 대부분을 달라이 라마와 함께 보내고, 밤에는 그의 침대 맡에서 자고, 몇 시간이고 그의 무릎에서 노는 나는 세상에서 가장 축복받은 고양이임에 틀림없다.

대체 안 좋은 점이 무엇이란 말인가?

달라이 라마도 종종 말하듯이 마음 수양은 어디까지나 각자 개인이 해야 한다. 다른 존재가 나로 하여금 내 마음을 알아차리게 할 수는 없다. 다른 사람이 나로 하여금 일상이 얼마나 흥미진진한지를 온전히 경험하게 할 수는 없다. 다른 존재가 억지로 나를 더 인내하고 더 친절하게 만들 수도 없다. 그 인내와 친절이 아무리 나를 더 흡족하게 하고 더 좋게 하더라도 말이다. 명상할 때 집중력을 높이는 일만 봐도 나 스스로 해야 하는 일임이 매우 분명해진다.

그러므로 우리는 여기서 도저히 부인할 수 없는, 나를 당황스럽고 짜증나게 하는 문제의 핵심에 도달하게 된다.

나는 매일 달라이 라마의 접견실에서 오랫동안 수행해 온 사람들이 말하는 명상 경험들을 듣는다. 그리고 2분 이상 집중하지 못하는 산만한 나 자신의 무능력을 생각한다. 나는 의식적으로 잠든 상태 혹은 실제로—일시적으로—죽었다고 할 만한 의식 상태를 경험하는 요기들의 놀라운 이야기를 한 주도 쉬지 않고 들었다. 하지만 매일 밤 눈을 감을 때면 곧장 의식 없고 무겁기만 한 무감각 상태로 빠져들 뿐이다.

가끔 생각하는데, 내가 달라이 라마가 명상하는 그 시간만큼 텔레비전을 시청하는 집에서 나처럼 마음이 동요하는 사람들에 둘러싸여 살았다면, 내가 얼마나 부족한 고양이인지 이렇게까지 통감하지 않아도 되었을 것이다. 사람과 물건을 보는 태도가 아니라 사람과 물건 그 자체가 행복과 불행을 가져다준다고 믿는 사람들에 둘러싸여 살았다면, 흠…… 나는 어쩜 아주 현명한 고양이가 됐을지도 모른다.

하지만 나는 그런 곳에 살고 있지 않다.

그러니 그런 현명한 고양이도 될 수 없다. 현명한 고양이는커녕, 때로 나는 내가 너무 모자라서 진정한 보디카트바가 되려고 노력할 필요조차 없다고 느끼기도 한다. 나의 명상 기술은 가련할 정도다. 습관처럼 떠오르는 부정적인 생각들은 또 어떻고. 조캉에서 나는 그야말로 거인들에 둘러싸인 피그미 족이다! 그 외에도 많은 내 개인적인 무능력은 더 말할 것도 없다. 나는 여전히 매일매일 폭식하고 싶은 내 어두운 측면과 싸우고 있고, 부실한 뒷다리 때문에 걷자마자 육체적으로 얼마나 불완전한지도 금방 드러난다. 게다가 나의 흠잡을 데 없는 혈통을 증명할 족보도 없고(비통하고 비통하도다!), '죽는 날까지 그럴 것이다'라는, 틈만 나면 나의 자존심을, 마치 날카로운 모래 알갱이로 쓸어내리는 듯한 고통스러운 사실까지. 증명할 서류가 없는데 나 자신이 다르다거나 특별하다고 혹은 누군가 말했듯 왕족이라고 계속 믿기는 정말이지 어려운 일이다.

어느 날 아침, 카페 프랭크로 느릿느릿 내려가면서 나는 그런 생각들을 하고 있었다. 맛있는 음식으로나마 위로받고 싶었다. 북적거리는 테이블 사이를 지나가다가 마르셀과 코를 비비며 인사했다. 녀석은 카이카이가 도착한 다음부터 나에게 부쩍 다정했다. 프랭크가 몸을 구부려 나를 쓰다듬어 줄 때는 매우 상냥하게 가르랑거렸다. 그러고는 수석 웨이터 쿠살리가 두 팔로 접시 세 개를 안전하게 나르는 모습에 시선을 고정한 채 번쩍이는 패션 잡지 사이의 내 자리로 올라가 내 전용 극장에서 상연되는 연극을 감상했다.

카페 안은 여느 때처럼 등반가, 구도자, 환경 운동가, 스니커즈를 신은 연금생활자 들이 섞여 있었다. 하지만 나는 곧장 바로 내 옆 테이블에서 혼자 브루스 립톤의 《신념의 생물학 *The Biology of Belief*》을 읽고 있던 삼십대 중반의 한 남자에게 시선을 고정했다. 헤이즐넛색 눈동자에 훤칠한 이마, 검은 곱슬머리의 잘생긴 그 남자는 다소 공붓벌레처럼 보이는 읽기 전용 안경을 쓰고 대단한 지적 능력을 보여주

듯 빠른 속도로 책을 읽고 있었다.

샘 골드베르그는 카페 프랭크에 꽤 오래 드나든 단골 중 한 명이었다. 한 달 전쯤에 맥레오드 간지에 도착한 그는 카페 프랭크를 발견한 뒤로 매일 이곳에서 식사를 해결해 왔다. 프랭크도 그가 누군지 금방 알게 되었다.

둘은 길게 잡담을 늘어놓았고 덕분에 나는 샘이 로스엔젤레스에 있는 직장에서 실직당한 뒤 잠시 쉬고 있는 중임을 알게 되었다. 맥레오드 간지에서 얼마나 머무를지는 아직 미정인 상태였다. 그는 일주일에 평균 네 권의 책을 읽었고, 몸·정신·영혼의 문제를 주제로 블로그 활동도 활발하게 했으며, 블로그에 드나드는 사람이 2만 명이 넘는다고 했다.

그들의 대화를 흥미롭게 느끼기 시작한 건 바로 지난주부터였다. 아침과 점심 사이의 한가로운 시간에 프랭크는 샘의 맞은편 의자를 끌어당겨 앉았다. 프랭크가 손님에게 좀처럼 보이지 않는 호의였다.

"오늘은 뭘 읽고 계세요?" 서비스로 라떼를 한 잔 내밀면서 프랭크가 물었다.

"아! 고맙습니다. 잘 마시겠습니다." 샘은 커피를 흘긋 보고 프랭크를 아주 잠시 쳐다본 뒤 다시 책으로 눈길을 돌렸다. "《반야심경》에 대해 달라이 라마께서 쓰신 책이에요." 샘이 말했다. "개인적으로 제일 좋아하는, 고전의 반열에 오를 책이죠. 열두 번도 더 읽었을 겁니다. 틱낫한 스님의 《반야심경 *Heart of Understanding*》과 함께 《반야심경》 속의 뜻을 풀어가는 데 가장 유용한 책인 것 같습니다.”

“연기법은 어려운 주제예요.” 프랭크가 덧붙였다.

“가장 어렵죠.” 샘이 동의했다. “하지만 전체적인 이해를 위해서라면 틸로파의 《나로파를 위한 마하무드라의 가르침 28송 *Mahamudra Instruction to Naropa in Twenty-Eight Verses*》이나 1대 판첸 라마의 《천상으로 향한 큰길 *Main Road of the Triumphant Ones*》 정도면 충분할 거예요. 틸로파의 글은 대단히 서정적이고 시구들은 때로 매우 상징적입니다. 판첸 라마의 가르침은 훨씬 더 산문적이고요. 하지만 둘 다 대단한 설득력으로 분명하게 말하고 있어요. 그것은 이 주제를 명상할 때 우리에게 반드시 필요한 점이지요.”

프랭크는 잠시 샘이 하는 말을 소화시킨 뒤 말했다. “항상 감탄하게 된다니까요, 샘. 어떤 주제를 말하든 관련 책 대여섯 권은 늘 줄줄 꿰시네요. 게다가 완벽한 논평까지.”

“아, 아니, 아닙니다.” 샘의 창백하던 목이 군데군데 분홍색으로 물들었다.

“블로그에 계속 글을 써야 해서 그런가요?”

“사실, 블로그는 이유라기보다는 결과랍니다.” 샘은 프랭크를 똑바로 쳐다보지 못하고 흘끗 보면서 말했다.

“원래부터 책벌레였어요?”

"이쪽 일을 하는 데 도움이 되니까요. 제 말은 전에 하던 그……
그…… 그…… 그런 일요."

"무슨 일을 하셨는데요?" 프랭크가 자연스럽게 물었다.

"책을 팔았어요."

"그렇다면……?"

"큰 서점 체인에서 일했어요."

"그거…… 흥미롭네요." 프랭크가 눈을 반짝였다. 그는 내가 달라
이 라마의 고양이임을 처음 알게 됐을 때도 그렇게 눈을 반짝였었다.

"저는 몸·정신·영혼 분야를 관리했죠." 샘이 계속 말했다. "최신
발행 책들을 잘 알고 있어야 했고요."

"그럼" 프랭크가 몸을 앞으로 숙이고 팔을 테이블에 올리며 물었
다. "말씀 좀 해보세요, 그 전자책 말이에요. 이제 일반 서점은 끝장
나는 건가요?"

샘은 앉은 자세를 바로하며 처음으로 1초 정도 프랭크를 똑바로
직시했다. "정확하게 예측할 수 있는 사람은 아무도 없을 거예요. 하
지만 저는 일부 서점들은 번성할 거라고 생각합니다. 특정 분야의 책
을 파는 서점들이요. 이벤트도 많이 하면 더 좋고요."

"북카페 같은 것은 어떤가요?"

"아주 좋죠!"

프랭크는 한동안 조심스럽게 샘을 살피더니 마침내 말했다. "지난

몇 달 동안 저는 사업을 좀 더 다양하게 벌일 길을 모색해 왔어요. 여기 테이블들에서 좀 떨어진 저기 저 공간 보이시죠? 죽은 공간이죠."

프랭크는 몇 계단 올라가야 하는 카페 구석 쪽을 가리켰다. 조명이 은은하고 보통 사람들이 잘 앉지 않는 곳이었다. "그리고 여기에 오는 여행자 중에는 새로운 책을 읽고 또 사고 싶어 하는 사람도 많고요. 이곳 주변에는 그럴만한 곳이 없거든요. 문제는 제가 서점 경영에 대해서는 아무것도 모른다는 겁니다. 잘 아는 사람도 주위에 없고요. 방금 전까지는 말이에요."

샘은 고개를 끄덕였다.

"어떻게 생각하세요?"

"제가 생각해도 이곳은 분명히 서점하기에 좋은 곳이에요. 말씀하셨듯이 경쟁자도 없고요. 인터넷 연결이 좋지 않아서 전자책 다운받기가 쉽지 않은 것도 도움이 됐으면 됐지 나쁠 건 없고요……"

"이곳에 오는 손님들은 몸·정신·영혼에 대한 책에 관심이 아주 많아요." 프랭크가 끼어들었다. "여기서 항상 그런 책들을 읽거든요."

"레스토랑에 가서 밥만 먹고 가는 것보다는" 샘이 맞장구를 쳤다. "새 책이나, CD나 선물 같은 것을 살 수도 있으면 좋지요."

"불교와 인도에 대한 신간들을 들여놓겠어요."

"질이 좋은 물건들을 들여놔야 해요."

"물론이죠."

둘은 꼬박 3초 동안 아무 말 없이 서로를 응시했다. 반짝이던 프랭크의 눈은 이미 흥분으로 이글거렸다. 심지어 그렇게 얌전하던 샘도 들뜬 것 같았다.

그때 프랭크가 물었다. "이 일 한 번 시작해 보시겠어요?"

"그 말씀은……?"

"운영도 하시고요. 제 서점의 매니저로서 말입니다."

흥분하던 샘의 표정이 한 순간에 싸늘해졌다.

"그게, 그건 정…… 정…… 말 고마운 말씀입니다만 저는 할 수 없습니다." 미간을 잔뜩 찡그리며 샘이 말했다. "제 말은, 저는 여기 몇 주만 있을 거라서요."

"기다리고 있는 일도 없지 않습니까?" 프랭크는 샘의 입장에서 보면 다소 매정하게 현실을 상기시켰다. "제가 여기서 일자리를 제공할 거고요."

"하지만 비자 문제가……"

"그런 서류 문제는 제가 해결해 드릴게요." 프랭크는 손을 저으며 샘의 문제 제기를 일축해 버렸다.

"그리고 살…… 살…… 만한 곳도 마땅치 않고요……"

"위층에 거처할 공간이 충분합니다." 프랭크가 말했다. "그 부분도 계약 조건에 넣겠습니다."

하지만 프랭크는 샘의 걱정을 해결하기는커녕 오히려 더하기만 하는 것 같았다. 샘은 고개를 숙였다. 처음에는 목이 빨개지는 것 같더니 조금씩 어쩔 수 없는 듯 뺨까지 빨갛게 달아올랐다.

"저는 어쨌든 할 수 없습니다." 샘이 프랭크에게 말했다. "다 문제없다고 해도……"

눈을 동그랗게 뜨고 몸을 앞으로 기울이며 프랭크가 물었다. "대체 왜요?"

샘은 심히 비참한 듯 바닥을 응시했다.

"저한테는 말하셔도 됩니다." 프랭크가 목소리를 낮추며 말했다.

샘은 천천히 머리를 흔들었다.

잠시 후 프랭크는 작전을 바꾸었다. "저를 믿어보세요. 저는 불교도라고요."

샘은 힘없이 웃었다.

"이유를 말씀하시기 전까지 꼼짝도 안 할 겁니다." 프랭크는 애정과 고집이 섞인 목소리로 말했다. 그리고 오래 기다릴 준비라도 하듯 의자 깊숙이 몸을 묻었다. 샘의 빨개졌던 얼굴이 이번에는 어두워졌다. 샘은 오랫동안 바닥에 시선을 고정한 채 아무 말 없다가 마침내 중얼거리듯 말했다. "센추리 시티에서 일하던 서점이 문을 닫았을 때 저는 해고당했습니다."

"그건 이미 말씀하셨고요."

"그게, 서점이 문을 닫았다고 해서 다 해고당한 건 아니었어요. 몇

몇은 다른 곳에 배치되어 계속 일했으니까요." 샘은 부끄럽다는 듯
고개를 떨구었다.

"그러니까 그 말씀은……?"

"일을 잘했으면 저도 계속 일할 수 있었겠죠."

"일을 제일 잘하는 사람이라면 계속 잡아뒀겠죠. 왜 안 그렇겠어
요?" 프랭크가 팽팽한 목소리로 말했다. "또 다른 이유라면? 해고 수
당? 오래 일해서 해고 수당을 많이 줘야 하는 사람이었어요?"

샘은 어깨를 으쓱했다. "대부분은요. 어쨌든 제가 사람을 얼마나
잘 못 다루는지…… 당신도 볼 수 있을 거예요. 프랭크, 저는 그런 일
에는 전혀 소질이 없어요." 샘은 프랭크 쪽을 짧게 겨우 한 번 힐끗
쳐다보며 말했다. "학교 다닐 때는 체육 시간에 팀을 짜야 하면 저는
늘 아무 팀에도 끼지 못하고 맨 마지막까지 남곤 했죠. 대학 때도 데
이트 한 번 못해봤고요. 저는 원래부터 사람들과 잘 어울리지 못했어
요. 제가 이 일을 맡으면 바로 재난입니다."

프랭크는 입술을 앙 다물며 다 알겠다는 듯 눈앞의 불쌍한 남자를
쳐다보았다. 그리고 쿠살리에게 에스프레소를 한 잔 더 가져오라고
조용히 지시했다.

"네, 그렇지요." 잠시 후 프랭크가 응답했다. "생각해 보면 책 정리
를 죄다 엉망으로 해놓는 사람이 있다면 그것이야말로 재난이겠지
요. 아니면 손님이 와서 특별한 책을 찾는데 열두 권이나 되는 다른

책들을 추천하는 건 어떻고요. 대참사가 따로 없죠!"

"그런 뜻이 아니라……"

"아! 어떤 사람이 마침 스포츠 팀을 만들려던 차에 여기서 샘이 눈에 들어올 수도 있잖아요."

"그런 뜻이 아니란 걸……"

"아니면, 신이 도우셔서 어떤 여자가 데이트 상대를 구하러 여기 나타날 수도 있고요!"

"사람들하고 말하는 것 말이에요!" 샘이 거의 덤벼들 듯 항변했다. "그 일을 잘 못한다고요."

"지금 저하고 말하고 있잖습니까?"

"당신은 손님이 아니잖아요."

"저는 손님들에게 절대 비싼 음식을 시키라고 압박하지 않아요. 당신이 책을 많이 팔아야 한다고도 생각하지 않고요. 그런 건 걱정하지 않으셔도 돼요." 프랭크가 말했다.

둘은 잠시 말없이 서로를 바라보더니 이윽고 프랭크가 말했다. "서점 사업이 잘되고 못 되고를 떠나서 제 생각에 이 일은 당신이 적격인 것 같아요. 정작 본인은 그렇게 믿지 않지만요."

⁂

그 일은 지난 주말 즈음 일어났고 프랭크가 백방으로 노력해 봤지만 샘은 끝내 아무런 확답도 주지 않았다. 그 후에도 샘은 카페에 매일 나타났지만 둘 다 그 주제에 대해서는 더 이상 말하지 않았다. 나는 프랭크가 얼마나 오랫동안 기다릴 수 있을지 궁금했다. 그가 그 주제를 다시 끄집어낼 것이라고 확신했기 때문이다.

샘과 그런 대화를 나눈 뒤 프랭크는 몇몇 업자를 불러 자신이 서점으로 생각하는 공간을 측정하게 했고 책장의 위치와 진열 문제도 논의했다. 하지만 프랭크가 과연 샘의 마음을 움직일 수 있을까?

공교롭게도 프랭크의 뛰어난 설득력 따위는 전혀 필요 없었다. 그날 아침 내가 카페 프랭크에 도착한 지 얼마 되지 않았을 때 바로 게쉐 왕포 스님이 나타났기 때문이다. 샘은 그때 세포생물학 및 발생기구학 문제에 빠져 있었다.

프랭크가 일찍이 발견했듯이, 스승을 섬기는 일은 양날의 검 같은 것이었다. 엄청난 혜택이 주어졌지만 그 전에 해야 할 일 또한 만만치 않았다. 특히 스승이 게쉐 왕포와 같이 타협을 모르는 라마라면 그 검의 양날은 면도날처럼 날카로울 수밖에 없었다. 화요일 아침마다 프랭크는 남걀 사원에 가서 '깨달음의 길'에 대한 수업을 들었다. 하지만 그 외에도 게쉐 왕포는 아무 때고 프랭크의 세상에 들이닥쳐 특별한 임무들을 내려주곤 했다.

한번은 프랭크가 직원들 문제로 어쩔 줄 모르며 정신없어하고 있을 때, 왕포 스님이 프랭크가 도움을 요청하지도 않았는데 전에 없이 전화를 해 당장 내일부터 매일 두 시간 동안 녹색 타라 만트라를 외우라고 명령했다. 그 주가 끝날 때쯤 신기하게도 직원 문제는 저절로 해결되었다.

이런 일도 있었다. 프랭크가 샌프란시스코에서 병상에 누워 있던 아버지와 국제 통화를 했다. 프랭크는 아버지를 보기 위해 지금 당장 고향으로 갈 수 없는 이유들을 10분 정도에 걸쳐 설명했다. 그리고 전화를 끊고 돌아보니 자신의 라마가 바로 뒤에 서 있었다. 왕포 스님은 지금 즉시 아버지를 찾아뵈라고 근엄한 목소리로 명령했다. “늙고 병든 아버지에게 너무 바빠서 병문안 갈 시간이 없다고 말하는 아들이 어디에 있나?” “대체 부모 없이 어떻게 태어났겠는가?” “후생에 대체 어떤 부모 밑에서 태어나고 싶은가? 지금의 너처럼 무뚝뚝하고 무관심한 부모? 아니면 자식의 안녕을 진심으로 걱정하는 부모?”와 같은 말들에 “면세점에서 아버지에게 줄 고가의 선물도 잊지 말라”는 말도 덧붙였다.

30분 뒤 프랭크는 집에 가는 비행기 표를 예약했다.

그리고 그날의 그 한가한 아침나절, 카페 프랭크로 들어온 게쉐 왕포는 텅 빈 테이블들을 한 번 쭉 둘러본 뒤 곧장 혼자 책을 읽고 있던 샘에게로 다가갔다. 레스토랑을 가로질러 가는 그의 모습에서 강한 에너지가 느껴졌다. 압도적인 위엄 때문에 적갈색 승복을 입은 스님이 아니라 사원 벽 탱카 속에 묘사된 불을 뿜어대는 짙은 남빛의 큰 괴물처럼 보이기도 했다.

"좀 앉아도 될까요?" 왕포 스님이 샘의 맞은편 의자를 끌어당기며 물었다.

"네에, 물론입니다." 주변의 거의 모든 테이블이 비어 있었기 때문에 샘은 좀 의아했지만 표시는 내지 않았다. 그리고 다시 읽던 책으로 시선을 돌렸다.

편안하게 자리를 잡은 게쉐 왕포는 조용히 있을 생각이 전혀 없었다. "무슨 책을 읽고 있나요?"

샘이 고개를 들었다. "발…… 생…… 기구학 책을 읽고 있습니다."

라마는 샘의 빈 커피 잔 옆에 쌓여 있던 페이퍼백 세 권을 힐끗 쳐다보았다. "책 읽는 걸 좋아하나요?"

샘이 고개를 끄덕였다.

나는 프랭크가 그 주의 수업을 마치고 게쉐 왕포에게 서점 구상에 대해 말한 건가 싶었지만, 그랬을 것 같지는 않았다. 왕포 스님은 제자들에게 누구의 도움을 받기보다는 뭐든 스스로 자급자족할 것을 권하는 편이었다. 샘은 게쉐 왕포가 특이하게 사교적이라는 것 외에 어떤 사람인지 전혀 모르고 있었다.

"참 좋은 일입니다." 왕포 스님이 샘에게 말했다. "지식을 다른 사람과 나누는 것 말입니다. 그렇지 않다면 아무리 대단한 지식인들 무슨 소용이 있겠습니까?"

샘은 눈을 들어 다시 한 번 라마를 보았다. 그리고 그에게 시선을 고정했다. 여느 때 같았으면 힐끗 쳐다보기만 했을 텐데 어쩐지 오랫동안 눈을 맞추고 있었다. 라마 얼굴의 무엇이 그의 시선을 사로잡았을까? 샘은 안전을 확신했을까? 아니면 근엄한 풍모의 그 티베트 스님 안에서 무한한 자비심을 보았을까? 게쉐 왕포는 그다운 강한 힘으로 샘의 응시를 받아낸 걸까? 아니면 둘 사이에는 설명하기 힘든 그 어떤 교감이 있었던 걸까?

어느 쪽이 되었든, 샘이 마침내 그의 물음에 대답했을 때 그 특유의 수줍음은 사라지고 없었다. "그런 말씀을 하시다니 신기하네요. 이 레스토랑 사장이 제게 서점을 운영해 보지 않겠냐고 물었거든요." 샘은 프랭크가 서점으로 쓰면 좋겠다고 생각한 공간을 가리켰다.

"그러고 싶은가요?" 라마가 물었다.

샘은 얼굴을 찡그렸다. "저는 적임자가 아닙니다."

게쉐 왕포는 표정 변화 없이 다시 물었다. "그러고 싶은가요?"

"실망시킬 수는 없어요. 책과 디스플레이에 투자도 많이 해야 할 텐데 제가 다 망치면……"

"알겠습니다. 알겠고요." 게쉐 왕포는 몸을 앞으로 기울였다. "그런데, 그 일을 하고 싶으냐고요?"

샘의 입가에 살짝 유감스럽다는 듯, 하지만 억제할 수 없는 미소가 번졌다.

게쉐 왕포는 샘이 무슨 말을 더 꺼내기 전에 재빨리 말했다. "그렇다면 해야 합니다!"

샘이 활짝 미소를 지어보였다. "계속 생각해 봤어요. 많이 생각해 봤죠. 할 수만 있다면 아주 고무적인…… 새 출발이 될 거예요. 하지만 몇 가지 의혹이 있어요."

"의혹이라니요?" 눈썹을 눈에 띄게 찡그리며 라마가 물었다.

"의심, 걱정, 불확실성 같은 것들요." 샘은 의혹의 유의어들을 몽땅 동원하며 대답했다.

"그거야 당연한 겁니다." 라마가 샘에게 말했다. 그리고 강조하기 위해 한 번 더 크고 깊게, 천천히 말했다. "당!연!해!요."

"지금 이 기회를 어떻게 해야 하나 분석중이에요……" 샘이 설명을 시작했다.

게쉐 왕포가 잘라 말했다. "너무 많이 생각할 필요는 없어요."

샘은 자신의 사변적 연구가 그렇게 쉽게 무시되어 버리는 상황에 적잖이 놀란 표정으로 게쉐 왕포를 응시했다. "사람들을 다루는 저의 모습을 못 보셔서 그래요." 샘이 계속 말했다. "제 말은 보통 사람들이요."

양손을 허리춤에 올린 채 몸을 앞으로 기울이며 라마가 물었다. "무슨 문제라도 있습니까?"

샘은 어깨를 으쓱해 보였다. "자존감 문제일 수도……"

“자존감?”

“그 정도 일을 할 자격이 못 된다고 생각하는 거죠.”

게쉐 왕포는 그렇게 생각하지 않았다. “하지만 책을 많이 읽지 않습니까? 지식도 많고요.”

“그런 문제가 아닙니다.”

“불교적으로 보자면” 라마는 도발적으로 머리를 삐딱하게 기울이며 말했다. “그대는 게으르다고 할 수도 있습니다.”

그 말에 샘은 보통 때와 달리 얼굴이 순식간에 창백해졌다.

“자신을 경멸하고 어느 곳에도 쓸모가 없다고 생각하며 ‘나는 할 수 없어’라고 말하는 것은 정신이 나약하다는 뜻입니다. 그 점은 극복해야겠네요.”

“그러고 싶다고 그렇게 되는 문제가 아니에요.” 샘은 힘없이 항변했다.

“일단 그 문제를 극복하겠다는 쪽으로 먼저 결정해요. 그런 나약한 정신에 굴복한다면 어떻게 되겠습니까? 또 더 약하다고 느끼겠지요. 결과적으로 점점 더 약해질 테고요. 그보다는 자기 확신을 가지려고 노력하세요!” 게쉐 왕포는 허리를 꼿꼿이 세우고 테이블에 꽉 쥔 주먹을 올려놓은 채 말했다. 그의 몸에서 사방으로 힘이 퍼져나가는 것 같았다.

“제가 그럴 수 있을까요?”

"반드시 그래야 합니다!" 라마는 샘에게 강요하듯 말했다. "사람들에게 말할 때는 반드시 눈을 크게 뜨고 힘찬 목소리로 말하세요."

샘은 자세를 바꿔 몸을 똑바로 했다.

"《보디사트바의 삶에 대한 안내서 *A Guide to the Bodhisattva's Way of Life*》는 읽으셨나요?"

샘이 고개를 끄덕였다.

"자기 확신은 반드시 유익한 활동에 이용해야 한다고 하더군요. 그대도 여기서 바로 그 유익한 활동을 하려는 것이 아닙니까? '나는 혼자서도 할 수 있다'라고 생각해야 합니다. 그대가 하는 일에 확신을 가지십시오."

"큰 눈과 힘찬 목소리로요?" 샘이 부쩍 커진 목소리로 말했다.

라마는 고개를 끄덕였다. "바로 그렇게요."

게쉐 왕포의 힘에 반응한 듯 샘은 새로운 감정에 사로잡혔다. 더 꼿꼿하게 더 자신 있게 앉아 있었다. 바닥을 내려다보는 대신 게쉐 왕포의 눈을 직시했다. 아무 말도 필요 없었다. 그 침묵 속에서 뭔가 다른, 뭔가 더 직관적인 소통이 일어나는 것 같았다. 샘은 자신의 자존감 부족 문제는 더도 덜도 아닌 스스로에 대한 자신의 생각일 뿐이란 걸 깨닫는 것 같았다. 냅킨과 다를 바 없는, 일시적으로 와서 머물고는 사라져버리는 그 생각, 왕포 스님 앞에서 그러한 생각은 삶의 긍정적인 측면을 더 강조하는, 좀 다른 생각으로 대체되었다.

한참을 침묵하다가 샘이 말했다. "성함을 아직 모르네요."

"게쉐 아차리야 트리장 왕포입니다."

"스테파니 스펀스터가 번역한 《더 이상의 배움 없는 합일로 가는 길》을 쓴 분이 아니십니까?"

라마는 팔짱을 낀 채 몸을 뒤로 빼고 앉으며 놀랍다는 듯 가자미 눈을 뜨고 말했다. "당신 진짜 많은 것을 알고 있군."

그날 늦게 조캉으로 천천히 걸어가면서 나는 게쉐 왕포가 했던 말을 곰곰이 되새겨보았다. 왕포 스님이 샘에게 자기 확신의 부족은 불교적 관점으로 볼 때 극복해야 할 게으르고 나약한 마음이라고 했을 때 나 또한 깜짝 놀라지 않을 수 없었다. 일반적인 다르마 수행과 구체적인 명상 수행의 문제라면 나는 나 자신이 무기력하다는 느낌을 떨쳐버릴 수 없었다. 그리고 조캉에서 살면서 초월적인 깨달음이 가능하다는 말을 그렇게 자주 들으면서도 내 명상 수행은 '어쩌면 그렇게 계속할 가치를 못 느낄 정도로 부족한지 모르겠다'고 늘 생각했었다.

하지만 라마가 말했듯이 그렇게 늘 약한 마음만 먹으면 어떻게 되겠는가? 더 나약해지는 것 외에 무슨 대단한 결과가 나오겠는가? 당혹스러운 이치이긴 했지만 그런 당혹스러움과 함께 이상하고도 불가피하게 내 역량이 매우 강화되는 느낌이 들었다.

그날 밤, 나는 창문턱에 앉아 명상 자세를 취했다. 발을 단정하게 접어 앉고 눈은 반만 감았다. 수염은 깨어 있게 두었다. 그리고 호흡에 집중하기 전에 먼저 게쉐 왕포의 말을 기억했다.

또한 나는 완벽한 롤 모델과 함께 살고 있으며, 주위에 수행을 도와줄 사람이 많다는 것도 기억했다. 진정한 '보디카트바'로 진화하는 데 이보다 더 좋은 환경은 없다.

나는 스스로 그 진화를 이루어야 한다!

그 명상에서 깨어남과 동시에 나는 완전히 깨달은 고양이로 거듭났을까? 내 태도의 변화가 즉각적인 열반을 불러들였다고? 친애하는 독자 여러분, 그렇게 말한다면 나는 거짓말을 하는 것입니다.

명상 능력이 갑작스레 좋아진 것은 전혀 아니었다. 하지만 중요한 것은 내 기분이 좋아졌다는 것이다.

그때부터 나는 명상이 잘 안 된다고 해서 그것을 포기의 구실로 삼지는 않기로 했다. 내 경험을 올림픽 챔피언 수준인 달라이 라마의 손님들과 비교해 판단하는 것도 하지 않기로 했다. 나는 실패도 하고 약점도 있는 HHC다. 하지만 샘이 그렇듯 나도 나만의 강점을 갖고 있다. 나 또한 '눈을 크게 뜨고 힘찬 목소리'로 명상할 것이다. 명상 집중에 대한 가르침들을 다 이해하지는 못했지만 나도 알 만큼은 안다.

⁂

이 이야기에는 에필로그가 달려 있다. 당연히 그렇겠지. 그리고 그 에필로그가 가장 좋은 부분이겠지. 여러분도 그렇게 생각하지 않으세요? 기대하지 않았던 사탕, 발레리나의 피루에트 pirouette(한쪽 다리로 서서 팽이처럼 회전하는 기술을 가리키는 발레 용어―옮긴이) 같은 에필로그 말입니다. 자동차 기어를 갑자기 바꾸는 것 같은…… 나는 그런 종류의 고양이다. 이 책은 그런 종류의 책이고.

그리고 지금까지 나와 함께 시간을 보냈다면 좋든 싫든 친구여, 그대도 확실히 그런 종류의 독자일 것이다!

첫째, 고백 하나!

샘이 프랭크에게 자신이 왜 서점 일에 부적합하다고 느끼는지 설명하던 날, 그의 점점 커져가던 자기 의심에 대해 들으면서 나는 동요했다. 서점에서 해고당한 일은 샘에게, 스포츠 팀을 정하며 홀로 남겨질 때마다 느꼈던 버려진 느낌을 더 강화시켰다. 대학에서 사랑하는 여자를 만나지 못한 것도 슬픈 부적응자의 길고 긴 이야기를 더 비참하게 했다. 지극히 능력 있는 전문가들 가운데 스포츠에는 젬병인 사람이 많다는 사실, 혹은 세상에서 가장 아름다운 여자들도 가끔은 세상에서 가장 괴짜 같은 남자와 행복하게 잘산다는 사실은 샘의 자기 파괴적인 믿음을 전혀 약화시키지 못했다. 샘이 얼마나 지적인 사람인지를 고려할 때 그런 그의 설명은 참으로 기묘하고 심지어 웃음까지 터지게 할 만했다. 그가 겪었을 고통이 그렇게 명백하게 드러나지 않았더라면 말이다.

그렇다 하더라도 그가 서로 상관없는 경험들을 모아모아 자신에 대한 그처럼 우울하고도 정교한 이야기를 생산해 냈을 때 나는 고통스런 사실 하나를 깨닫지 않을 수 없었다. 나도 꼭 샘 같다는 것이었다.

나도 부정적인 생각 속에서 모든 것을 부정적으로 보지 않았나? 명상 능력이 비천하다는 생각을 하면 즉시, 그러니까 밥도 늘 그렇게 많이 먹는 것 아니냐고 스스로를 다그쳤다. 외모에 관해서라면 다리의 상처 때문에 이상하게 걷는 내 모습만 늘 의식했다. 그러다 보면 어린 시절 기억과 족보 문제가 떠올라 자동적으로 더 우울해졌다.

게쉐 왕포 덕분에 충격을 받은 뒤 나는 반대 역학을 발견해 냈다. 긍정적인 생각도 증식된다는 것 말이다. 그리고 긍정적인 생각의 증식은 참으로 기대치 않게 멋진 효과를 불러낸다는 것도.

사람들이 냉장고에 붙이는 메모용 자석이나 인사장, 또는 좋은 말을 써놓는 이런저런 장신구들에 애용하며 써놓곤 하는 괴테의 말이 하나 있다. "무슨 일이선, 어떤 꿈이건 지금 즉시 시작하라. 그런 대담함이 천재를 낳고 능력을 높이고 마법을 부른다." 사실은 괴테가 그런 말을 한 적이 없다고 텐진이 말해주긴 했지만 울림이 상당한 말인 것은 확실하다.

명상에 대해 좀 더 자신을 갖게 되자 그 점이 다른 많은 것에 영향을 주기 시작했다. 나는 더 이상 단지 내 눈앞에 있다는 이유만으로 트린치 아줌마가 준 닭의 간 요리를 싹싹 다 해치우지는 않았다. 나는 꼬리를 높이 세우고 당당히 달라이 라마의 세상 속 가장 비범한 손님들을 만나러 갔다. 그러지 못할 이유가 무엇이냐?

그리고 매우 흥미로운 일도 하나 있었다. 길거리 부랑아에서 행자승이 된 따시와 사시는 나를 특별히 돌보라는 달라이 라마의 지시대로 조캉의 방문자 전용 방으로 가끔씩 나를 만나러 오곤 했다. 보통 둘은 5분 정도 바닥에 앉아 내 목을 쓰다듬었다. 때로는 만트라를 암송하기도 했다.

그러던 어느 날 오후, 내가 변하기 시작한 지 며칠 됐을 그때도 따시와 사시가 나를 찾아왔다. 보통 때처럼 나는 공들여 짠 러그 위에서 구르다가 그들이 손가락으로 내 배를 쓸어내릴 수 있도록 다리를 쩍 벌리고 누웠다.

바로 그때 초갈이 들어왔다.

"착하구나." 초갈은 두 소년에게 웃어보이며 고개를 끄덕였다.

"정말 예쁜 고양이로 자랐어요." 따시가 말했다.

"히말라야 종이지." 초갈이 허리를 굽혀 벨벳처럼 부드러운 내 귀 끝을 마사지하며 말했다. "보통 부자들과 함께 살지."

잠시 생각에 잠긴 듯하더니 사시가 말했다. "어미 고양이가 아주 부잣집에서 살았었어요."

"그랬어?" 초갈이 눈썹을 치켜떴다.

"우리가 사는 곳은 가난한 지역이었지만 어미 고양이가 큰 집으로 이어지는 벽을 따라 걸어 다니는 모습을 지켜보곤 했으니까요……"

"아주 큰 집이었어요." 따시가 끼어들었다. "수영장까지 있었다니까요!"

"먹을 때가 되면 그 집으로 들어갔어요." 사시가 말했다.

"그리고 어느 날 우리가 어미 고양이를 따라가 보니 새끼 고양이들이 있었어요……" 따시가 말하기 시작했다.

"그렇게 그 새끼 고양이들을 만난 거죠." 사시가 결말을 내려주었다.

"그 집에는 반짝반짝 빛나던 벤츠가 몇 대나 있었어요." 따시가 회상했다. "그리고 차들만 청소하는 하인까지 따로 있었고요!"

초갈이 일어섰다. "흥미롭구나. 역시 HHC의 혈통은 나쁘지 않아. 그런데 너희도 알다시피 불교도로서 우리는 누군가가 공짜로 준 것이 아닌 그 어떤 것도 갖지 않는다는 맹세를 하지 않니? 원래 가족을 찾아 적당한 보상을 해주면 좋을 텐데."

12

국가 원수 방문이 있을 때면 조캉은 늘 분주해진다. 며칠 전부터 해당 국가 정보국 사람들이 와서 조캉의 벽장까지 샅샅이 점검한다. 그리고 의전 비서관들이 모여 세세한 것까지 다 논의한다. 근처 옥상 어디에 안전 요원을 배치할 것인가부터 어떤 때는 해당 VIP가 쓸 화장실의 화장지 질감까지, 만일의 사태를 일일이 점검하고 대비하느라 꽤 오랜 시간이 걸리기도 한다.

그 때문에, 그날 나는 한 국가의 지도자요 살아있는 왕비이기도 한 인물이 와 있을 거라고는 전혀 예상치 못했다. 예의 그 복잡한 준비 절차가 전혀 없었기 때문이다. 단지 30분 전에 몇 안 되는 안전 요원이 미리 와 있었을 뿐이다. 달라이 라마가 그 왕족 방문자를 특히나 몹시 만나고 싶어 했다는 점을 생각하면 역설적이지 않을 수 없었다. 달라이 라마는 그 젊은 왕비와 왕에 대해 매우 따뜻하게 이야기하곤 했었다. 아름답기 그지없는 그녀는 히말라야에서 유일하게 불교국으로 남아 있는 나라의 왕과 결혼했다.

그렇다. 부탄의 왕비를 말하는 것이다.

학교 다닐 때 지도를 보면서 히말라야 지역을 꼼꼼히 살펴보지 못한 독자들을 위해 덧붙이자면(그런 독자들이 과연 존재할까마는) 부탄은 네팔의 동쪽, 티베트의 남쪽, 그리고 방글라데시에서 약간 북쪽에 위치한 작은 나라이다. 훈제 연어 베이글을 먹으며 지도를 보다가 연어 조각이 하필 그 나라 위에 떨어졌다면, 깜박하고 못 보고 지나갈 만한 나라이긴 하다. 물론 유럽의 절반에 해당하는 나라들도 그렇게 작지만 부탄의 경우 그런 간과의 여파는 꽤 심각할 것이다. 부탄이 지구상에서 샹그릴라(신비롭고 아름다운 산골짜기나 그런 장소를 비유하는 말, 티베트 어로 '푸른 달빛의 골짜기'라는 뜻—옮긴이) 지상낙원에 가장 가까운 나라라는 그 한 가지 사실만으로도 그렇다.

히말라야 산맥 뒤에 위치한 고립된 외지라서 외부의 침공이 거의 없었던 부탄 왕국은 1960년대까지 화폐도 전화도 없었다. 텔레비전도 1999년에 처음 등장했다고 한다. 부탄 사람들은 전통적으로 물질적인 편안함보다 내면의 풍성함을 추구하는 삶을 살아왔다. 부탄의 현재 왕도 1980년대 GDP(국내 총생산 지수)가 아니라 GNH(국가 행복 지수)

로 국가의 발전을 측정하는 체제를 만들어냈다.

도저히 상상하기 어려운 벼랑 끝에 황금 지붕 절들이 걸터앉아 있는 나라, 깊은 산중 골짜기를 따라 기도 깃발들이 펄럭이는 나라, 7세기에 세워진 절에서 오늘도 스님들이 향을 피워놓고 염불을 외우는 나라, 부탄을 유지하는 것은 그 어떤 모종의 신비한 힘이다. 달라이 라마의 집무실에 나타난 그 젊은 왕비에게도 그런 비범한 존재감이 느껴졌다.

롭상이 그녀의 도착을 알렸을 때 나는 아침 햇살을 받으며 창문턱 내 자리에 앉아 졸고 있었다. "왕비마마 들어오십니다"라는 말에 나는 고개를 빙 돌려 창문턱 끝에 머리를 올려놓고 그녀를 보았다.

거꾸로 놓고 본다고 해도 그녀는 세상에서 가장 아름다운 창조물이라고 하지 않을 수 없을 것 같았다. 여성스러운 체구와 황금색 피부에 검고 윤기 나는 긴 머리의 그녀를 본다면 누구라도 그 섬세한 자태에 매혹될 것이 분명했다. 공들여 자수를 놓은, 발목까지 내려가는 긴 부탄 전통 드레스 키라Kira를 입은 그녀는 흡사 인형 같아 보였다. 하지만 자연스럽고 편안한 움직임에서는 매우 따뜻한 그녀의 성격이 고스란히 드러났다.

나는 그녀가 달라이 라마에게 흰 비단 예포를 선사하며 인사하는 것을 지켜봤다. 그녀는 고개를 숙였고 두 손을 모아 가슴에 가져가는 것으로 진심을 표현했다. 인사 의식을 교환한 뒤 자리에 앉기 전에 그녀는 방 안을 둘러보았고 곧 나를 보게 됐다.

눈이 마주쳤고, 비록 아주 잠깐 서로를 응시했을 뿐이지만 그것으로 소통은 충분했다. 나는 즉시 그녀와 내가 비슷한 류의 존재임을 확신했다.

그녀는 고양이 애호가였다.

자리에 앉는 순간 그녀는 나더러 자신에게 오라는 듯 무릎 위 키라 드레스 자락을 폈다. 나는 창문턱에서 뛰어내려 카펫 위로 걸어가서는 수르야 나마스카(태양 예배 자세—옮긴이) 요가 자세를 취했다. 먼저 앞다리를 요란하게 떨며 쭉 펴준 다음 꼬리를 쭈뼛 세운 채 엉덩이와 뒷다리를 심하게 흔들었다. 그리고 그녀가 있는 곳으로 갔다. 그녀의 무릎 위로 뛰어오르자마자 나는 편안함을 느꼈고, 그녀는 마치 오래된 친구처럼 나의 목을 쓰다듬기 시작했다. 우리는 직관적으로 우리가 오랜 친구라는 것을 알았다.

고양이의 변화무쌍한 기분을 이해할 수 있는 재능을 타고난 사람은 그리 많지 않다. 우리 고양이들은 왜 조금 전에는 저걸 좋아했으면서 지금은 전혀 다른 이것을 좋아하는 걸까? 고양이를 오랫동안 쓰다듬으면 안 된다는 걸 잘 아는 사람들이 있다. 그걸 모르고 계속 쓰다듬으년 우리는 결국 몸을 돌려 그 사람에게 날카롭고 통렬한 경고장을 날려야 할지도 모른다. 보통 집게손가락을 깨무는 식으로 말이다. 우리 고양이들이 구운 칠면조 깡통을 어제 샅샅이 핥아먹었대도 오늘은 그 깡통을 쳐다보지도 않을 수 있다는 사실을 잘 아는 사람은 별로 없다.

고양이를 일컬어 꼭 껴안고 싶은 털가죽 속에 사는, 신비에 둘러싸인 기분 좋은 수수께끼라고 했던 사람이 윈스턴 처칠이었던가?(처칠이 말한 '철의 장막'을 변용한 말―옮긴이) 아니라고요? 처칠에 대한 논문에서 최근에 비슷한 글을 읽었다고 맹세합니다. 혹시 그런 말을 하지 않았더라도 분명 그런 생각은 했을 것입니다. '위키피디아'(누구나 자유롭게 글을 쓸 수 있는 사용자 참여의 온라인 백과사전―옮긴이)를 한번 찾아보시든가!

아니면 비참한 삶의 유일한 피난처가 음악과 고양이라고 말한 아인슈타인도 있다. 20세기 최고의 지성 아인슈타인이 흥미롭게도 다른 애완 동물에 대해서는 아무 말도 하지 않았음을 기억하기 바란다. 내가 이렇게까지 말했으면 결론은 독자 스스로 낼 수 있을 것이다.

우리 고양이들은 명령 하나에 혹은 벨소리에 뛰거나 앉거나 침을 질질 흘리는 로봇 같은 동물이 아니다. 파블로프의 개는 있어도 파블로프의 고양이는 없지 않나?

내 말이 바로 그거다! 고양이를 길들인다는 것은 생각조차 할 수 없다!

절대 안 된다. 고양이는 정말로 미스터리하다. 나도 나를 모를 지경이다. 사람들은 대부분 그런 우리를 기꺼이 존중해 준다. 대단한 요구도 하지 않으면서 인간들을 상당히 기분 좋게 해주니 왜 안 그렇겠는가? 하지만 그런 우리를 존중이 아닌 진정으로 이해하는 사람은 극소수이다. 부탄의 왕비는 그 소수의 엘리트 중 한 명이었다.

서로를 알아간다는 차원에서 몇 번 나를 쓰다듬은 뒤 그녀는 손가락 끝을 모아 손톱으로 내 이마를 마사지했다. 척추에서 꼿꼿이 선 꼬리 끝까지가 오싹했다. 굉장한 쾌감이 느껴졌다.

나는 목구멍 깊숙한 곳에서부터 가르랑대는 것으로 보답했다.

왕을 비롯한 부탄 왕가 사람들의 안부를 정중히 묻고 난 뒤 달라이 라마는 나를 내려다보았다. 달라이 라마는 보통 손님들에게 나를 방에 두어도 괜찮겠느냐고 묻는다. 어떤 사람들은 고양이털 알레르기가 있는 것 같다. 말하자면 그런 일은 벨기에 트뤼플 초콜릿이나 이탈리아 커피 또는 모차르트에 거칠게 반응하는 것만큼이나 지독한 일임에 틀림없다. 하지만 왕비는 이미 나에게 매우 자상했기 때문에 달라이 라마는 아무것도 묻지 않았고, 다만 나를 보고 머리를 끄덕이며 이렇게 말했다. "웬일인지 모르겠습니다. 이 아이가 이렇게 빨리 누군가에게 가까이 간 적은 처음입니다! 왕비님을 아주 좋아하는 게 틀림없어요."

"저도 이 아이를 좋아하고요." 왕비가 대답했다. "어쩌면 이렇게 아름다울까요!"

"우리 귀여운 스노우 라이언이죠."

"이 아이와 같이 사니 매우 즐거우시겠어요." 왕비는 손가락 끝으로 적당한 힘을 주어 내 암회색 귀를 마사지했다.

달라이 라마가 빙그레 웃으며 말했다. "성정이 아주 훌륭한 아이 지요!"

대화는 계속되었고 둘은 다양한 다르마 수행에 대해 이야기했다. 대화하는 동안에도 왕비가 계속 이렇게 저렇게 나를 기분 좋게 해주 었기 때문에 나는 곧 황홀한 반수면 상태에 빠졌다. 둘의 대화는 나 의 이해를 떠나 주거니 받거니 이어졌다.

게쉐 왕포의 엄중한 가르침으로 깨달은 바 있는 나는 그 무렵 매 일 하는 명상을 더 잘 이해하기 위해 의식적으로 부단히 노력했다. 사원 밖으로도 자주 나가 다양한 고승들의 설법도 들었다. 그때마다 다르마 수행의 여러 다른 측면들이 논의되었다. 그리고 그때마다 귀 에 들리는 그 수행법이 제일 중요한 것 같았다.

마음 훈련은 불교의 근본이고 집중력 계발 연습은 명상 때뿐만 아 니라 하루 종일 하는 것이 좋다고 한다. 어떤 라마가 말했듯이, 매 순 간 객관적으로 생각을 알아차리지 못해 휘둘린다면 생각을 바꾸는 일을 어떻게 시작할 수 있겠는가? 그 라마는 "모니터하지 않으면 관 리할 수 없다"고 했다. 보아하니 알아차림이 불교 수행의 토대인 것 같았다.

또 다른 스님은 여섯 가지 덕의 완수完遂가 불교 전통의 핵심이라 고 했다. 그 중에 세 가지—즉 자비, 도덕, 인내만이라도 제대로 닦아야 한다. 그것도 못하면서 경전을 읽고 만트라를 암송하는 것은 아무 소용이 없다. 그 스님은 덕이 없다면 다른 어떤 다르마 활동을 해도 아무 의미가 없다고 했다.

또 다른 어떤 라마는 세상의 본성에 대한 지혜를 드러낸다는 점에서 부처님의 가르침은 다른 가르침과 다르다고 했다. 그러면서 우리에게 보이는 세상은 환상임을 강조했다. 그리고 매우 섬세한 진리를 이해하기 위해서는 많이 듣고 생각하고 명상해야 한다고 했다. 그 진리를 이해하는 사람만이 모든 관념을 초월해 곧장 열반에 이를 수 있다고도 했다.

달라이 라마와 왕비의 대화를 들었다 놓쳤다 하면서 나는 그 바로 전날 밤에 들은 가르침도 생각해 봤다. 셀 수 없이 많은 부처님과 보살상과 그림 들이 우리를 내려다보던, 불빛이 은은한 어느 절에서, 남걀 사원에서 가장 존경받는 요기라는 사람이 백색 타라Tara나 약사부처에 집중하는 수행법을 비롯해 꽤 난해한 밀교密教 수행법들을 설명하고 있었다. 그가 말하던 모든 수행법에는 각각 시각화와 암송을 위한 경전이나 사다나(방법—옮긴이)가 있고 만트라도 있었다. 그 요기의 설명에 따르면 깨달음을 빨리 얻고 싶다면 특정 밀교의 수행법을 배우는 것이 매우 중요하고 필수적이라고 했다.

빨리 깨닫고 싶지 않은 사람이 어디 있겠는가?

티베트 불교를 배우면서 분명한 것은 내가 아는 것이 너무 없다는 것이었다. 가르침들이 고무적이고 흥미진진하다는 데에는 의심의 여지가 없다. 그리고 늘 어디선가 새롭고 흥미로운 공부가 계속 진행되고 있었다. 하지만 나는 혼란스럽기도 했다.

내 의식 너머에서 계속되고 있는 대화를 절반만 듣고 있던 나는 왕비가 하는 다음 말을 듣고 정신이 번쩍 들었다. "성하님, 우리 불교 전통에는 서로 다른 수행법들이 너무 많아요. 그 중에 어떤 수행이 가장 중요한가요?"

마치 내 마음을 읽고 있는 것 같았다! 그것이 바로 내가 한 질문이었다. 비록 나는 그렇게 많은 단어로 말하지는 않았지만 정말 알고 싶었던 문제였다!

달라이 라마는 주저하지 않았다. "의심할 여지없이 가장 중요한 수행은 보리심bodhichitt 수행입니다."

"모든 살아있는 존재를 똑같이 깨달음의 상태로 이끌기 위해 깨닫 겠다고 바라는 마음이죠?" 왕비가 확인해 주었다.

달라이 라마가 고개를 끄덕였다. "깨달음에 대한 그런 마음은 크고 순수한 자비에서 나옵니다. 그리고 그 자비는 크고 순수한 사랑에서 나오고요. 여기서 순수란 치우침이 없다는 뜻입니다. 조건이 없는 상태 말입니다. 그리고 크다는 말은 어쩌다 지금 이 순간 좋아하게 된 작은 집단만이 아니라 모든 살아있는 존재에게 혜택을 준다는 것을 의미합니다.

우리 입장에서 영원히 행복의 상태를 만끽하고 고통을 피하는 길은 깨닫는 것뿐입니다. 그 때문에 보리심이 가장 이타적인 동기로 간주됩니다. 우리는 우리 자신만이 아니라 다른 모든 존재들도 같은 상태에 도달하도록 돕기 위해 깨닫기를 바라는 것이지요."

"그 동기를 갖기란 쉽지 않겠습니다."

달라이 라마가 미소를 지었다. "물론 그렇지요! 막연히 깨달으면 좋겠다고 생각하는 데서 나아가 진심으로 깨닫겠다고 결심하는 데까지 일생이 걸릴 수도 있습니다. 처음에는 그저 깨닫고 싶은 것처럼 행동합니다. 그리고 이렇게 생각하죠. '지금 누구를 속이는 거야? 내가 부처가 될 수 있다고? 모든 살아있는 존재를 깨닫게 할 수 있다고 믿는 척하면서?' 하지만 조금씩 더 많은 것을 이해하게 될 겁니다. 많은 사람이 이미 깨달았다는 것도 발견하고요. 우리 자신의 능력을 점점 더 확신하게 되지요. 그리고 점점 더 자기보다는 남에게 집중하는 법을 배우게 됩니다. 성인聖人에 대해 '자기보다 타인을 더 생각하는 사람'이라고 정의 내리기도 하더군요. 참 재미있고 유용한 정의이지 않나요?"

왕비는 고개를 끄덕이더니 금방 골똘히 생각에 잠겼다. "보리심에 대해 공감한다 해도 보리심을 실제 수행하는 것은……"

"네, 보리심을 매 순간 의식하는 것이 가장 큰 도움이 됩니다. 몸과 말과 마음으로 하는 모든 행동에 보리심을 적용할 수 있습니다. 일상은 보리심을 연습하게 하는 일들로 가득하죠. 그리고 매번 그렇게 보리심을 연습할 때마다, 부처님이 말씀하셨듯이 우리 마음에 전해지는 긍정적인 영향은 잴 수가 없을 정도입니다."

"그렇게 대단합니까, 성하님?"

달라이 라마는 의자에 앉은 채 몸을 앞으로 기울였다. "덕의 힘은 부정적인 마음의 힘보다 훨씬, 훨씬 더 강합니다. 그리고 보리심보다 더 위대한 덕은 없습니다. 그 마음을 계발할 때 우리는 외부가 아닌 내면의 질에 집중합니다. 우리 자신만이 아니라 다른 사람의 안녕을 생각하지요. 이러한 마음은 이 생의 짧은 미래에 한정되지 않고 파노라마처럼 끝없이 퍼져나갑니다. 그리고 그 마음은 우리의 일상적인 생각을 초월하지요. 그런 마음을 낼 때 우리는 우리의 마음을 매우 다르고 매우 강력한 궤도에 올려놓는 것입니다."

"일상이 보리심을 연습하게 하는 일들로 가득하다고 하셨나요?"

달라이 라마는 고개를 끄덕였다. "다른 사람을 위해 뭔가 좋은 일을 할 때, 비록 그들이 당연하게 기대하는 일상적인 일이라고 하더라도 이렇게 생각하십시오. '이 사랑의 행위 혹은 행복을 전하는 행위로 나는 모든 살아있는 존재를 해방시킬 깨달음을 얻을 것이다.' 자비를 베풀 때마다, 기부를 하든 고양이를 키우든, 똑같이 생각하시면 됩니다."

그 순간 나는 길게 하품을 했다. 달라이 라마와 왕비가 동시에 웃음을 터뜨렸다.

그리고 왕비가 나의 사파이어 빛 눈동자를 내려다보며 말했다. "사람이나 다른 존재들을 우리의 삶으로 불러오는 것은 카르마 때문이겠지요?"

달라이 라마가 고개를 끄덕였다. "강하게 연결되어 있다면 때로 같은 존재가 반복해서 찾아오기도 하죠."

"동물들을 위해 만트라를 크게 암송하는 일이 어리석은 짓이라고 생각하는 사람들도 있어요."

"아닙니다. 어리석지 않아요." 달라이 라마가 말했다. "아주 유용하죠. 그 존재의 의식적 연속체에 좋은 카르마, 그 뭐라고 하죠? 카르마의…… 네, 그 자국을 남기는 겁니다. 나중에 적당한 조건이 만들어지면 그 자국이 무르익을 수 있습니다. 경전에 보면 새들이 듣도록 만트라를 크게 외쳐야 한다는 말도 있어요. 다음 생에서 그 새들이 다르마를 알고 깨달을 수 있게 말예요."

"그렇다면 이 작은 스노우 라이언에게도 아주아주 좋은 카르마 자국들이 새겨져 있음이 틀림없겠네요?"

달라이 라마는 환하게 웃었다. "틀림없습니다!"

바로 그때 왕비가 뜻밖의 말을 했다. 지금 생각해도 매우 뜻밖이었다. "이 아이가 새끼를 밴다면" 왕비는 속삭이며 말했다. "그 중 한 마리에게 좋은 집을 제공할 수 있다면 더없이 영광이겠습니다."

달라이 라마가 손뼉을 치며 말했다. "좋습니다!"

"진심이에요!"

달라이 라마는 자비심이 바다같이 깊은 그녀의 눈을 들여다보았다. 그리고 말했다. "기억해 두겠습니다."

그 후 몇 번의 아침이 지나간 어느 날, 나는 한껏 뽐을 내며 행정비서관 사무실로 들어갔다. 전화는 죄다 조용했고 오늘의 우편물도 아직 도착하지 않았다. 이렇게 드물게 한가한 시간이면 초갈은 차를 끓였고, 두 남자는 트린치 아줌마가 준 스코틀랜드 쇼트브래드 몇 조각과 함께 차를 마셨다.

"좋은 아침, HHC!" 내가 승복 입은 그의 다리 위로 몸을 비비자 초갈이 인사했다. 그리고 몸을 굽혀 나를 쓰다듬었다.

텐진이 의자를 뒤로 빼며 말했다. "HHC가 여기서 우리랑 산 지 얼마나 됐지요?"

초갈이 어깨를 으쓱했다. "1년 정도?"

"그보다는 좀 더 되었겠지요."

"카이카이보다 먼저 왔어요?"

"카이카이보다 훨씬 먼저 왔어요." 텐진은 외교관다운 세련됨으로 설탕이 묻은 쇼트브래드를 한입 물었다. "옥스퍼드 교수님이 오셨던

즈음인 것 같은데?"

"정확하게 언제였는지 알 수 있어요." 초갈이 컴퓨터 쪽으로 몸을 기울여 달력을 불러냈다. "성하님이 미국 여행에서 돌아온 그날이었어요. 기억나세요?"

"맞아요!"

"그게 13, 14…… 16개월 전이네요."

"그렇게 오래요?"

"무상하다니까요." 초갈이 손가락으로 딱 소리를 내며 세월의 무상함을 상기시켰다.

"흠."

"왜 그러시는데요?"

"그냥" 텐진이 말했다. "이제 더 이상 아기가 아닌 것 같아서 말이에요. 지난번 예방 접종하러 갔을 때 난소 제거 수술을 하고 마이크로 칩을 삽입하는 게 어떻겠냐고 하더라고요."

"수의사 만나볼게요." 초갈이 스케줄 표에 표기하며 말했다. "금요일 오후에 데리고 가볼 수 있겠어요."

금요일 오후, 나는 어느덧 달라이 라마의 차 뒷좌석 초갈의 무릎 위에 앉아 있었다. 운전수(에 대해서는 덜 언급하는 게 더 좋겠다)가 우리를 다람살라에 있는 현대식 교육을 받은 수의사에게 데려가고 있었다. 나를 가둘 나무통도, 바구니도, 원시적인 울부짖음도 필요 없었다. 내가 누군가? 달라이 라마의 고양이 아닌가? 언덕 아래로 내려가던 길, 나는 호기심으로 수염을 씰룩거리며 눈앞에 펼쳐지는 흥미로운 광경들을 지켜보고 있었다. 오히려 진정해야 할 사람은 초갈이었다. 그는 긴장한 듯 나를 안고는 연신 만트라를 외워댔다.

키가 크고 팔다리가 긴 호주에서 온 수의사 윌킨슨 박사는 곧 나를 진찰대 위에 올려놓더니 내 입을 벌려보고 귀에 반짝이는 광선 같은 것도 비춰보았다. 체온 검사를 할 때는 수모를 참아야 했다.

"언제 시간이 이렇게 흘러가버렸는지 모르겠어요." 초갈이 말했다. "생각보다 우리와 참 오래 살았더라고요."

"필요한 예방 주사는 이미 다 맞았습니다." 수의사가 초갈에게 확인해 주었다. "예방 주사는 중요하니까요. 지난번에 봤을 때보다 살이 좀 빠졌지만 그건 잘된 일이죠. 털가죽도 아주 좋은 상태입니다."

"마이크로 칩을 삽입하고 싶어요. 그리고 난소 제거 수술도요."

"마이크로 칩은" 윌킨슨 박사는 내 몸을 마사지하며 말했다. "아주 좋은 생각이에요. 사람들이 집 잃은 고양이들을 자주 데려오는데 주인을 찾을 길이 없어요. 마음 아픈 일이죠."

마사지하던 박사의 손이 멈추더니 더 이상 움직이지 않았다. "하지만 난소 제거 수술은 미뤄야 할 것 같습니다."

초갈은 인상을 찌푸렸다. "지금 당장은 아니라도……"

"6주 정도, 어쩌면 한 달이 될 수도 있겠네요." 의사는 초갈에게 의미심장한 표정을 지어보였다.

초갈은 여전히 영문을 몰랐다. "수술 예약이 그렇게 많은가요?"

윌킨슨 박사는 웃으며 고개를 저었다. "초갈 씨, 난소 제거 수술을 하기에는 좀 늦었다고요. 성하님의 고양이가 아기를 가졌으니까요."

❦

집으로 돌아오는 차 안에서 초갈이 그 소식을 전해주자 운전수가 물었다. "새끼들 이름을 뭐라고 짓죠?"

초갈이 어깨를 으쓱했다. 그는 다른 생각으로 바빴던 것 같다. 이를테면 달라이 라마에게 그 뉴스를 어떻게 전할까 같은.

"마이시동(새끼 마오쩌둥)들 어때요?" 운전수가 제안했다.

에필로그

사원 아래 카페 프랭크에서는 많은 일이 벌어지고 있었다. 간판장이들이 레스토랑 외관을 바꾸느라 며칠이고 사다리 위를 오르락내리락했다. 프랭크가 서점으로 생각해 둔 공간에 칸막이가 쳐졌다. 둔탁한 드릴질과 망치질 소리, 일꾼들이 분주하게 드나드는 것으로 봐서 전면 차단막 뒤로 대단한 공사가 진행되고 있음에 틀림없었다.

사람들이 무슨 일이냐고 물을 때마다 프랭크는 "새 단장중"이라고 대답했다. 카페 프랭크는 예전의 모습을 간직하면서도 훨씬 더 좋아질 것 같았다. 다양한 상품을 제공하고 손님을 더 많이 배려할 예정이었다. 그러면 손님들은 그곳에서 더 많은 시간을 보내고 싶어질 것이다. 물론 예전에도 손님들은 그곳에서 많은 시간을 보냈지만.

하지만 차단막 뒤에서 정확히 무슨 일이 벌어지고 있는지는 여전히 미스터리였다.

그리고 당시의 내 인생이 딱 그랬다. 나는 어미 고양이가 될 예정이었다. 몸이 눈에 띄게 빨리 변해갔다. 하지만 그것이 나에게 어떤 의미가 될지는 추측만 가능할 뿐이었다. 새끼를 몇 마리나 낳게 될까? 그 후에 조캉에서의 나의 삶은 어떻게 바뀔까? 녀석들은 히말라야 종일까? 범고양이일까? 아니면 그 중간쯤?

달라이 라마가 나를 전적으로 지지하고 있다는 것만은 확실했다. 수의사를 만나고 난 뒤 초갈이 그 소식을 전했을 때 달라이 라마의 얼굴이 눈에 띄게 환해졌다. "아! 정말 대단하군요!" 그러고는 천진난만하고 놀란 표정으로 몸을 구부려 나를 쓰다듬었다. "스노우 라이언의 새끼들이라…… 굉장할 겁니다!"

영원히 수수께끼로 남을 거라 생각했던 출생의 문제에도 뜻밖의 돌연한 진전이 있었다. 따시와 사시가 내 출생지를 누설한 며칠 뒤, 델리에 갈 일이 있었던 초갈이 두 행자승과 함께 내 어머니가 살았다던 집을 찾아보았다. 집을 찾는 일은 어렵지 않았지만 문이 잠겨 있었고 사설 보안 회사가 경비를 맡고 있었다. 오랫동안 아무도 살지 않은 것 같았고 고양이가 살았다는 흔적도 없었다. 초갈은 경비에게 메모를 남겼고 우리는 소식을 기다렸다.

모든 면을 볼 때 곧 큰 변화가 있을 거라는 예감이 들었다. 내 삶의 지각판이 움직이고 있었다. 많은 것이 예전 같지 않을 터였다. 흥분되는 만큼 걱정도 되었다. 하지만 활력 넘치는 왕포 스님의 이미지를 마음에 품었기 때문에 사실 정말로 걱정할 것은 없었다. 나는 그 모든 변화를 긍정적인 변형으로 만들고 싶었다. 그리고 아무것도 놓치지 않겠다고 다짐했다.

특히 모든 움직임의 중심인 카페 프랭크의 개점식을 놓칠 수는 없었다.

카페 프랭크 개점 이벤트는 저녁 6시로 예정되어 있었지만 나는 훨씬 일찍 언덕 아래로 내려갔다. 많은 것이 변했음에도 내 전망대는 여전했다. 그동안 숨겨져 있던 변화의 진원지인 서점 공간은 이제 안전막 대신 커다란 종이에 싸인 채 길고 붉은 리본으로 치장되어 있었다.

개장 시간이 가까워오자 사람들이 모여들기 시작했다. 내가 아는 조캉 사람들을 포함해 맥레오드 간지에 사는 다양한 단골손님들이 모여들었다. 트린치 아줌마는 개장을 축하하는 의미에서 미장원에 가 머리까지 만지고 왔다. 더불어 블랙 드레스에 금 보석으로 치장하고 검게 눈 화장을 하는 것으로 그녀 특유의 극적인 모습에 특별히 유럽풍의 자태를 덧붙였다. 주느세콰(완벽해)!

초갈도 카이카이의 전 주인 자격으로 참석했다. 프랭크는 초갈을 카운터 아래 나란히 앉아 있는 카이카이와 마르셀 쪽으로 재빨리 안내했다. 녀석들은 방금 깨끗하게 씻은 모습으로 빨간색과 금색이 섞인 목줄을 하고 바구니 안에 앉아 있었다.

음료와 카나페가 한 차례 돌고 나자 레스토랑은 점점 더 시끌벅적해졌다. 사람들 속에 재래 시장의 퍼텔 부인도 보였다. 그즈음 퍼텔 부인은 가게 앞을 지나가는 나를 봐도 인사만 하고 먹이는 주지 않았다. 때로는 그래서 슬픈 듯이 한숨을 쉬기도 했다.

짙은 블루 셔츠에 화이트 린넨 스포츠 재킷을 입은 샘도 당당한 모습으로 보기 좋게 서 있었다. 그 당시 샘은 차단막 뒤편에서 프랭크와 함께 요란한 공사를 감독하느라 레스토랑에서 거의 살다시피 했다. 프랭크의 제안을 받아들인 뒤부터 샘은 새로운 모습을 보여주기 위해 부단히 노력했다. 서점의 책임자로서 일련의 출판사 및 영업 사원들과 거래를 튼 것은 물론 판매 상품 진열에도 전문가다운 지식을 뽐냈으며, 새롭게 드러난 적극성으로 일꾼들도 잘 다루었다. 어느 날은 형편없게 일한 한 목수를 단호하게 꾸짖기까지 했다.

군중 속에는 하버드에서 온 몇몇 학자들과 외교관다운 자태로 대화를 나누는 텐진도 있었다. 게쉐 왕포는 서점 정면 리본이 쳐져 있는 곳에서 남걀 사원의 고승들과 함께 있었다.

주인장인 프랭크는 사람들 사이를 능숙하게 옮겨 다녔다. 그런데 그날 어쩐 일인지 프랭크는 삼십대의 매우 매력적인 여인과 함께였다. 왕포 스님을 만난 이래 계속 변하는 모습을 보여줬던 프랭크는 매주 사원 강좌에 참석한 뒤로 더 많이 변했다. 옴 모양 금귀고리와 축복의 염줄들은 이미 사라진 지 오래이고, 털끝 하나 없던 민머리에는 이제 놀랍도록 무성한 금발이 자라나 있었다. 그리고 블랙에 타이트한 옷도 덜 입는 편이었다.

프랭크의 가장 큰 변화는 눈에 보이지 않는 곳에서 일어났다. 프랭크는 더 이상 주방이나 홀에서 일하는 직원들을 으르거나 괴롭히지 않았다. 직원들은 이제 더는 지옥을 경험하지 않아도 되었다. 인내심이 한계에 다다라서 화가 터져 나오는 경우가 없지는 않았지만, 독선적인 분노를 미친 듯 드러내는 대신 그런 자신의 상태를 부끄러워하는 것 같았다. 달라이 라마가 어쩌고 다르마가 저쩌고 하던 말들도 사라졌다. 내 이름 린포체의 기원에 대해서도 더 이상 말하지 않았고, 몇 주 동안 불교라는 말을 아예 꺼내지 않은 적도 있다.

그런데 프랭크 옆에 있는 저 젊은 여자는 도대체 누구인가? 그녀는 그 주에 카페 프랭크에 두 번 왔었다. 처음에는 야외 테이블에 앉아 프랭크와 두 시간 이상 진지한 대화를 나누었다. 두 번째 왔을 때 프랭크가 그녀를 주방으로 데려갔고 그곳에서 그녀는 드라그파 형제와 쿠살리와 오랫동안 얘기를 나누었다.

그날 그녀는 길고 검은 머리를 등 뒤로 빗어 내리고 붉은 산호색 드레스에 귀고리와 목걸이, 팔찌를 찬 화려한 모습이었다. 내가 본 가장 아름다운 여성이었다. 그녀의 표정은 힘과 열정으로 넘쳤다. 프랭크가 그녀를 소개하면 사람들은 그 즉시 그녀에게 빠져드는 것 같았다. 그 정도로 친화력이 대단했다.

나는 커진 복부 속으로 간헐적인 움직임을 의식하며 《보그》와 《베니티 페어》 잡지 사이 연꽃 방석에 앉아 있었다. 그리고 그곳에 모여든 사람들을 내려다보면서 만족했고 나를 그 순간까지 데리고 온 모든 것에 만족했다.

카운터 아래 바구니 속에 앉아 있던 카이카이는 자기 계발의 구루인 잭이 왔던 그때 내 인생에 들어왔다. 그들을 통해 나는 겉으로 멋진 삶을 사는 것처럼 보이는 존재들에 대해 질투심을 느끼는 것이 얼마나 어리석은지 이해했다. 그리고 행복의 진정한 원인은 진심으로 다른 존재의 행복을 바라고 그들이 모든 종류의 불만족에서 벗어날 수 있게 돕는 것, 즉 결국에는 사랑과 자비가 행복의 진정한 원인임을 알게 되었다.

트린치 아줌마 덕분에 나는 그 모든 것을 머리로만 아는 것은 아무런 가치가 없다는 것도 깨닫게 되었다. 진리에 대한 이해는 실제 행동을 바꿀 수 있을 정도로 깊어야 한다. 그 정도로 깊은 이해를 우리는 깨달음이라고 부른다.

마음 챙김 수행을 하는 사람들을 주변에서 많이 보면서 나는 일상의 풍요와 다양함을 경험하려면 순간에 사는 것이 얼마나 중요한지를 깨달았다. 우리는 현재에 온전히 깨어 있을 때만―모든 커피를 음미하게 되는 것은 말할 것도 없고 깨달음을 행동으로 이어갈 수 있다.

털 뭉치 사건에서 내 스승은 프랭크였다. 덕분에 나는 아플 정도로 나 자신에 집착하는 것이 얼마나 위험한지 알게 되었다. 프랭크 덕분에 나는 다르마를 따르는 일은 듣기 좋은 원칙을 떠들어대고 시선 끄는 옷을 입거나 스스로를 불교 수행자라고 말하고 다니는 것이 아니라, 모든 생각과 말과 행동에서 불교의 가르침이 그대로 드러나게 하는 것임을 알게 되었다.

좀 더 깨달은 존재가 되기 위해 노력하는 것이 엄두가 안 나서 때로 기가 죽을 수도 있지만 게쉐 왕포가 말했듯이 게으름이나 나약함은 용납되지 않는다. 진실한 삶을 영위하려면 눈을 크게 뜨고 힘찬 목소리로 말해야 한다!

그날의 이벤트에서 달라이 라마의 부재는 참으로 아쉬웠다. 그는 그때 짧은 외국 방문을 마치고 공항에서 집으로 오던 길이었다. 하지만 그는 "내 종교는 자비이다"라는 그의 메시지와 함께 레스토랑에 있던 모든 이의 마음속에 있었다. 티베트 불교 수행자로서 우리의 목적은 보리심을 얻는 것이다. 보리심은 모든 살아있는 존재가 행복을 발견하도록 돕겠다고 생각하는 자비심에서 나온다.

✿

사람들이 계속 카페 프랭크로 들어왔다. 카페 프랭크가 그렇게 사람으로 넘친 적은 처음이었다. 앉을자리가 보이지 않을 무렵 프랭크가 개점식을 위해 마련한 작은 무대 위로 올라갔다.

누군가가 유리잔을 두드리자 왁자지껄 떠들던 사람들이 순식간에 조용해졌다.

"오늘 이 자리에 와주신 여러분 모두에게 진심으로 감사드립니다." 그곳에 모인 사람들의 얼굴을 쭉 둘러보며 프랭크가 말했다.

"이 카페에서 함께 일하는 사람들과 우리 카페를 찾아주시는 모든 분께 오늘은 매우 특별한 날입니다. 저는 오늘 발표할 것이 세 가지나 있습니다. 첫째, 제 아버님의 건강이 나빠져서 제가 돌봐드려야 하기 때문에 당분간 카페 프랭크를 떠나 있어야 할 것 같습니다."

사람들이 놀라움과 안타까움에 탄식했다.

"샌프란시스코에서 반년에서 1년 정도 머물러야 할 것 같아요."

게쉐 왕포는 당연하다는 듯 고개를 끄덕였다.

"처음에는 이 카페를 어떻게 해야 할지 몰라 고민했습니다. 문을 닫기는 싫었거든요." 사람들이 모두 한 차례씩 그렇다면 정말 실망이라는 표정들을 지었다. "하지만 레스토랑이 저절로 돌아가지는 않으니까요. 그런데 2주 전에 얼마나 다행인지 세레나 트린치 양을 만나게 됐습니다. 세레나는 얼마 전까지만 해도 유럽의 고급 레스토랑에서 매니저 일을 했답니다." 프랭크는 자신이 저녁 내내 소개하고 다녔던 붉은 옷을 입은 젊은 여인 쪽으로 손을 뻗어보였다. 세레나는 답례로 크게 웃어보였다.

"세레나는 벨기에 브루헤의 미슐렝 별 두 개 레스토랑에서 일했고, 베니스에서는 다니엘리 호텔에서 일했으며, 얼마 전까지만 해도 런던에서 손꼽히는 고급 레스토랑에서 매니저로 일했답니다. 그럼에도 세레나는 고향인 맥레오드 간지가 그리운 건 어쩔 수 없었다고 합니다. 제가 떠나 있는 동안 세레나가 감사하게도 우리 카페를 맡아주기로 했습니다. 저로서는 참으로 기쁜 일입니다."

발표가 끝나기 무섭게 사람들은 열정적으로 환영의 박수를 쳤고, 세레나는 감사의 뜻으로 고개 숙여 인사했다. 트린치 아줌마는 자랑스러움을 감추지 못하며 흐뭇하게 그 광경을 지켜보고 있었다.

"오랫동안 저는 이 뒤의 공간을 어떻게 하면 잘 활용할 수 있을까 고민했습니다." 종이로 가려져 있는 뒤쪽을 가리키며 프랭크가 말했다. "몇 가지 생각은 있었지만 실행할 방법을 몰랐죠. 그런데 바로 그때 또 다른 기묘한 '우연'으로 제게 꼭 필요한 사람이 나타났답니다." 프랭크는 근처에 서 있는 샘을 보며 고개를 끄덕였다.

"이제 저의 스승이자 오늘의 이 자리를 빛내주셔서 제가 매우 영광으로 생각하는 게쉐 왕포 스님께서 우리 카페의 증축된 부분을 공식적으로 열어주시겠습니다."

박수갈채 속에서 게쉐 왕포가 프랭크가 있는 무대로 올라간 다음 커다란 붉은 리본 쪽으로 향했다. 리본을 막 풀려던 찰나 게쉐 왕포는 깜빡했다는 듯 말했다. "아! 네, 이 멋진 서점을 개장하는 영광을 갖게 되어 저는 매우 기쁘게 생각합니다." 사람들은 그의 거침 '있는' 태도에 웃음을 터뜨렸다. "이 서점으로 인해 많은 살아있는 존재들이 더 행복하고 덜 고통스럽기를 바랍니다."

게쉐 왕포가 리본을 풀어 내리자 종이 칸막이가 벗겨졌고 반짝이며 줄지어 있던 책들과 CD 선반과 다른 화려한 상품들이 그 모습을 드러냈다. 야단스러운 함성과 박수갈채가 이어졌다. 게쉐 왕포가 샘에게 무대로 와서 프랭크와 같이 설 것을 권했고 프랭크도 웃으며 그러자는 몸짓을 보였다. 샘은 완강하게 고개를 저었지만 게쉐 왕포는 물러서지 않았다. 샘이 왕포 스님과 프랭크 사이에 자리를 잡고 서자 박수갈채는 더 커졌다. 왕포 라마가 카리스마 넘치는 몸짓으로 손을 들어 그만하라고 할 때가 되어서야 박수는 멈췄다.

"이 서점의 책들은" 눈앞에 펼쳐져 있는 책들을 가리키며 게쉐 왕포가 말했다. "매우 좋은 책들입니다. 제가 다 점검을 했기 때문에 확실합니다. 앞으로 몇 주 동안 남걀 사원의 스님들이 많이 와서 책을 볼 겁니다. 책을 살 돈은 별로 없겠지만 좋은 책이 많다는 것은 확인해 주고 갈 겁니다."

정색을 하고 그렇게 선언하는 게쉐 왕포 스님의 모습에 사람들은 또 한 번 크게 웃었다.

"여기 이분이 이 책들을 찾아낸 분입니다." 왕포 스님은 몸을 돌려 샘의 팔을 잡았다. "이 분은 책을 아주 많이 읽었습니다. 제가 아는 대부분의 라마들보다 더 많이 읽었지요. 지식도 뛰어나고요. 그런데 약간 숫기가 없습니다." 그 순간 라마 왕포의 눈에 약간의 장난기가 감돌았다. "그러니 이분께는 각별히 잘 대해주시기 바랍니다."

그런데 샘은 당황해서 바닥만 바라보기는커녕 게쉐 왕포의 그런 말에 더 힘을 얻은 것 같았다. 라마에게 답례로 웃어보인 뒤 샘은 모여 있는 사람들 쪽으로 시선을 돌리며 큰 목소리로 말했다. "여기 우리는 머…… 멋진 책들을 선별해 놓았습니다. 고전은 물론이고 괜찮은 신간도 많습니다. 화…… 확실히 말씀드리는데 몸·마음·영혼에 관한 책이라면 미국의 훨씬 큰 서점들보다 더 나은 컬렉션입니다. 여기서 여러분 모두를 곧 다시 뵙게 되기를 고대하겠습니다."

그러자 또 한 차례 박수가 이어졌다. 샘의 옆에서 게쉐 왕포는 수수께끼 같은 미소를 지어보였다.

"여러분 모두 분명 저희의 새 책들을 빨리 보시고 싶겠지만" 프랭크가 다시 발표를 이어갔다. "아 참, 물론 결제는 신용카드로 하셔도 됩니다. 그 전에 세 번째 발표를 해야 할 것 같습니다. 카페 프랭크는 바로 지금부터 히말라야 북 카페로 불리게 될 겁니다. 카페 바깥에 새 간판이 붙어 있습니다. 오늘 처음으로 그 모습을 드러낼 거예요."

또 박수가 한 차례 길게 이어졌다.

"여기서 처음 사업을 시작할 때 저는 음식하고 저 자신밖에 몰랐어요. 인정합니다. 하지만 지금의 저는 많이 달라졌습니다. 이렇게 말할 수 있어서 또 매우 기쁩니다. 우리 카페는 이제 음식만이 전부가 아니라는 것을 알게 됐습니다. 그리고 저 또한 다행히도 저 자신이 전부가 아니라는 것도 확실히 알게 됐고요. 여기 우리 카페 사람들, 주방의 지그메와 나그왕 드라그파 형제, 홀의 쿠살리와 그의 팀원들, 그리고 이제 샘과 세레나까지, 이들과 함께 일하게 된 저는 정말 운이 좋은 사람입니다.

자! 자! 모두 음식과 음료를 마음껏 드시기 바랍니다! 책과 여기 진열 상품들도 꼼꼼히 봐주시고요! 저는 돌아와 여러분 모두를 또 뵙게 될 날을 고대하고 있겠습니다!”

⁂

파티 분위기가 한껏 달아올랐다. 사람들은 너도나도 책을 사고 싶어 했고 샘이 서점에 들어서자마자 계산대에 줄을 섰다. 레스토랑에서는 웨이터들이 샴페인과 와인을 보충했고 프랭크는 세레나와 사람들 사이를 돌아다녔다. 이제는 커다란 상점이 된 카페 프랭크가 이 정도로 에너지와 웃음과 삶의 환희로 넘쳤던 때는 없었다.

처음 카페 프랭크에 와서 문밖으로 거의 내던져질 뻔했던 때를 생각하면 지금의 카페 프랭크는 얼마나 다른가? 그때 순진하게 맛있는 음식을 기대하며 이곳으로 와보지 않았다면 어땠을까? 카이카이에게 새 집을 찾아줄 필요가 없었다면? 프랭크가 게쉐 왕포를 스승으로 받아들이지 않았다면? 혹은 샘이 제때에 이곳에 나타나지 않았다면?

신기하고 기쁘게도 그 모든 사건의 연속은 그날의 개점식을 향하고 있었다.

그리고 그런 사건들은 앞으로도 계속될 것이었다.

서점으로 몰렸던 사람들이 어느 정도 빠진 늦은 밤 세레나는 사람

279

들을 둘러보며 샘이 서 있던 서점으로 걸어 들어갔다.

"정말 즐거운 밤이에요!" 세레나는 행복감을 맘껏 발산했다.

"그렇지 않아요?"

샘은 고개를 숙이고 바닥을 내려다보지 않으려고 애쓰면서 그녀를 똑바로 쳐다보았다. 세레나의 얼굴을 보기만 해도 샘은 헤벌쭉 웃었다.

둘은 동시에 입을 열었다.

"먼저 말하세요." 세레나가 말했다.

"아…… 아…… 아니요." 샘이 세레나에게 먼저 말하라는 몸짓을 해보였다.

"아니에요! 먼저 말하세요."

나만의 전망대에서 나는 샘의 목이 빨개지는 것을 볼 수 있었다. 폭풍이 구름을 만들듯 빨간 얼룩이 서로 합쳐져 진홍색 물결을 이루며 점점 턱으로 올라가는가 싶더니 돌연 그곳에서 딱 멈췄다.

"그냥" 샘은 조금 필요 이상의 큰 목소리로 말하기 시작했다. "우리가 이제 함께 일하게 됐으니……"

"네에, 그래서요?" 세레나가 기분 좋게 재촉했다. 그녀가 긴 머리카락을 뒤로 찰랑대자 귀고리가 불빛에 반사되어 반짝였다.

"혹시 시간이 되시면, 그러니까 꼭 그럴 필요는 없지만……"

"네?" 세레나가 얼른 말해보라는 듯 고개를 끄덕였다.

"제 말씀은 그러니까 언제 한 번 따로 만나고 싶어요. 식사라도 한 끼……?"

세레나가 웃음을 터트리며 말했다. "저도 정확하게 바로 그 말씀을 드리려고 했어요."

"정말요?"

"네, 그럼 좋을 것 같아요."

"금요일 저녁 어때요?"

"좋아요!" 세레나는 몸을 앞으로 숙이며 샘의 뺨에 부드럽게 키스했다.

샘은 세레나의 팔을 꽉 잡았다.

순간 그들 뒤 군중 속에서 프랭크가 보였다. 세레나의 어깨 너머로 샘과 눈이 마주친 프랭크가 윙크를 했다.

✾

그날 밤 집에 돌아온 나는 늘 하던 대로 창문턱 내 자리에 앉았다. 델리에서 막 돌아온 달라이 라마는 창문턱 근처 그의 의자에 앉아 책을 읽고 있었다.

열린 창문으로 들어오는 상큼한 솔 향이 그날따라 색다른 느낌이었다. 앞으로 또 어떤 일이 일어날지 모르지만 나는 기대감에 가슴이 벅차올랐다.

책을 읽고 있는 달라이 라마를 보면서 나는 그런 사색적인 순간이면 늘 그랬듯이 이 놀라운 사람에게 구출당한 것이 얼마나 행운인지 생각하지 않을 수 없었다. 그날 뉴델리 거리에서 있었던 일은 여전히 문득문득 초대받지 않은 손님처럼 떠오르곤 한다. 특히 신문지에 둘둘 말린 상태에서 금방이라도 죽을 것 같던 그 순간이 그렇다.

"정말 흥미로운 책이구나, 스노우 라이언. 귀염둥이야." 잠시 후 책을 덮고 나를 쓰다듬으면서 달라이 라마가 말했다.

"알베르트 슈바이처의 삶에 관한 책이란다. 그는 1952년 노벨 평화상을 받았지. 아주 자비롭고 진실한 사람이었단다. 방금 그가 이런 말을 했구나. '때로 빛이 꺼지기도 하지만 불꽃은 또 다른 사람으로 다시 점화된다. 우리 내면의 빛을 다시 점화해 준 사람들에게 깊이 감사해야 한다.' 아주 공감 가는 말이구나. 너는 어떠니, HHC?"

나는 눈을 감고 가르랑거렸다.

《달라이 라마의 고양이》는 어쩌다 달라이 라마와 함께 살게 된 고양이가 달라이 라마를 비롯한 주변 인물과 달라이 라마를 찾아온 유명 인사들을 관찰하고, 그들과 사랑을 주고받으면서 경험하는 영적 발전 과정을 담고 있는 책이다. 따뜻한 시각으로 위트 있게 풀어내 재미있게 읽을 수 있으면서도 은유와 의미가 넘친다.

그래픽적으로 표현하자면 이 책은 하나의 백지 면에 두 개의 직선과 열두 개의 점, 하나의 큰 곡선으로 이루어진 그림이라고 말할 수 있다. 두 개의 직선은 이 책의 두 중심축을 이루는 고양이와 달라이 라마이다. 둘은 보통 사람과 성자 혹은 문제 유발자와 해결사같이 대조를 보이지만 고통을 거부하고 행복을 추구하는 생명체라는 점과 의식·무의식적으로 세상의 선善에 기여한다는 점에서 똑같이 성스럽고 똑같이 깨달은 자가 되기도 한다.

열두 개의 점은 각각의 장에서 중요한 역할을 하는 인물이나 사건을 상징한다. 달라이 라마의 비서인 초갈과 텐진, 달라이 라마의 요리사 트린치 아줌마, 카페 프랭크의 주인 프랭크, 이름을 밝힐 수 없는 불행한 유명 인사, 여배우, 프랭크의 스승 왕포 스님, 수고양이 맘보, 야생 산딸기, 텐진의 딸 로렌, 텔레콤 기사 라지, 소심한 샘, 서점 개점식 등이 그 점들이다. 열두 개의 점은 각 장마다 주인공 고양이가 깨우쳐가는 깨달음을 상징하기도 한다. 우리의 주인공은 생명의 귀중함, 외로움의 정체, 행복의 조건, 사랑하고 자비심을 가져야 하는 이유, 남을 나처럼 생각해야 하는 이유, 변화에 탄력적이어야 하는 이유, 절제하는 법, 육식과 채식의 문제, 약한 마음을 극복하는 법, 열등감을 극복하는 법 등을 배운다.

세 번째로 하나의 큰 곡선은 전체 그림을 S자 곡선으로 관통하며 적절한 곳에 알맞게 포진해 있는 웃음 코드들이다. 달라이 라마의 고양이가 되었다는 이유 하나만으로 자신도 신성하다고 느끼는 우리 주인공의 모습, 우쭐해 있다가 본능을 이기지 못하고 쥐를 사냥한 바람에 모욕적인 이름을 갖게 된 일, 카페 손님들에게 달라이 라마의 고양이라고 광고해 대며 손님을 끌려던 프랭크가 고양이의 이름이 뭐냐는 질문에 '린포체'(티베트 고승)라고 둘러대는 상황, 분노가 극에 달한 트린치 아줌마가 대체 누가 산딸기를 훔쳐갔냐고 소리쳤을 때 어디선가 홀연히 나타난 그분(?)이 "죄송하지만 어젯밤에 모르고 먹었어요"라고 말하는 장면, 귀부인과 마당쇠의 사랑 같은 수고양이 맘보와의 러브 스토리 등등 이 책의 웃음 코드는 끝이 없다.

하지만 이 책의 가장 큰 웃음 코드는 외로움에 시달리고 사랑에 빠지고 식탐에 허덕이고 열등감에 괴로워하는 우리 주인공 고양이를 보면서 독자들이 자연스럽게 띠게 될 만면의 미소일 것이다. 그것은 오직 사랑의 마음과 눈으로 신이 인간을 보며 던지는 미소 같은 것이리라.

마지막으로 이 책을 구성하는 큰 면은 당연히 불교이다. 더 구체적으로 말해 자비와 사랑이다. 넓은 의미에서 보면 불교의 사성제四聖諦, 팔정도八正道, 윤회 같은 개념이 이 책의 바탕이라고 말할 수도 있지만 이 책은 어렵지도 거창하지도 않다. 그저 불교를 종교가 아닌 단지 힐링의 기술로 수행하고 있는 사람들의 이야기가 다양하게 펼쳐질 뿐이다. 이 책의 바탕이 사랑과 자비인 것은, 달라이 라마가 죽을 위기에 처한 고양이를 사랑과 자비심으로 구하지 않았다면 이 책의 이야기 자체가 존재할 수 없다는 점에서 더욱 그렇다.

이 책을 번역하면서 참 즐거웠다. 내용 전개가 유쾌하고 흥미진진한데다 빨리 결말을 보고 싶은 마음에 번역도 술술 진행되었고, 작업을 모두 마친 후 송고할 때는 정말 아쉬워서 할 수만 있다면 내용을 마음대로 늘려 더 일하고 싶은 생각마저 들었다. '이해'하려고 애쓰지 않아도 티베트 불교의 핵심이 사랑과 자비라는 것을 자연스럽게 알게 되었고, 그 과정에서 사랑과 자비의 반대쪽에 서 있던 내 안의 모든 부정적인 감정들이 치유받는 느낌이었다.

그런데 책을 마칠 즈음에서야 내 마음 깊숙한 곳에서 작업 내내 슬

퍼하고 있던 작은 내가 있었다는 것을 알게 되었다. 그 슬픔의 요지는 '내 인생에는 왜 달라이 라마 같은 사람이 없었을까?' 하는 철부지 아이 같은, 고양이를 상대로 한 어이없는 시샘이었다. 내 무의식 속에 꽁꽁 숨겨져 있던 어린 내가 '더는 못 참겠다' 하고 수면으로 퓨웅 떠올랐다고나 할까? 그런데 그 어린 나를 이해시키고 다독이다가 당연한 사실 하나를 더 깨달았다. 나의 '달라이 라마'는 나 자신이라는 것을…… 내 안에는 고양이도 있고 동시에 달라이 라마도 있었다.

달라이 라마를 뵌 적이 두 번 있다. 이십대에 이 소설의 무대인 다람살라 남걀 사원에서 처음 뵈었다. 아주 멀리서. 그때는 나 또한 그를 유명 인사로 봤다. 경외감 정도 느꼈던 것 같다. 삼십대에는 인도 델리에서, 좀 더 가까운 거리에서 다시 뵈었다. 그는 내 고단한 삶을 어루만져주었는데 자기 세계에 빠져 있던 나에게는 그의 삶도 다소 고단해 보였다.

이 책은 달라이 라마와 나의 세 번째 만남이 될 것이다. 마흔이 된 나는 이제야 그의 얼굴이 늘 사랑과 자비로 넘쳤다는 것을 조금 이해할 것 같다.

샨티 회원제도 안내

샨티는 사람과 사람, 사람과 자연, 사람과 신과의 관계 회복에 보탬이 되는 책을 내고자 합니다. 만드는 사람과 읽는 사람이 직접 만나고 소통하고 나누기 위해 회원 제도를 두었습니다. 책의 내용이 글자에서 머무는 것이 아니라 우리의 삶으로 젖어 들 수 있도록 함께 고민하고 실험하고자 합니다. 여러분들이 나누어주시는 선한 에너 지를 바탕으로 몸과 마음과 영혼에 밥이 되는 책을 만들고, 즐거움과 행복, 치유와 성 장을 돕는 자리를 만들어 더 많은 사람들과 고루 나누겠습니다.

샨티의 회원이 되시면……

샨티 회원에는 잎새·줄기·뿌리(개인/기업)회원이 있습니다. 잎새회원은 회비 10만 원 으로 샨티의 책 10권을, 줄기회원은 회비 30만 원으로 33권을, 뿌리회원은 개인 100 만 원, 기업/단체는 200만 원으로 100권을 받으실 수 있습니다. 그 외에도,

- 추가로 샨티의 책을 구입할 경우 20~30%의 할인 혜택을 드립니다.
- 신간 안내 및 각종 행사와 유익한 정보를 담은 〈샨티 소식〉을 보내드립니다.
- 샨티가 주최하거나 후원·협찬하는 행사에 초대하고 할인 혜택도 드립니다.
- 뿌리회원의 경우, 샨티의 모든 책에 개인 이름 또는 회사 로고가 들어갑니다.
- 모든 회원은 아래에 소개된 샨티의 친구 회사에서 프로그램 및 물건을 이용 또는 구입하실 때 할인 혜택을 받을 수 있습니다.

- 문성희의 '평화가 깃든 밥상' 요리강좌 수강료 10% 할인
  070-8814-9956, http://cafe.daum.net/tableofpeace
- 오늘 행복하고 내일 부자되는 '포도재무설계' 재무설계 상담료 20% 할인
  http://www.podofp.com
- 대안교육잡지 격월간《민들레》정기 구독료 20% 할인
  http://www.mindle.org
- 부부가 정성으로 농사지은 설아다원의 유기농 녹차 구입시 10% 할인
  http://www.seoladawon.co.kr

회원제도에 대한 자세한 사항은 샨티 블로그 http://blog.naver.com/shantibooks를 참조하십시오.

샨티의 뿌리회원이 되어
'몸과 마음과 영혼의 평화를 위한 책'을 만들고 나누는 데
함께해 주신 분들께 깊이 감사드립니다.

뿌리회원(개인)

이슬, 이원태, 최은숙, 노을이, 김인식, 은비, 여랑, 윤석희, 하성주, 김명중, 산나무, 일부, 박은미, 정진용, 최미희, 최종규, 박태웅, 송숙희, 황안나, 최경실, 유재원, 홍윤경, 서화범, 이주영, 오수익, 문경보, 최종진, 여고운, 조성환, 김영란, 풀꽃, 백수영, 황지숙, 박재신, 염진섭, 이현주, 이재길, 이춘복, 장완, 한명숙, 이세훈, 이종기, 현재연, 문소영, 유귀자, 윤홍용, 김종휘, 이성모, 박새아, 문수경, 전장호, 이진, 최애영, 김진회, 백예인, 이강선, 박진규, 이욱현, 최훈동, 이상운, 이산옥, 김진선, 심재한, 안필현, 육성철, 신용우, 곽지회, 전수영, 기숙희, 김명철, 장미경, 정정희, 변승식, 주중식, 이삼기, 홍성관, 이동현, 김혜영, 김진이, 추경희, 물다운, 서곤

뿌리회원(단체/기업)

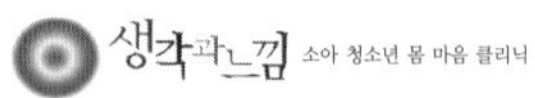

회원이 아니더라도 이메일(shantibooks@naver.com)로 이름과 전화번호, 주소를 보내주시면 독자회원으로 등록되어 신간과 각종 행사 안내를 이메일로 받아보실 수 있습니다.

전화 : 02-3143-6360 팩스 : 02-338-6360
이메일 : shantibooks@naver.com